Die Autorin

Doreen Virtue arbeitet als Therapeutin und mediale Lebensberaterin in Kalifornien. Seit einigen Jahren setzt sie dabei auch ihre Verbindung zum Reich der Engel ein. Sie ist in den USA u.a. durch viele Fernsehauftritte bekannt und gibt regelmäßig Workshops, auch in Europa, in denen sie die von ihr entwickelte Engel-Therapie unterrichtet. Ihre zahlreichen Lebenshilfebücher sind bereits in 14 Sprachen erschienen. Weitere Informationen zu ihrer Arbeit unter www.angeltherapy.com.

Von Doreen Virtue sind in unserem Hause erschienen:

Medizin der Engel (Allegria)
Erzengel und wie man sie ruft (Allegria)

Die Zahlen der Engel
Die Heilkraft der Engel
Die Heilkraft der Feen
Engel Gespräche
Neue Engel-Gespräche
Engel der Erde
Dein Leben im Licht
Das Heilgeheimnis der Engel
Kristall-Therapie
Zeit-Therapie

Medizin der Engel (CD)
Die Engel von Atlantis (CD)
Die Engel der Liebe (CD)
Heilkraft der Engel (CD)
Himmlische Helfer (CD)
Heilgeheimnis der Engel (CD)

Das Heil-Orakel der Feen (Kartendeck)
Das Erzengel-Orakel (Kartendeck)
Das Heil-Orakel der Engel (Kartendeck)
Das Orakel der himmlischen Helfer (Kartendeck)

Doreen Virtue

Zeit-Therapie

Wie Sie die Zeit finden, Ihr Leben zu verändern

Aus dem Amerikanischen
von Michael Nagula

Ullstein

Besuchen Sie uns im Internet:
www.ullstein-taschenbuch.de

Ullstein Esoterik
Herausgegeben von Michael Görden

Titel der Originalausgabe
I'D CHANGE MY LIFE IF I HAD MORE TIME
Aus dem Amerikanischen von Michael Nagula
Erschienen bei Hay House, Inc., Carlsbad, USA

Umwelthinweis:
Dieses Buch wurde auf chlor- und säurefreiem Papier gedruckt.

Deutsche Erstausgabe im Ullstein Taschenbuch
Februar 2007

Umschlaggestaltung: FranklDesign, München
Titelabbildung: Chandira Bihl
Gesetzt aus der Garamond
Satz: Keller & Keller GbR
Druck und Bindearbeiten: GGP Media GmbH, Pößneck
Printed in Germany
ISBN 978-3-548-74312-7

Für Joan L. Hannan,
meiner wundervollen Mutter,
einer wahrhaft begnadeten spirituellen Heilerin

und

William C. Hannan,
meinem fabelhaften Vater,
einem wahrhaft begnadeten Schriftsteller

Danke, Mom und Dad,
für all Eure Liebe und Geschenke!

„Die Bedeutungslosigkeit der Zeit zu erkennen ist das Tor zur Weisheit.«

Bertrand Russell (1872-1970)
Träger des Friedensnobelpreises
Schriftsteller und Mathematiker

Inhalt

Anhang

Vorwort

»Der Geist treibt sein Spiel mit der Zeit.
Er kann die Ewigkeit zu einer Stunde verkürzen
und eine Stunde zur Ewigkeit ausdehnen.«

Ralph Waldo Emerson (1803-1882)
Amerikanischer Schriftsteller und Philosoph

Nach Erscheinen meiner Bücher *Constant Craving* und *Losing Your Pounds of Pain* sagten mir viele Leser, meine Geschichte der Verwandlung vom hässlichen Entlein zum Schwan habe sie begeistert. Ich war einmal eine fette, ungebildete und überaus unglückliche Hausfrau mit zwei kleinen Kindern. Ich führte eine unheilvolle Ehe und hatte wenig Selbstvertrauen. Mein einziges Plus war mein tiefes Verlangen, mein Leben zu verändern.

Ich wollte eine Psychologin mit einem gesunden Körper und einem harmonischen Leben werden. Auch wollte ich in einem Haus am Strand Selbsthilfebücher schreiben, aber diese Ziele schienen unmöglich erreichbar zu sein! Wann sollte ich schließlich Zeit dafür finden? Außerdem bedeuteten die Kosten für den Collegeunterricht, dass ich einen Job benötigte. Mein Tagesablauf war schon mit Familienpflichten vollgestopft; wann sollte ich Zeit finden zu arbeiten, das College zu besuchen, zu studieren und zu schreiben? Und ein Strandhaus? Was für ein teurer Traum für jemanden, der kaum jeden Monat die Miete zusammenkratzen konnte! Ich wollte all das, aber nicht auf Kosten meiner familiären Prioritäten oder meines Seelenfriedens.

Wie Sie lesen werden, erfüllte ich mir diese und andere Träume, indem ich die Prinzipien anwandte, die ich Ihnen im vorliegenden Buch vorstelle. Heute führe ich ein großartiges Leben, erfüllt von Liebe, Familie, Gesundheit, sinnvoller Arbeit, Entspannungsphasen und materiellen Annehmlichkeiten.

Wie viele andere Menschen musste ich meinen privaten Ehrgeiz mit meinen Familienpflichten in Einklang bringen. Ich stellte mich Bedenken wie: »Ist es selbstsüchtig, meiner Familie Zeit zu rauben, um mir meine Wünsche zu erfüllen?«, »Wenn ich meinem Herzen folge, kann ich dann noch meine Rechnungen bezahlen?« und »Wie bringe ich meinen Freunden bei, dass ich meine Freizeit benötige, um an der Erreichung meiner Ziele zu arbeiten, statt mit ihnen am Telefon zu plaudern?«

Als lebenslange Studentin von Religion, Philosophie und Metaphysik hatte ich auch noch spirituelle Bedenken: »Was, wenn mein Wille sich von Gottes Wille unterscheidet?«. »Ist es spirituell korrekt für mich, mir Ziele zu erschaffen, oder sollte ich auf Zeichen göttlicher Führung warten?«. »Bin ich spirituell oberflächlich, wenn ich mir materielle Annehmlichkeiten wünsche?«

Es war nie mein Ziel, sehr zu werden. Ich wollte finanzielle Sicherheit, ein nettes Zuhause und ein vernünftiges Auto. Ich erkannte, dass meine materiellen Bedürfnisse zweitrangig waren gegenüber dem Bedürfnis, meine spirituelle Aufgabe zu erfüllen, indem ich liebevoll und gütig bin. Doch ich wollte auch eine gewisse Bestätigung, dass ich durch ein spirituelles Leben so bodenständige Dinge wie das Bezahlen der Strom- und Telefonrechnungen nicht aus den Augen verlor. Konnte ich nicht eine geerdete spirituell Suchende sein?

Die Antwort, die ich glücklicherweise fand, lautete: »Ja.« Spiritualität ist sogar enorm pragmatisch. Sie ist unser natürliches Erbe, eine Kraft und sichere Quelle der Führung, die uns ständig begleitet. Heute weiß ich aus Erfahrung, dass ein spirituelles Leben zu führen nicht heißt, in größter Armut zu leben.

Andererseits blockieren Sorgen und die Fixierung auf finanzielle Sicherheit die spirituelle Entwicklung. Es ist so wichtig zu lernen, auf unsere innere Weisheit zu vertrauen und zu wissen, dass wir dafür immer fürstlich belohnt werden. Viele Menschen wollen ihr Leben vereinfachen, machen sich jedoch Sorgen, wie sie ihre Rechnungen bezahlen sollen, sobald sie sich entspannen und alles locker angehen. Glücklicherweise führt uns die Sehnsucht unseres Herzens zu einem sinnerfüllten Leben mit einem beträchtlichen Einkommen. Wir brauchen nur dieser inneren Stimme zu vertrauen und ihr zu folgen.

Ich habe auf die harte Tour gelernt, dass »sich reich denken« nicht bedeutet, nur vom Erfolg oder vorzeitigen Ruhestand zu träumen. Es bedeutet, auf die innere Weisheit, die wir erfahren, zu reagieren. Deshalb betone ich im vorliegenden Buch auch immer wieder, wie wichtig es ist, dass Sie eine klare Verbindung zu Ihrer inneren Führung aufbauen und auf sie vertrauen.

Meine Arbeit als Psychologin mit den Opfern sexuellen, emotionalen und körperlichen Missbrauchs hat mich gelehrt, dass Kindheitstraumata Erfolg zu einer erschreckenden Vorstellung machen können. Menschen, die mit Botschaften wie »Du bist nicht gut genug« aufwuchsen, fällt schon der Gedanke schwer, ihr Leben auf ehrgeizige Weise verändern zu wollen. (In *Losing Your Pounds of Pain* habe ich bereits über den Zusammenhang zwischen Missbrauch und übermäßigem Essen geschrieben.) Im vorliegenden Buch beschreibe ich, wie man die Auswirkungen emotionaler Schäden in der frühen Kindheit überwinden kann, so dass Sie *wissen* werden, dass Sie den Erfolg verdienen.

In mehr als fünfundzwanzig Jahren habe ich Hunderte von Büchern und Studien über Motivation, Psychologie, Metaphysik, Philosophie und Soziologie gelesen. Ich hatte außerdem das Glück, verschiedenen großen Denkern und Autoren zu begegnen und sie interviewen zu dürfen, wie Dr. Wayne Dyer, Deepak Chopra, James Redfield, Marianne Williamson, Dr. Robert

Schuller, Brian Tracy, Dannion Brinkley (*Zurück ins Leben*), Betty Eadie (*Licht am Ende des Lebens*), Dr. Brian Weiss und Rosemary Altea (*Sag ihnen, daß ich lebe*). Ihnen verdanke ich eine Fülle praktischer und einzigartiger Informationen, die Sie inspirieren und anleiten werden, sich Ihre Wünsche zu füllen - auch wenn Ihre Zeit knapp bemessen ist.

Ihre Blockaden aufzulösen, ist der bestmögliche Gebrauch, den Sie von Ihrer Zeit und Aufmerksamkeit machen können. Ich habe die einzelnen Schritte detailliert aufgeführt, die Ihnen helfen werden, Angst durch Selbstbewusstsein zu ersetzen und Selbstzweifel durch Vertrauen. Ich habe einfach jeden Schritt, von dem ich mir vorstellen kann, dass er Sie von zeitlichen Hindernissen befreit, liebevoll beschrieben, damit Sie ein erfüllteres Leben führen können. Und vergessen Sie nicht: Ich werde Sie mental auf jedem Schritt Ihres Weges begleiten!

Doreen Virtue, Ph.D.

Einleitung

Verlassen Sie die Tretmühle der Zeit

»Von allen traurigen Worten, gesprochen oder geschrieben, sind die traurigsten: ›Es hätte können sein!‹«

John Greenleaf Whittier (1807-1892)
Amerikanischer Dichter

- »Ich wünschte, ich hätte mehr Zeit. Ich würde eine eigene Firma gründen, so dass ich von Zuhause aus arbeiten könnte.«
- »Ich würde ja gern Fitness-Übungen machen, aber meine Kinder und mein Job beanspruchen jeden Augenblick des Tages!«
- »Eines Tages werde ich dazu kommen, diesen Abendkurs zu belegen, aber im Moment bin ich einfach zu sehr eingespannt.«
- »Ich werde mich auf meine Ziele konzentrieren, sobald meine Kinder die Schule abgeschlossen haben, und Hochzeiten, Besucher, Urlaube und Feiertage nicht mehr dazwischenfunken.«

Schluss mit dem Druck

Wollen Sie mehr Zeit, um sich Ihre Träume und Wünsche zu erfüllen? Wenden Sie die meisten Stunden des Tages für Pflichten auf, so dass Ihnen wenig Zeit zur Entspannung, Selbstvervollkommnung und für die Familie bleibt? Treiben Sie sich über den Punkt der Erschöpfung hinaus an, während Sie sich um die

Bedürfnisse anderer kümmern? Wünschen Sie sich, jemand würde Ihnen im Haushalt helfen, damit Sie mehr Zeit für das hätten, was Ihnen Spaß macht? Benötigen Sie mehr Zeit und Geld, um zu einem lohnenderen Beruf oder Lebensstil zu wechseln?

Wenn ja, dann ist dieses Buch für Sie genau richtig. Als hauptberuflich arbeitende Mutter von zwei Teenagern wünschte ich, *ich* hätte vor Jahren Zugang zu einem solchen Buch gehabt! Ich habe viele Bücher über Zeitmanagement gelesen und zahlreiche Seminare zu dem Thema besucht, nur um festzustellen, dass ein großer Teil der Ratschläge, die dort erteilt werden, unrealistisch oder ganz einfach dumm sind. Statt dessen lernte ich aus erster Hand, wie ich Freude an Familie, Beruf, College, Fitness, Meditation und Momenten mit mir allein haben kann. Ich schrieb dieses Buch, um meine effektiven und realistischen Lösungen für knapp bemessene Zeit mit anderen zu teilen - Lösungen, die Ihren Stresspegel *herunterfahren,* statt ihn zu *erhöhen*.

Hier werden Sie Anleitung und Ermutigung finden, sich ein erfreuliches, sinnvolles und erfolgreiches Leben zu erschaffen. Sie werden Methoden kennenlernen, wie Sie Schritt für Schritt Zugang zu innerer und spiritueller Führung erlangen, damit Sie das sichere Gefühl haben, dass es für Sie in die richtige Richtung geht.

Doch erst möchte ich Ihnen einige wichtige Fragen stellen:

1. Wie würde sich Ihr Leben verbessern, wenn Sie mehr unverplante Zeit hätten?
2. Welche Veränderungen würden Sie vornehmen?
3. Wie würden sich Ihre Beziehungen ändern?
4. Wie würden Sie Ihre zusätzliche Zeit verbringen?

Wenn Sie sich vorstellen können, wie Ihr Leben sich durch mehr Zeit verbessern ließe, sind Sie drauf und dran, diesen Wunsch zu verwirklichen. Sie können es!

Runter von der Überholspur

Sie wissen wahrscheinlich, dass Sie mit dem Wunsch nicht allein stehen, ein einfacheres, sinnvolleres Leben zu führen. Dutzende Umfragen aus jüngerer Zeit belegen, dass wir es satt haben, dem Geld nachzujagen, während wir unsere Familien und unser häusliches Leben opfern. Die Forscher haben Folgendes herausgefunden:

- *Wir fühlen uns gehetzt.* Einer Umfrage von 1992 nach, die von der National Parks and Recreation Association durchgeführt wurde, fühlen sich 38 Prozent von uns »ständig gehetzt«. Mehr Frauen als Männer (37 gegenüber 32 Prozent) und mehr Verheiratete als Singles (41 gegenüber 33 Prozent) behaupten, dass dies während eines Großteils ihrer Zeit der Fall ist.

- *Wir sind gestresst.* Einer Bozell-Umfrage nach, die 1995 vom *U. S. News and World Report* veröffentlicht wurde, erleben 70 Prozent von uns auf wöchentlicher Basis Stress und 30 Prozent behaupten, »einer Menge Stress« ausgesetzt zu sein.

- *Wir sehnen uns eher nach Ruhe als nach Geld.*

- Laut einer Roper-Umfrage von 1993, die unter tausend erwachsenen Amerikanern durchgeführt wurde, sind 66 Prozent der Männer und Frauen der Meinung: *»Geld zu verdienen ist für mich nicht mehr so wichtig wie noch vor fünf Jahren.«*

- Laut der 1995 im *U. S. News and World Report* veröffentlichten Bozell-Umfrage wünschen sich 51 Prozent der Amerikaner mehr Zeit für sich, auch wenn das bedeutet, dass sie weniger Geld verdienen.

- Einer 1993 erfolgten Gallup-Umfrage nach sind 33 Prozent der Amerikaner bereit, im Tausch gegen eine kürzere Arbeitswoche eine 20-prozentige Reduzierung ihres Einkommens hinzunehmen.

- In den letzten zehn Jahren haben 21 Prozent der DuPont-Angestellten Beförderungen abgelehnt, die einen höheren Arbeitsdruck bedeutet hätten, und 24 Prozent haben auf Beförderungen verzichtet, die Reisen erforderlich gemacht hätten. Bei einer 1992 unter 8500 DuPont-Angestellten durchgeführten Umfrage wurde festgestellt, dass 57 Prozent der Männer Gleitzeit bevorzugen würden, damit sie öfter zu Hause bei ihren Familien sein können.

- *Unsere Prioritäten verlagern sich.*

- Bei einer Umfrage des Merck Family Fund kam 1995 heraus, dass 45 Prozent der Mütter aus freien Stücken Arbeitszeit und Einkommen reduziert haben, desgleichen 32 Prozent der kinderlosen Frauen und 23,5 Prozent aller Männer.

- Die Merk-Umfrage ergab außerdem, dass 78 Prozent der Frauen und 72 Prozent der Männer mehr Zeit mit ihren Kindern verbringen wollen.

- Laut einer Roper-Umfrage, die 1995 in der Zeitschrift *Working Woman* durchgeführt wurde, hat sich bei 63 Prozent der berufstätigen Frauen und 54 Prozent der berufstätigen Männer das Verständnis von Erfolg verändert.

- Die Harwood Group fand 1995 heraus, dass 66 Prozent der Teilnehmer an ihrer Umfrage zufriedener mit ihrem Leben wären, wenn sie mehr Zeit mit ihrer Familie und Freunden verbringen könnten. Nur 15 Prozent gaben in derselben Umfrage an, dass schönere Gegenstände bei ihnen Zuhause ihnen größere Zufriedenheit im Leben brächten.

- *Unsere Gesundheit ist angegriffen.* Die 1995 im U.S. News and World Report veröffentlichte Bozell-Umfrage stellte auch die folgenden besorgniserregenden Tendenzen fest:

- Dreiundvierzig Prozent von uns leiden gegenwärtig an körperlichen und psychischen Burnout-Symptomen.

- Etwa 75 bis 90 Prozent unserer Arztbesuche hängen unmittelbar mit diesem Stress und Burnout zusammen.

- *Mütter haben weniger Freizeit.* Frauen haben weniger Freizeit als Männer, besonders Frauen im Alter zwischen 35 und 44 Jahren mit unter fünfzehnjährigen Kindern. (Quelle: *Leisure Intelligence Journal,* 1995.)

- *Einfachheit gleich Glück.* Einer Meldung der *New York Times* zufolge erklärten 86 Prozent der 1995 von der Harwood Group befragten Personen, die aus freien Stücken ihre Arbeitszeit reduziert hatten, sie seien froh über die Veränderung. Nur neun Prozent derer, die freiwillig weniger arbeiteten, behaupteten, mit ihrer neuen Lebensweise unglücklich zu sein.

Das neue Jahrtausend

Diese Tendenzen weisen alle klar in die gleiche Richtung: Unsere schnelllebige, materialistische Hektik der Vergangenheit hat uns nicht die Gesundheit und das Glück gebracht, die wir uns erhofften. Wir sind nun bereit, das durch Überstunden verdiente Geld gegen einige Momente mit uns allein und unseren Liebsten einzutauschen. Dennoch haben viele Menschen den Eindruck, in einer übermäßig stressigen Lebensweise gefangen zu sein. Sie machen sich Sorgen, dass sie ihre Jobs und Vergünstigungen als Angestellte verlieren könnten, wenn Sie sich weigern, Überstunden zu machen oder geschäftlich auf Reisen zu gehen. »Sicher würde ich gern ein einfacheres Leben führen, aber meine Kinder brauchen eine Krankenversicherung und ein Dach über dem Kopf«, geben diese Leute folglich zur Antwort.

Glücklicherweise gibt es Möglichkeiten, dafür zu sorgen, dass Ihre materiellen und psychischen Bedürfnisse gleichermaßen erfüllt werden, wie Sie im weiteren Verlauf dieses Buches feststellen werden.

Leiden Sie unter Zeitdruck?

Viele Menschen sagen mir, dass Sie von einem erfüllteren Leben träumen, aber die Verpflichtungen hielten Sie in einem zu knapp bemessenen Zeitrahmen gefangen. Die grausame Ironie ist, dass sie der Ansicht sind, keine Zeit zu haben, um ihr Leben zu verändern!

Wissenschaftler, die das Phänomen der Zeitknappheit untersuchen, stellten 1010 Amerikanern die folgenden Fragen. Beantworten Sie jede Aussage mit »wahr« oder »falsch« und vergleichen Sie das Ergebnis.

Aussage:	**% antworten mit »wahr«:**	**Ihre Antwort:**
1. Wenn ich nicht viel Zeit habe, fühle ich mich oft gestresst.	43	________

2. Wenn ich mehr Zeit brauche, schlafe ich eben weniger.	40	________
3. Am Ende des Tages habe ich oft den Eindruck, dass ich das Pensum, das ich mir vorgenommen habe, nicht erfüllen konnte.	33	________
4. Es bereitet mir Sorgen, dass ich nicht genug Zeit mit meiner Familie oder Freunden verbringe.	33	________
5. Ich fühle mich ständig gestresst und versuche mehr zu leisten, als ich bewältigen kann.	31	________
6. Ich fühle mich in der Alltagsroutine gefangen.	28	________
7. Wenn ich Überstunden mache, habe ich oft Schuldgefühle, weil ich nicht zu Hause bin.	27	________
8. Ich halte mich für einen Workaholic.	26	________
9. Ich habe einfach keine Zeit mehr für Vergnügungen.	22	________
10. Manchmal habe ich den Eindruck, mein Partner kennt mich gar nicht mehr.	21	________

Die Auswertung der Ergebnisse: Wenn Sie drei oder mehr Aussagen mit »wahr« beantwortet haben, leiden Sie unter Zeitdruck.

Bei der bundesweiten Umfrage beantworteten Frauen durchschnittlich 3,5 Aussagen mit »wahr«, während Männer etwa 2,9 Fragen mit »wahr« beantworteten. Die größte Wahrscheinlichkeit für Personen, die unter Zeitdruck leiden, ergab sich bei geschiedenen oder verwitweten Frauen im Alter zwischen 18 und 49 Jahren, die ganztägig einem Beruf nachgehen und Zuhause Kinder im Alter von sechs bis siebzehn Jahren haben. (Quelle: *Hilton Time Survey,* 1991.)

Unbezahlbare Liebe

Wir haben unsere Prioritäten neu verteilt, und Geld ist nicht länger unser Hauptantrieb, um morgens aufzustehen. Glücklicherweise stellt eine Studie fest, dass wir vielleicht nicht einmal unsere finanzielle Sicherheit opfern müssen, um mehr Zeit mit unseren Familien zu verbringen. Vielmehr könnte sogar das Gegenteil der Fall sein! Eine 1995 von der Wharton School in Auftrag gegebene Studie verglich die Einkünfte jener, bei denen Geld oberste Priorität hat, mit denen, bei denen die Familie oberste Priorität hat. Die Wissenschaftler stellten fest, dass Personen, die viel Wert darauf legten, einen geeigneten Partner zu finden und ein gutes Familienleben zu führen, sogar mehr Geld verdienten als Personen, die das Finanzielle über die Familie stellten!

Vielleicht können emotional erfüllte Menschen bei der Arbeit bessere Leistungen erbringen und sich besser konzentrieren. Ihre soziale Befähigung im Büro spiegelt möglicherweise die Priorität dieser Personen wieder und macht sie zu herzlichen und fürsorglichen Kollegen. Mit anderen Worten, sie mögen sich und werden auch von ihrer Familie und ihren Arbeitgebern gemocht.

Die Studie der Wharton School unterstreicht, wie die Umverteilung von Prioritäten uns mehr von dem geben kann, was wir uns wünschen: Zeit für unsere Familien sowie ein gesundes Einkommen. Nachstehend finden Sie das Ergebnis einer nationenweit durchgeführten Studie, in der Amerikaner gebeten wurden, ihre drei momentan obersten Prioritäten zu nennen. Was kommt dabei heraus, wenn Sie diese Liste mit Ihrer eigenen vergleichen?

Welche Prioritäten haben Sie?

Thema:	% derer, die das Thema unter die drei obersten Prioritäten einstufen*
1. Familienleben	68
2. spirituelles Leben	64
3. Gesundheit	44
4. Finanzen	25
5. Beruf	23
6. Liebesleben	18
7. Freizeitaktivitäten	14
8. Haus und Hof	11

Quelle: Bozell/KRC Research, *U. S. News & World Report,* Dezember 1995

* Die Prozentzahlen addieren sich auf mehr als 100 %, weil die Teilnehmer der Umfrage drei Antworten gaben.

Vorübergehendes Chaos

Räumen Sie etwas auf - einen Kleiderschrank, eine Firma oder Ihr Leben -, führt das zwangsläufig zu Durcheinander und Unruhe, bevor alles wieder reibungslos läuft. Wenn ich im Frühling meine Schränke ausmiste, sieht es im Haus anfangs schlimmer aus als zuvor, weil sich Kleidung und Schachteln auf dem Boden stapeln. Jeder, der während meiner Schrank-Aufräum-Aktionen mein Haus betritt, muss annehmen, dass gerade der Blitz eingeschlagen hat! Doch wenn alles wieder aufgeräumt und im Schrank verstaut ist, war es das vorübergehende Chaos wert.

Ich nehme an, Sie verstehen, worauf ich hinaus will: Wenn Sie Ihren Tagesablauf neu ordnen, neue Prioritäten setzen und mit neuen Aktivitäten beginnen, haben Sie anfangs vielleicht den Eindruck, als herrsche in ihrem Leben ein größeres Chaos als zuvor. Aber wenn Sie dran bleiben, werden Sie bald sehen, wie sich allmählich - genau wie bei meinem Kleiderschrank - ein reibungsloses neues Muster des Fortschritts abzeichnet.

TEIL EINS

Tun Sie weniger, bekommen Sie mehr

---

1. Freizeit - ganz umsonst

»Man kann mit dem Leben mehr anfangen
als bloß seine Geschwindigkeit zu erhöhen.«

Mahatma Gandhi (1869-1948)
indischer Nationalist und spiritueller Führer

Zeit ist ein eigenartiges Phänomen. Sie ist eine der erneuerbarsten Resourcen, die wir haben, und im Überfluss vorhanden. Sie kostet auch nichts. Dennoch sind wir oft die reinsten »Zeitknauser«. Jeden Tag erhalten wir vierundzwanzig Stunden, ganz umsonst. Es spielt keine Rolle, wer wir sind, welchem Geschlecht wir angehören, welcher Rasse oder Religion. Jeden Morgen erwachen wir im Besitz sämtlicher Stunden des Tages. Wenn Sie sechsundachtzig Jahre alt werden, stehen Ihnen mehr als 750.000 Stunden zur Verfügung, die Sie auf jede beliebige Weise verwenden dürfen.

Weshalb fühlen wir uns dann so ängstlich und unter Druck, wenn es um Zeit geht? Weshalb fühlen wir uns angespannt, zornig, beraubt oder niedergeschlagen, wenn wir unsere Zeit auf unbefriedigende Weise verbringen? Weshalb haben wir den Eindruck, als forderten Familie, Freunde, Mitarbeiter oder Arbeitgeber die Kontrolle über unsere Zeit?

Ein Teil des Problems besteht darin, dass jedes Jahr, das wir leben, der Kuchen unserer Lebensdauer in immer kleinere Stücke unterteilt wird. Als Sie fünf waren, war ein Jahr ein Fünftel Ihres ganzen Lebens, deshalb hatten Sie das Gefühl, dass bis zum sechsten Geburtstag eine Ewigkeit verging. Sind Sie aber dreißig, ist ein Jahr ein sehr viel kleineres Stück Ihrer Lebensdauer, ein Dreißigstel. Wenn Sie vierzig sind, ist ein Jahr ein noch kleineres Stück geworden, nämlich ein Vierzigstel, und so weiter. Jedes Jahr verstreicht schneller, weil es ein geringerer Prozentsatz Ihres Lebens ist.

Während wir zunehmend mehr Verpflichtungen, Schulden, Aufgaben und Verbindlichkeiten anhäufen, teilen wir die täglichen Augenblicke in immer kleinere Stücke auf. Wir lenken unsere Aufmerksamkeit in so viele Richtungen, dass der Tag im Handumdrehen vorbei ist. Wenn die Pflichten, denen wir nachgehen, für uns persönlich nicht sehr aufregend oder sinnvoll sind, fantasieren wir von einem Tag irgendwann in der Zukunft, an dem alles besser sein wird. Indem wir nicht im Augenblick leben, im Hier und Jetzt, berauben wir uns der Möglichkeit, den Tag vollkommen zu erfahren. Als träumten Sie beim Fahren mit offenen Augen, erreichen Sie das Ende des Tages, ohne zu wissen, wie Sie eigentlich dort hingekommen sind.

Angst und Sorge zehren an unserer Energie, was unsere produktive Zeit verkürzt, und Geld kann ein größerer Faktor bei der Schaffung dieser Emotionen sein. Da immer mehr Firmen ihre Belegschaft reduzieren, finden sich viele Menschen plötzlich in der Situation wieder, für drei zu arbeiten, während Sie gleichzeitig über die Schulter nach hinten schauen, ob ihnen nicht ein Kündigungsschreiben hingehalten wird. Die Menschen, mit denen ich überall im Land rede, fürchten sich vor finanziellem Mangel. Sie sehnen sich nach Wohlergehen, Sinn und Sicherheit. Vielleicht empfinden Sie das ähnlich.

Auf Zeit gerichtetes »Mangelbewusstsein« ist eine selbsterfüllende Prophezeiung. Ständige Sorgen und Ängste, nicht genug Zeit zu haben, zehren an der Energie und blockieren die Kreativität! Ermahnen Sie sich so oft wie möglich: »Es gibt reichlich Zeit!« Sagen Sie es sich immer wieder, und Ihre Anspannung *wird* sich auflösen. Unser Tagesablauf wird sich freier anfühlen, wenn wir die Sorge loslassen, dass es nicht genug Zeit geben könnte.

Freie Zeit schaffen

Verpflichtungen können uns das Gefühl geben, uns in klaustrophischer Enge zu bewegen. Doch es gibt Methoden, sich daraus zu befreien! Zunächst möchte ich betonen, wie wichtig es ist, kleine Abschnitte freier Zeit in die Erreichung eines Ziels zu investieren. Zehn Minuten hier, dreißig Minuten dort - diese Momente addieren sich beträchtlich auf wie Centstücke in einer Schweinchenbank.

Ich schlage nicht vor, dass Sie in einen überfüllten Tagesablauf noch mehr Aktivitäten hineinstopfen sollen. Vielmehr geht es im ganzen vorliegenden Buch darum, die Zeit zur optimalen körperlichen, mentalen, emotionalen, spirituellen und finanziellen Genesung zu nutzen. Diese Genesung geschieht nicht dadurch, dass Sie gegen das Leben arbeiten, sondern sich ihm hingeben. Groll und Ärger über knapp bemessene Zeit beraubt uns nur des Friedens, der Freude und der finanziellen Sicherheit, die wir uns wünschen und die wir verdient haben.

Meine psychotherapeutische Arbeit und meine Seminare mit Tausenden von Männern und Frauen in den letzten zehn Jahren haben mich davon überzeugt, dass es drei störende Faktoren bei der Erfüllung dieser Wünsche gibt:

1. Angst
2. chaotische Planung
3. der fehlende Einsatz der enormen spirituellen Macht, die uns allen zur Verfügung steht. Diese Macht ist grenzenlos und heilt auf wundersame Weise und unverzüglich Probleme im Bereich von Finanzen, Beruf, Gesundheit, Familie und Liebesleben.

(Diese drei Faktoren werde ich das ganze Buch hindurch erörtern.)

Wovon Sie auch träumen - Entspannung, Zeit zum Spielen mit den Kindern, ihre Ausbildung abzuschließen, ein Geschäft zu eröffnen, ein Buch zu schreiben, sich fit zu machen oder zu meditieren -, Sie brauchen nicht auf die Zukunft zu warten, in dem Glauben, dann werden Sie die Extrazeit dafür schon finden. Freie Zeit ergibt sich *jetzt,* durch bewusste Wahl und Entscheidungen. Beispielsweise könnten wir uns in der Zeit, die Sie brauchen, um sich eine geistlose Fernsehsendung anzuschauen, von vorn bis hinten die Zeitung zu lesen oder ein langes Telefonat zu führen, einen Schritt auf die Erfüllung eines Traums zu bewegen. Die Begeisterung, die Sie bei diesem einen Schritt erfüllt, wird Sie mit der notwendigen Energie aufladen, um Ihre anderen Verpflichtungen zu erfüllen.

Denken Sie daran:
Wir finden *freie* Zeit nicht,
wir *erschaffen* sie.

Wohin verschwindet die Zeit?

Die folgenden Gedanken bilden den Kern der meisten Klagen, die ich darüber höre, nicht genug Zeit zu haben:

- »Ich fühle mich schuldig oder egoistisch, weil ich mir Zeit für mich nehme.«
- »Ich bin noch nicht so weit, die Arbeit an meinen persönlichen Wünschen aufzunehmen.«
- »Ich habe nicht die Selbstdisziplin, einen Plan zur Erreichung meiner Ziele aufzustellen und mich dann an ihn zu halten.«
- »Mir ist nicht ganz klar, was ich eigentlich will. Ich weiß nur, dass mich das Leben, das ich zur Zeit führe, unglücklich macht.«
- Ich fürchte, wenn ich Zeit in meine Wünsche stecke, sinkt mein Einkommen, mit ernsten Folgen.«

Ich verstehe diese Ängste und dieses Zaudern, weil ich das selbst durchgemacht habe. Doch dann stellte ich fest, wie viel Energie ich durch diese kleinen geistigen Auseinandersetzungen mit mir verschwendete. Zum Beispiel dachte ich: Heute sollte ich ein Fitness-Studio besuchen. Dann dachte ich wieder: Aber ich habe diese Woche nicht genug Zeit mit meinen Kindern verbracht. Ein ums andere Mal argumentierte ich mit mir selbst.

»Genug!«, sagte ich mir schließlich. »Es muss einen anderen Weg geben!« Und es gab ihn. Als Erstes lernte ich, wie man kleine Schritte geht, um seine großen Ziele zu erreichen. Es ist die altbekannte Methode, dass man auch dann ein Buch fertig bekommt, wenn man täglich nur eine Seite schreibt, und es stimmt wirklich. Dann suchte ich nach Möglichkeiten, diese kleinen Schritte in den freien fünf oder zehn Minuten zu gehen, die ich in der Schlange vor der Bank warte, in der Warteschleife am Telefon oder beim Fernsehen mit der Familie.

Und wo wir gerade beim Fernsehen sind:

»Was meinen Sie wohl ist die häufigste Tätigkeit der Amerikaner in ihrer Freizeit?« »Fernsehen!«

Einer Studie nach, die Leisure Trends zwischen 1990 und 1992 durchführte und die in der Zeitschrift *American Demographics* veröffentlicht wurde, verbringen wir 30 Prozent unserer gesamten Freizeit vor dem Fernseher. Vierundachtzig Prozent von uns sehen mindestens drei Stunden pro Woche fern, wie eine 1994 von der Bundesregierung in Auftrag gegebene Studie über körperliche Fitness ergab. Familien mit Kindern verbringen sogar noch mehr Zeit vor dem Fernseher - nach einer Angus-Reid-Umfrage von 1994 sind es 6,3 Stunden pro Woche.

Wenn Sie Ihre Ausgaben kürzen müssen, verzichten Sie doch auch zuerst auf Unwichtiges. Mit der Zeit ist das nicht anders. Da fernsehen sehr zeitraubend ist, sollten Sie sich wenigstens vier Alternativen überlegen:

1. Machen Sie weiter und haben Sie Spaß am Fernsehen.

Schließlich *ist* es eine entspannende und einigermaßen preiswerte Tätigkeit! Statt sich schuldig zu fühlen (Schuldgefühle rauben Energie und Elan), weil Sie sich vor dem Fernseher räkeln, lassen Sie zu, dass es Ihnen gefällt. Fernsehen ist sogar noch angenehmer, wenn Sie sich an Ihren Liebsten oder Ihre Liebste kuscheln oder sich mit Ihren Kindern zusammen eine Sendung ansehen und anschließend darüber reden. Sie können auf dem Boden vor dem Fernseher ein Picknick abhalten oder Popcorn essen und ein Glas Sprudel trinken, während sie gemeinsam lachen.

2. Arbeiten Sie beim Fernsehen an Ihren Projekten.

Weshalb die Zeit nicht nutzen? Es ist auch möglich, auf einem Heimtrainer zu radeln, Dankesbriefe zu schreiben, die Zeitung zu lesen oder an einem größeren Ziel zu arbeiten, während Sie vor dem Fernseher sitzen. Ich habe diese Doppelaktivität über Jahre hinweg betrieben, und es ist einfach großartig, zwei Fliegen mit einer Klappe zu schlagen!

3. Seien Sie wählerisch.
Sehen Sie sich nur Ihre Lieblingssendungen an und zeichnen sie auch keine anderen auf. Überspringen Sie Werbeeinblendungen per schnellem Vorlauf. Vermeiden Sie es, planlos vor dem Fernsehen zu hocken und durch die Kanäle zu zappen, in der Hoffnung, etwas zu finden, das auch nur annähernd unterhaltsam ist. Legen Sie »Fernsehstunden« fest, statt Ihr Wohnzimmer wie ein Lichtspielhaus zu behandeln, das sieben Tage die Woche rund um die Uhr geöffnet ist.

4. Ziehen Sie den Stecker.
Vermeiden Sie es, sieben Tage die Woche fernzusehen, und beobachten Sie, wie sich Ihr Tagesablauf verändert. Sie werden wahrscheinlich feststellen, dass Sie und Ihre Familie wieder mehr lesen und miteinander reden. Sie werden mehr Zeit haben, sich Dingen zu widmen, die Ihnen wirklich wichtig sind, und vielleicht beschließen Sie auch, den Fernseher auf Dauer durch ein Aquarium oder ein Bücherregal zu ersetzen.

Fernsehen an sich ist nichts Schlechtes. Aber für viele von uns ist es ein logischer Ausgangspunkt bei unserer Suche nach mehr Zeit.

Wie wir unsere Wochenenden verbringen

Eine andere Bezugsquelle für freie Zeit sind diese herrlichen Wochenendtage, die für die meisten von uns am Freitag beginnen und bis Sonntagabend dauern. Aber haben Sie einmal versucht, am Wochenende, wenn Sie angeblich mehr Zeit haben, an Ihren Zielen zu arbeiten? Irgendwann kommt der Sonntagabend, und Sie fragen sich, was aus all den goldenen Gelegenheiten eigentlich geworden ist.

Einer bundesweiten Umfrage nach werden die meisten Wochenenden mit Tätigkeiten zu Hause verbracht. Dabei teilen sich die Stunden wie folgt auf:

Tätigkeit	**An den Wochenenden verbrachte Zeit**
Für seinem Job arbeiten	2 Stunden, 54 Minuten
Kochen	2 Stunden
Putzen	2 Stunden, 17 Minuten
Besorgungen machen	1 Stunde, 43 Minuten
Wäsche waschen	1 Stunde, 18 Minuten
Reparaturen im Haushalt	1 Stunde, 12 Minuten
Einkäufe machen	59 Minuten
Rechnungen bezahlen	34 Minuten

Quelle: *Hilton Time Survey,* 1991

Sieht man sich diese Liste an, ist es kein Wunder, dass wir uns nach mehr Spaß und einer einfacheren Lebensweise sehnen! Wie viele dieser Tätigkeiten könnten rationalisiert, delegiert oder eliminiert werden? Wir werden das ganze Buch über nach Möglichkeiten suchen, diese kostbaren Momente zu unserem Vorteil zu nutzen.

Konzentrieren wir uns auf die Zeit

Studien belegen, dass, wenn wir die Wahl haben, etwas Schwieriges zu tun, das wir uns wünschen, ODER etwas weniger Erwünschtes, das uns leichter fällt, die meisten von uns die zweite Möglichkeit wählen, eben weil sie uns leichter fällt. Wir setzen uns nur dann an eine schwierige Aufgabe, wenn wir sie richtig spannend finden.

Im vorliegenden Buch werde ich versuchen, das Interesse an Ihren Zielen zu schüren, damit Sie die Arbeit daran richtig spannend finden, indem ich Ihnen zeige:

- wie Sie genau bestimmen können, welche Veränderungen im Leben Sie wollen;
- wie Sie Ihre Entschlossenheit steigern können, damit Sie zum Erfolg kommen;
- wie Sie von Ihrer inneren Führung die größte Hilfe und Anleitung erhalten;
- wie Sie auch bei knapp bemessener Zeit Ihre Ziele erreichen;
- wie Sie wieder in den Besitz Ihrer Freizeit und Arbeitszeit kommen; und
- wie Sie Furcht, Schuldgefühle und Selbstzweifel, die verhindern, dass Sie Ihre Ziele überhaupt erst angehen oder erreichen, erkennen und überwinden.

Viele meiner Klienten, Freunde und Bekannten erzählen mir immer wieder in bester Absicht, dass sie ihr Leben verändern wollen, sobald Sie mehr Zeit haben. Eine Bekannte von mir namens Lorraine erzählte mir begeistert von ihrem Traum, einen Kriminalroman zu schreiben. Sie hatte schon zahlreiche Schreibkurse absolviert und einen Plot, Charaktere und alles Wesentliche für das Buch.

»Ich bin ja so aufgeregt wegen des Buchs!«, sagte Lorraine. »Ich werde in den Sommerferien mit dem Schreiben anfangen.«

Als ich Lorraine im Herbst wiedersah, fragte ich sie, wie es mit dem Buch voranginge. Ihre Begeisterung für das Projekt war ungebrochen, doch sie erklärte, die Ferien seien nur so *verflogen.* »Ich hatte einfach nicht genug Zeit, um anzufangen!«, beklagte sie sich.

Ich verurteile Lorraines Verhalten in keiner Weise. Ich weiß aus eigener Erfahrung, dass es nicht leicht ist, mit einem Projekt anzufangen, das einem am Herzen liegt. Ich weiß, wie schmerzhaft es ist, sich der Versagensangst zu stellen. Wie viel einfacher ist es doch, sich auf die Erfüllung seines Traums vorzubereiten statt wirklich ans Werk zu gehen. Das Zögern verdankt sich dem Gedanken: »Ich bin schon *beinahe* so weit, aber noch nicht ganz.«

Ich musste auch Ängste überwinden, die mich in eine chronische Lähmung trieben. Ich kam aus der Sackgasse wieder heraus, indem ich mich fragte: »Was ist das Schlimmste, was mir widerfahren kann, wenn ich anfange?« Die Antwort ist normalerweise, sich zu schämen oder schmerzhafte Ablehnung zu erfahren. Dann fragte ich mich: »Was ist das Schlimmste, was mir widerfahren kann, wenn ich NICHT anfange?« Über diese zweite Frage nachzudenken ist normalerweise noch schmerzhafter, als über die erste nachzudenken. Schließlich wendete ich meine Gedanken den erfreulicheren Vorstellungen des BESTEN zu, was mir widerfahren kann, weil ich angefangen *habe.* Diese erfreulichen geistigen Bilder spornen mich gewöhnlich so sehr an, dass ich die Initiative ergreife.

Viele Menschen gehen Tätigkeiten nach, die sie eigentlich gar nicht ausüben wollen und an denen sie keine Freude haben. Jeden Tag höre ich von Klienten und Lesern, dass der Mangel in ihrem Leben sie ängstigt - Mangel an Geld, Liebe und Gesundheit. Sie sind frustriert, weil sie so fleißig sind und ihnen doch gerade das fehlt, was sie sich am meisten wünschen. Was für eine Art Leben ist das?

Wenn Sie es satt haben, sich ohne Aussicht auf eine Belohnung unter Druck zu setzen, denken Sie daran, dass *der Druck, unter den Sie sich setzen, das ganze Problem ist.* Wie diese raffinierten chinesischen Fadenspiele zieht sich das Leben immer mehr zusammen, je stärker wir daran zerren und reißen. Sind wir hektisch und verängstigt, hören wir nicht auf die innere Führung, die sich verzweifelt um unsere Aufmerksamkeit bemüht. Diese innere Führung ist, wie Sie später noch lesen werden, Ihre personalisierte interaktive Bezugsquelle für die größte finanzielle und emotionale Weisheit und Gesundheit, die es überhaupt gibt. Sie werden sich in diese Mischung aus Ratgeber und bestem Freund, der immer bei Ihnen ist, verlieben!

Ohne Angst ist alles möglich

Ich war eine junge Mutter von zwei aktiven kleinen Jungs, als ich das erste Mal beschloss, ein Buch zu schreiben. Ich hatte erst kurz vorher meine Arbeit als Sekretärin bei einer Versicherungsgesellschaft wieder aufgenommen und besuchte halbtags das College.

Aus der Notwendigkeit heraus lernte ich schnell den Wert kleiner Zeiteinheiten zu schätzen. In einer halben Stunde können Sie eine Menge erledigen, wenn Sie mit den Gedanken bei der Sache sind! Bei all den Zielen und Verpflichtungen, die ich hatte, konnte ich keine Zeit auf Fernsehen oder längere Plaudereien mit Freundinnen am Telefon verwenden. Mir wurde klar, dass ich eindeutige Entscheidungen darüber treffen musste, wie ich am Besten meine Zeit verbrachte, wenn ich etwas erreichen wollte.

Als Erstes stellte ich eine Liste meiner kurzfristigen und langfristigen Ziele auf. Im Blick hatte ich meine Spiritualität, meine

Familie, meine emotionale und körperliche Gesundheit, meine Ausbildung und das Schreiben. Ich strich zeitraubende Belanglosigkeiten wie Kinobesuche, Partys und Essen außer Haus. Wie man den Fettrand vom Schinken schneidet, so speckte ich meinen Tagesablauf ab.

Man sollte meinen, all dieses intensive Planen und Prioritätensetzen hätte mich maßlos stressen müssen. Genau das Gegenteil war der Fall! Je aufmerksamer ich meinen Prioritäten nachging, desto besser fühlte ich mich in Bezug auf mich selbst, meine Familie und mein Leben. Mein Stresspegel sank sogar! Sehr bald baten mich meine Freundinnen, erfahren zu dürfen, durch welches »Geheimnis« ich das alles bewerkstelligte.

Eine Stunde ist lang

Ich glaube, der einzige Grund, weshalb ich meinen Traum erfüllen konnte, war die Tiefe meines brennenden Wunschs. In mir war dieses *Verlangen* zu schreiben; anders kann ich es nicht beschreiben. Dabei hatte ich eine schreckliche Angst, dass ich sterben könnte, bevor ich Gelegenheit bekam, mein erstes Buch zu verfassen. Ruhm und Geld waren nicht mein Antrieb (obwohl ich diese Vorzüge des Veröffentlichens durchaus zu schätzen weiß). Es war das Bedürfnis, Spuren in der Welt zu hinterlassen, ein Zeichen, dass es mich gegeben hat. Nachwelt, Unsterblichkeit - das waren die Ziele meiner Seele.

Meine Schreibsitzungen entsprachen dem Filmklischee von der Hausfrau, die ihr Buch spät abends am Küchentisch tippt, wenn die Kinder schlafen. Es war die einzige Zeit, die mir blieb! Damals gab es noch keine PCs, also schrieb ich meine Gedanken erst von Hand auf und tippte sie dann ab, wobei ich Fehler mit flüssigem Tipp-Ex korrigierte.

Meine Hingabe an Ziele und Prioritäten gingen nicht ohne Kämpfe ab! Als ich den ersten Entwurf schrieb, entwickelte ich ein jähes und verzehrendes Interesse, Fussel aus dem Teppichgarn zu zupfen. Im Ernst! Ich fegte auch immer wieder Staub unter dem Kühlschrank hervor. Ich dachte: »Du kannst erst mit dem Schreiben anfangen, wenn das Haus picobello sauber ist.« Im Rückblick begreife ich, dass mein Zögern ein Schutz gegen die Möglichkeit des Versagens war. Schließlich: Was wäre, wenn ich keinen Verleger für mein Buch fände? Statt sich dieser Enttäuschung zu stellen, wäre es einfacher, es gar nicht erst zu versuchen!

Ich bekam es auch mit einer Schreibhemmung zu tun. Immer, wenn ich mich an die Schreibmaschine setzte, wurde ich innerlich ganz kribbelig und beschloss, das Haus zu putzen statt zu schreiben. Nachdem das eine Woche so gegangen war, fragte ich meine Psychologieprofessorin um Rat. Ihre Worte klingen mir noch heute in den Ohren: »Schreiben Sie einfach!« Da hatte ich meine Antwort, klipp und klar: *Tu's einfach.*

Also kaufte ich mir einen Kalender und legte einen Schreibplan fest. Ich hielt mich an diesen Plan und strich glücklich jeden Tag auf dem Kalender ab. Innerhalb von drei Wochen hatte ich das Konzept meines Buchs abgeschlossen. Acht Monate später hielt ich einen Buchvertrag in meinen Händen!

Verändern Sie Ihr Leben

Wenn Sie frustriert sind, weil Ihr Leben in der Warteschleife zu hängen scheint – Sie stehen damit nicht allein! So viele kluge, erfolgreiche Menschen haben mir im Laufe der Jahre erzählt, wie ihre Absichten vereitelt wurden, sie im Sumpf ihrer Verpflichtungen feststeckten und die Mühle sich immer weiter drehte.

Wie vorhin schon erwähnt, will ich Ihnen mit dem vorliegenden Ratgeber helfen, den kräftezehrenden und zeitraubenden Fettrand aus Ihrem Tagesablauf zu schneiden. Noch einmal: Meine Ratschläge werden Sie nicht zu einer Superfrau oder einem Supermann machen! Zur Veränderung Ihres Lebens gehört vielleicht auch, es zu vereinfachen und weniger Aktivitäten zu entfalten, Verpflichtungen nachzukommen und Besitz anzuhäufen.

Die Kunst ist, die Art von Leben zu erschaffen, die *Ihnen* gemäß ist. Dazu schlage ich fünf Schritte vor:

1. Machen Sie sich ein klares Bild davon, was Sie wollen (dazu könnte auch mehr Freizeit gehören).

2. Erkennen, beseitigen oder reduzieren Sie Ängste, Überzeugungen oder Zweifel, die Sie blockieren.

3. Befreien Sie sich von den Zeitverschwendern und Energieräubern in Ihrem Leben.

4. Stärken Sie Ihre intuitiven und spirituellen Fähigkeiten zur Kommunikation, damit Sie erfahren, *wie* Sie Ihre Ziele erreichen können.

5. Bedienen Sie sich kurzer Zeitabschnitte, die Ihnen ständige Fortschritte hinsichtlich der Erfüllung dieser Wünsche ermöglichen.

Was Sie sich merken sollten

- Wir finden keine freie Zeit. Wir müssen sie erschaffen.
- Es ist wichtig, in kurzen Zeitabschnitten der Erfüllung unserer Wünsche entgegenzugehen statt auf einen Tag irgendwann in der Zukunft zu warten, an dem wir »mehr Zeit« haben werden.
- Wenn jemand fleißig ist, muss er noch nicht produktiv sein. Stellen Sie jede Tätigkeit in Frage und überprüfen Sie sie daraufhin, ob sie wirklich nötig ist oder nur das Ergebnis von Angst oder Schuldgefühlen.
- Wenn einem die Zeit knapp wird, verstärkt das die Illusion des Mangels. Es ist lebenswichtig, mit der Zeit zu fließen, nicht gegen sie anzukämpfen. Diese Methode der Gelassenheit hilft uns, auf den Rat unserer inneren Führung in Bezug auf Gesundheit, Liebe, Spiritualität und Geld zu hören.

Im nächsten Kapitel werden wir einen Blick auf die enorme Wirkung werfen, die Ihre Entscheidungen und Glaubenssätze in Sachen Zeit auf die Verwirklichung Ihrer Träume haben. Lesen Sie weiter – das Beste kommt erst noch!

2. Die Ziele Ihrer Seele

»Wenn du Ruhe bewahrst und starke Konzentration, wirst du alle Pflichten mit der richtigen Geschwindigkeit erfüllen.«

Paramahansa Yogananda (1893–1952),
Verfasser der Autobiographie eines Yogi

Stellen Sie sich vor, Sie befinden sich siebzig oder achtzig Jahre in der Zukunft. Sie sind auf die andere Seite gewechselt. Sie blicken auf die Erde und sehen die Menschen so, wie Sie selbst einmal waren: am Kämpfen, Wetteifern und voller Sorgen. Doch Sie sehen auch deutlich, dass jeder dieser Menschen Hoffnungen und Träume hat. Seit Ihres Übergangs nach dem körperlichen Tod haben Sie außerdem gelernt, dass Sie durch konzentrierte Absicht alles hätten erreichen können, was Sie sich wünschen.

Sie verstehen, dass Menschen ihr Leben verändern können, indem Sie einen festen Entschluss fassen. Sie sehen auch, wie viele Gelegenheiten Sie versäumt hatten, als Sie auf der Erde waren. »Ich hätte alles sein, haben und tun können, was ich wollte«, erinnern Sie sich wehmütig. »Hätte ich nur genug Vertrauen in mich und andere Menschen gehabt, mein Leben wäre ganz anders verlaufen!«

Während Sie sich diese Szenerie ansehen, bemerken Sie jemanden, den Sie bei Ihrem Aufenthalt auf der irdischen Ebene gekannt und geliebt haben. Sie sehen, wie diese Person kämpft, um voranzukommen, und betrachten das als Ihre Gelegenheit zu helfen. Also greifen Sie ein und führen ein wundersames Zusammentreffen herbei, das diese Person ihren Zielen näherbringt. Bedauerlicherweise schlägt Ihre erdgebundene Freundin diese Gelegenheit aus, weil sie noch nicht glaubt, dass sie ihr Glück machen kann.

Sie begreift nicht, dass Sie es - wie wir alle - *verdient* hat, Erfolg zu haben.

Sie *verdienen* den Erfolg

So viele meiner Klienten haben mit mir über ihre Träume, Hoffnungen und Sehnsüchte gesprochen. Sie sehnten sich zwar danach, ihr Leben zu verbessern, fühlten sich jedoch aus unterschiedlichen Gründen blockiert. Normalerweise brachten sie diese Blockade in der Klage zum Ausdruck: »Ich würde mein Leben ja verändern, wenn ich Zeit dazu fände!«

Suzanne, eine Sekretärin in einem Maklerbüro, gestand mir eines Tages in der Therapie ihren heimlichen Traum: Sie hatte sich immer gewünscht, Kinderbücher zu schreiben. Das Problem war nur, dass Suzanne nach einem Achtstundentag und der Versorgung ihrer Kinder und Erledigung des Haushalts nur noch wenig Zeit und Energie übrig hatte.

Eine andere Klientin, Corinne, sagte, sie täte nichts lieber, als zu heiraten und eine Familie zu gründen. Aber ihr voller Tag, zu dem ein Job im Management, die Abendschule und ein Aerobics-Training gehörten, ließen ihr wenig Zeit und Energie, um geeignete Männer zu finden und sich mit ihnen zu treffen.

Mark, ein 37-jähriger Bauingenieur, hatte schon immer seinen Flugschein für zweimotorige Maschinen machen wollen. Er wartete unaufhörlich auf eine Zeit, in der sein Tagesablauf ihm genug Freiraum ließ, um Flugunterricht zu nehmen.

Robin wollte abnehmen und sich körperlich in Form bringen, doch sie fragte sich, woher sie die Zeit für die Fitness-Übungen nehmen sollte. Sie verbrachte den Morgen damit, ihre Kinder schulfertig zu machen, und ihr Tagesjob als Krankenschwester duldete keine Unterbrechungen. Abends musste Robin das Essen zubereiten und ihren Kindern bei den Hausaufgaben helfen. Wann sollte sie bei so einem engen Zeitplan noch ein Training einbauen?

LuAnne träumte davon, ihren langweiligen alten Job hinzuschmeißen und ein Beratungsbüro zu eröffnen. Ihr war klar, dass Selbständigkeit vollkommene Hingabe und Konzentration erforderte. LuAnne fragte sich, wie sie ihren gegenwärtigen Verpflichtungen bei der Arbeit nachkommen sollte und gleichzeitig einen neuen Beruf ergreifen konnte. »Ich kann es mir nicht leisten, meine Arbeitsstelle zu kündigen, solange mein neuer Job noch nichts abwirft«, erklärte sie. »Aber das eigentlich Fiese ist, dass ich einen neuen Beruf nicht zum Erfolg führen kann, solange ich noch einen anderen Fulltime-Job habe!«

Viele meiner Klienten lassen ihre Frustrationen durch missbräuchliches Verhalten an sich selbst aus, etwa durch übermäßiges Essen. Ich habe schon in meinen Büchern *Losing Your Pounds of Pain* und *Constant Craving* davon geschrieben, wie Essen als Trost dienen kann. Mein therapeutischer Ansatz war es immer, dass Sie sich nur darauf zu konzentrieren brauchen, Ihr leben zu verbessern, und schon wird sich Ihr Appetit normalisieren, was auf natürliche Weise zur Gewichtsabnahme führt. Wegen dieser Philosophie - meine Spezialität war die Behandlung zwanghafter Esser - habe ich mich zum Zwecke der

Heilung immer der Familie, der Ehe, des Berufs und spiritueller Beratung bedient.

Dadurch habe ich nach zwölf Jahren, in denen ich Tausende von Frauen und Männern beriet, klare Muster in Menschen identifiziert, die der Meinung sind, dass ständig etwas ihre Pläne durchkreuzt. Meine Erfolge darin, anderen bei der Erfüllung ihrer Träume zu helfen, haben mich inspiriert, diesen Ratgeber für Sie zu schreiben. Welchen Herzenswunsch Sie auch haben mögen, Sie sollten wissen, dass Sie ihn sich erfüllen können, wenn Sie die Blockaden Ihrer Ängste und Selbstzweifel auflösen.

»Das hätte ich auch gekonnt!«

Wie oft haben Sie nicht schon ein Buch, ein Kunstwerk oder eine andere große Errungenschaft gesehen und sich gesagt: »Das hätte ich auch gekonnt!« oder »Warum habe *ich* nicht daran gedacht, so etwas zu machen?!« Wie oft haben Sie nicht schon ein Liebespaar in einem Restaurant oder Park gesehen und geseufzt: »Warum kann *ich* nicht eine wundervolle Liebesbeziehung haben?« Und wie oft ist Ihnen nicht schon eine schlanke, gesunde Person aufgefallen und Sie haben sich gewünscht, sie hätten einen Körper wie er oder sie?

Wenn Sie sich selbst herabsetzen, indem Sie andere um ihr Leben beneiden, bringt Sie das der Verwirklichung dieser Sehnsüchte auch nicht näher. Neid auf die Leistungen eines anderen schlägt Ihnen die Tür zum Erfolg buchstäblich vor der Nase zu, weil es negativ bejaht, dass es nicht genug Gutes für alle gibt. Neid geht davon aus, dass ein Sieger zwangsläufig einen Verlierer nach sich zieht - mit anderen Worten, jemand geht leer aus. Wenn Sie bejahen, dass Sie ein Verlierer sind oder leer ausgehen, was meinen Sie wohl, was sich dann in Ihrem Leben manifestiert? Ein Verlust!

Manche Menschen werden von Angst getrieben - Angst vor Armut, Angst davor, die Liebe des Partners zu verlieren, Angst vor Gewichtsabnahme. Angst ist ein untauglicher Antrieb, weil er die Kreativität niedrig hält und dazu führt, dass Sie schlechte Entscheidungen treffen. Andere Menschen spüren Ihre Ängste und Unsicherheiten und fühlen sich abgestoßen, statt angeregt zu werden, Ihnen zu helfen. In der Angst liegt weder Macht noch Magie, aber es liegt *grenzenlose* Macht und Magie im Gegenteil von Angst: in der Liebe und Freude.

Beim Erfolg sind also innere Haltung und Glaube alles. Man könnte sogar sagen, dass es, wenn man vorankommen will, nicht so sehr darauf ankommt, wen Sie kennen, sondern *woher Sie wissen*. Noch in den dunkelsten Momenten finanzieller Ungewissheit, der Beziehungsprobleme und Sorgen über Gesundheit und Gewicht haben Sie immer noch die Wahl, welchen Gedanken Sie den Vorzug geben wollen:

Auf **Angst** beruhenden Gedanken,
die sich auf die scheinbaren Probleme
der Situation richten
oder
auf **Liebe** beruhenden Gedanken,
die sich auf die Möglichkeiten richten und
die Situation zu einem glücklichen
Ende führen.

Nachstehend finden Sie einige Beispiele »angsterfüllter« Gedanken, die verhindern, dass wir die Früchte unserer Wünsche ernten. Sind Sie über einen Bereich Ihres Lebens frustriert, schauen Sie, ob nicht ein auf Angst beruhender Gedanke dahintersteht. Falls ja, können Sie der folgenden Tabelle einige »machtvolle« Alternativgedanken entnehmen. Schreiben Sie die positiven Gedanken dreißig Tage lang zweimal täglich auf oder lesen Sie sie.

Sie werden eine mentale Gewohnheit entwickeln, die positives Handeln fördert und die erwünschten Resultate erschafft.

VERWANDELN SIE GEDANKEN DER ANGST IN SOLCHE, DIE VON LIEBE GEPRÄGT SIND.

Auf Angst beruhende Gedanken	Auf Liebe beruhende Gedanken
1. »Ich fürchte, mir wird das Geld ausgehen, und dann stehe ich mittellos da.«	»Ich arbeite schwer und gehe verantwortungsbewusst mit meinem Geld um. Ich erledige meinen Teil, und ich vertraue darauf, dass Gott seinen Teil erledigt und ebenfalls auf mich aufpasst.«
2. »Alle guten Singles sind schon vergeben. Ich werde nie in einer guten Beziehung leben und für den Rest meines Lebens allein bleiben.«	»Ich weiß, dass mein wundervoller Partner schon nach mir sucht, so wie ich nach ihm (oder ihr) Ausschau halte. Ich entspanne mich und vertraue darauf, dass die geistige Welt als Vermittler tätig wird und uns auf natürliche Weise zusammenbringt, zur rechten Zeit am rechten Ort.«
3. »Ich sollte mich mit meiner Karriere besser beeilen.«	»Ich achte auf meine Intuition und folge ihrer Führung. Ich vertraue, dass für alle meine Bedürfnisse gesorgt wird.«

Auf Angst beruhende Gedanken	Auf Liebe beruhende Gedanken
4. »Ständig durchkreuzen andere Menschen meinePläne. Wenn ich nurmein Ding durchziehen könnte, dann wäre alles anders.«	»Ich übernehme die Verantwortung für jede Situation meines Lebens und beschließe nun, positive und aufbauende Menschen anzuziehen, die meine Träume unterstützen.«
5. »Was, wenn ich gefeuert werde und meine Rechnungen nicht mehrbezahlen kann? Was, wenn ich mein Haus oder mein Auto verliere?«	»Ich habe heute gut auf mich aufgepasst und bin meiner Verantwortung nachgekommen. Ich vertraue darauf, dass immer auf diese Weise für mich gesorgt wird.«
6. »Ständig scheint mir Schlimmes zu widerfahren. Ich muss auf der Hut sein, um möglichen Katastrophen vorzubeugen.«	»Ich ergreife die nötigen Vorsichtsmaßnahmen und visualisiere Gutes, das mir widerfährt. (Ich weiß, dass ich eine schlimme Situation herbeiführen kann, indem ich meine Aufmerksamkeit darauf richte.)
7. »Ich fühle mich unsicher, als könnte ich morgen schon alles verlieren.	»Ich bin beschützt und weiß, dass meine Gedanken und Bemühungen in positive Richtungen gelenkt werden. «Was auch geschieht, ich

Auf Angst beruhende Gedanken	Auf Liebe beruhende Gedanken
7.	weiß, dass ich damit umgehen kann.«
8. »Nie habe ich für etwas genug Zeit!«	»Ich habe genug Zeit, um für alle meine Bedürfnisse zu sorgen.«
9. »Ich fürchte, wenn ich nicht jeden Tag meine Fitness-Übungen mache, nehme ich zu.«	»Meine Fitness-Übungen verleihen mir viel Energie und ein Gefühl von Vitalität. Ich weiß, dass ich auch dann noch gesund und munter bin, wenn ich einmal einen Tag aussetze.«
10. »Alle wollen mich immer nur ausnutzen.«	»Ich erwarte nur das Beste von allen um mich herum, und das bekomme ich auch!«

Greifen Sie nach den Sternen!

Die Veränderungen, die Sie in Ihrem Leben herbeiführen können, sind grenzenlos. Sie brauchen dazu nur den festen Entschluss - und die Erwartung -, dass sich etwas ändert. Das Schlüsselwort hier ist *fest,* denn halbgare Entscheidungen führen auch zu halbgaren Ergebnissen. Wenn Sie sich sagen: »Ich glaube, *irgendwann* möchte ich ein neues Haus…«, wird das weder Sie noch das Universum zu Taten anregen. Halbgare Aussagen wie diese strafen den dahinter stehenden Gedanken Lügen, etwa folgendermaßen: »Ich würde gern mein Leben verändern, aber ich glaube nicht so recht, dass es wirklich geschieht.«

Doch ein fester Entschluss - nun, das ist eine ganz andere Sache! Wenn Sie entschlossen auftreten und erklären: »Dies ist, was ich in meinem Leben will, und dies, was ich nicht will«, wird das Universum ihnen stehenden Beifall spenden. Dann liefert es genau das, was Sie bestellt haben - manchmal sofort.

Alles in Ihrem Leben ist eine Projektion Ihrer Gedanken, wie Bilder, die ein Filmprojektor abstrahlt. Verändern Sie Ihre Gedanken, haben Sie im Grunde den Film im Projektor verändert. Entsprechend verändert sich auch das abgestrahlte Bild. Wie es in *Ein Kurs in Wundern* heißt: »Aller Anschein kann sich ändern, eben *weil* er ein Anschein ist.«

Der Anschein von Zeit

Wenn wir glauben, dass es lange dauert, einen neuen Job, ein anderes Haus oder eine bessere Beziehung zu finden, *wird* es lange dauern. Doch glauben wir, dass Veränderungen sofort erfolgen können, tun sie es auch! Das Schöne an Ihren Träumen ist, dass Sie, da Sie der Träumer sind, über alle Details selbst entscheiden können. Sie können sogar bestimmen, wie lange Ihre Träume brauchen, um sich in greifbarer Form zu manifestieren.

Ich habe die althergebrachten Vorstellungen darüber, wie viel Zeit zur Erreichung eines Ziels nötig ist, immer abgelehnt. Ich stehe wohl nicht besonders auf Regeln. Entweder das, oder ich bin ungeduldig. (Ich könnte an dieser Stelle einen Witz darüber machen, dass Geduld eine Tugend ist, denn Tugend heißt ja auf Englisch »virtue«, aber *diese* Virtue ist nicht geduldig.) Immer wieder haben mir Menschen gesagt, wie viel Zeit etwas brauche, und statt ihnen zu glauben, schwor ich, ihnen zu beweisen, dass ihre Regeln über die Zeit falsch sind.

Beispielsweise erzählte ein Professor am College meinem Psychologiekurs im ersten Jahr, dass wir erst den Nachweis erbringen müssten, fortgeschrittene Studenten zu sein, bevor wir Feldstudien betreiben dürften. Vier Monate später stellte mich eine größere psychiatrische Klinik als Assistentin an. Ein anderer Professor sagte, als er von meinem Ziel hörte, veröffentlicht zu werden, ich könne erst ein Buch schreiben, wenn ich mein Doktorat gemacht hätte. Mein erstes Buch erschien mehrere Jahre, bevor ich meinen Doktortitel bekam.

Dies sind nur einige wenige Beispiele, wenn auch sehr kämpferische, dafür, wie ich mich weigerte, mich an traditionellen Vorstellungen von Zeit zu messen. Viele meiner Freundinnen und Klienten, die meine Überzeugungen teilen, können ähnliche Geschichten erzählen. Im Grunde läuft es auf Folgendes hinaus:

Was auch immer Sie über Zeit glauben - dass Sie viel davon haben oder nicht genug -, Sie haben Recht!

Fordern Sie Ihre Träume ein!

Nachdem Sie Ihre einschränkenden Überzeugungen über die Zeit abgelegt haben, ist es wichtig, vorbehaltlos zu erwarten, dass Ihre Träume sich auch verwirklichen. Es genügt nicht zu hoffen, dass Ihr Leben sich verändern wird; Sie müssen es *erwarten!* Also...

Wünschen Sie sich nicht einfach nur,
dass Ihre Träume wahr werden,
sondern *wollen* Sie es leidenschaftlich!
Hoffen Sie nicht einfach nur auf Ihre Träume,
sondern *wissen* Sie, dass sie
in eben diesem Augenblick zu Ihnen kommen!

Befürchten Sie nicht,
dass Gutes nur anderen widerfährt,
sondern *wissen* Sie, dass das Gute für alle da ist,
auch für Sie!
Bitten Sie nicht einfach nur darum,
dass Ihr göttlicher Weg sich bewahrheitet.
Stampfen Sie mit dem Fuß auf
und *fordern* Sie es ein!

Denken Sie an eine beliebige Situation in der Vergangenheit, in der Sie mit dem Fuß aufstampften. Vielleicht benötigte Ihr Kind oder Ihr Haustier dringend ärztliche Versorgung, Ihr Liebespartner behandelte Sie schlecht oder jemand versuchte, Ihnen Schund anzudrehen. Erinnern Sie sich, wie schwarzweiß Ihr Denken in diesem Moment war? Auf keinen Fall hätten Sie sich mit etwas anderem als dem begnügt, was Sie wollten!

Nun übertragen Sie diese leidenschaftliche Entschlossenheit auf Ihre Ziele.

Manifestieren, hier und jetzt

Schiere Entschlossenheit half mir, ein neues Haus für mich zu manifestieren. Wie ich vorhin schon sagte, Sie können Ihr Leben auf der Stelle verändern, wenn Sie es für möglich halten. Ziele brauchen nur dann viel Zeit zur Manifestation, wenn wir ihnen menschliche Vorstellungen von Zeit und Umständen auferlegen.

Vor einigen Jahren wohnte ich in einem gemieteten Apartment an einem kleinen Fluss. Ich bin eine richtige Wasserratte, jemand, der es nachgerade *braucht,* an einem Gewässer zu leben. Der Anblick eines Sees, des Ozeans oder eines Flusses bringt meine Seele zum Singen und meine Kreativität zum Lodern.

Doch das Flüsslein neben meinem Apartment war schmal und hinter Dickicht verborgen. Ich konnte ansatzweise hören, wie das Wasser über die Steine plätscherte, es von meinem Fenster aus aber nicht einmal sehen. Ich war unglücklich über meine enttäuschende Sicht und noch unglücklicher darüber, dass ich zur Miete wohnte und nicht im eigenen Haus.

Eines Tages erwachte ich in einer dieser miesen und fiesen Stimmungen. Ich hatte die ganze Situation satt! Ich hatte mein Kabuff satt. Ich hatte es satt, Geld für die Miete zum Fenster hinauszuwerfen. Und vor allem hatte ich es satt, von meinem Fenster aus das Wasser nicht sehen zu können. An diesem Tag schwor ich mir umzuziehen - ohne Wenn und Aber -, diese Frau hatte sich entschieden!

Ich wusste, wie der Ort aussehen sollte, an den ich ziehen wollte. Ich ließ meiner Fantasie die Zügel schießen und malte mir jede Kleinigkeit, die ich mir wünschte, genau aus, so wie ein Computer aus mehreren Aufnahmen ein einheitliches Bild erschafft. Ich visualisierte mir ein Traumhaus, doch dieses Bild meines Traumhauses war so gehalten, dass mein Verstand es als glaubhaftes Ziel annehmen konnte. Ich visualisierte nicht, wie ich mir ein Anwesen kaufte, weil ich das zu dieser Zeit noch nicht für möglich hielt. Und ohne Glauben manifestieren sich Träume nicht zu greifbarer Realität.

Ich wusste, dass meine Wohnstätte an ein Gewässer grenzen würde. Ich konnte mir vorstellen, in einer mittelgroßen Eigentumswohnung am Ufer eines nahen Sees zu leben. Nichts zu Ausgefallenes, einfach nur schnuckelig und in gutem Zustand. Dieser Ort würde mir gehören, und ich beschloss mit eisernem Willen, monatlich weniger zu bezahlen als meine gegenwärtige Miete. Ach ja, und noch eines: Da ich nicht viel Geld auf der hohen Kante hatte, wollte ich es kaufen, ohne mein Erspartes angreifen zu müssen. Im Rückblick ist es interessant, dass ich nie die Richtigkeit meines Wunsches anzweifelte. Ich wusste, was ich wollte, und das war's! An diesem Morgen stampfte ich mit dem Fuß auf. Mein Entscheidungsprozess unterschied sich nicht davon, eine Kellnerin zu bitten, ein schmutziges Glas durch ein neues zu ersetzen, oder zu erwarten, dass man mir im Kaufhaus etwas zu viel Berechnetes zurückgab.

Die gehorsame innere Führung

Sobald Sie Ihre Bestellung aufgegeben haben, liefert das Universum prompt. Doch Ihr neues Haus, Ihr neuer Job, die Aussicht, der Beruf oder Lebenspartner, den Sie manifestieren wollen, fällt Ihnen nicht einfach in den Schoß. Es klingelt nicht einfach an der Tür, und dann steht ein Fass voll Geld auf der Schwelle.

Vielmehr werden Sie sanft angestupst (was ich auch »Bauchgefühle«, »innere Führung«, »Ahnungen« oder »Intuition« nenne), und Ihnen wird nahegelegt, die Initiative zu ergreifen. Vielleicht kommt Ihnen in den Sinn, eine bestimmte Person anzurufen, ein bestimmtes Buch zu lesen, einen bestimmten Kurs zu belegen oder zu einem bestimmten Laden zu fahren. Glauben Sie mir, diese Hinweise sind die Antworten auf Ihre Gebete. Gehen Sie ihnen gehorsam nach, und Sie werden buchstäblich sehen, wie sich Ihre Träume vor Ihren Augen manifestieren - manchmal Stück für Stück, manchmal auch gleich komplett.

Wir bilden mit unserer inneren Führung ein Team. Sie will, dass wir unseren Sinn im Leben finden, also nagt sie an uns, wenn wir vom Weg abkommen. Als Reaktion auf ihr Drängen, unser Leben zu verändern, erschaffen wir neue mentale Bilder, wie unser Leben sein sollte. Die innere Führung reagiert auf unsere mentalen Bilder wie ein treuer Diener. Dann müssen wieder wir der inneren Führung gehorchen, um die Früchte unseres Traums zu manifestieren. Hören Sie immer auf Ihre Intuition, selbst wenn es Ihnen seltsam oder töricht erscheint.

Meine Intuition führte mich zum Haus meiner Träume. Noch am selben Morgen, an dem ich beschlossen hatte, meinen Wohnsitz zu verlegen, fuhr ich zur Arbeit, als eine starke Ahnung mich veranlasste, in eine kleine Seitenstraße abzubiegen. Ich folgte meinem Instinkt und fand mich auf einer verschlungenen Straße wieder, die an dem See entlangführte, den ich so sehr liebte.

Meine innere Führung zerrte an mir wie ein Blindenhund, und ich folgte ihr - obwohl ich zugeben muss, dass ich mich fragte, was zum Kuckuck ich eigentlich auf dieser Nebenstraße verloren hatte, wo ich doch schon zu spät zur Arbeit dran war. Dann fiel mein Blick auf etwas, was mir bestätigte, dass meine Bauchgefühle mich nicht getrogen hatten: Vor mir erhob sich eine bezaubernde, zweistöckige Eigentumswohnanlage im Stil von Cape Cod mit Erkerfenstern, die auf den See hinausblickten. Ihr schönstes Merkmal war das große »Zu verkaufen»-Schild, das auf einem mit Geranien geschmückten Fenstersims thronte.

Meine Hände zitterten, als ich mir die Telefonnummer des Immobilienmaklers notierte, denn ich wusste - *ich wusste es einfach* , dass dies mein künftiges Zuhause war! Ich fand kaum den Weg zur Arbeit, so ungeduldig war ich, die Nummer auf dem »Zu verkaufen»-Schild zu wählen. Kaum betrat ich mein Büro, fiel alles an seinen Platz: Ich konnte sofort mit dem Makler sprechen. Er war bereit, sich noch am selben Nachmittag mit mir vor der Anlage zu treffen.

Das Innere der Wohnung war sogar noch schnuckeliger als das Äußere, obwohl sie eindeutig einen neuen Anstrich und eine Grundreinigung benötigte, um sie wieder zum Blitzen zu bringen. Der Preis für die Wohnung betrug nur einen Bruchteil dessen, was ich erwartet hatte. Soweit es mich betraf, gehörte sie schon mir! Ich erklärte dem Makler meine finanzielle Situation, und wie sich herausstellte, gehörte ihm die gesamte Anlage. Er erließ mir die Anzahlung, und eine Stunde später hatte ich einen unterschriebenen Vertrag und einen Schlüssel in der Hand. An diesem Wochenende bezog ich meine Eigentumswohnung, von der ich erst kurz zuvor geträumt hatte.

Grenzenlos zufrieden

Moment, das ist noch nicht alles! Natürlich brauchte ich für mein neues Zuhause auch eine Katze. Ich hatte ein klares Bild vor Augen, wie meine Traumkatze aussehen sollte (inzwischen hatte mein Vertrauen in das Manifestieren einen Höchststand erreicht!). Ich stellte mir eine wunderschöne, langmähnige Himalaja-Katze mit großen blauen Augen vor. Ich wollte ein erwachsenes Tier, das kastriert war und auch all seine Impfungen schon hatte. Und noch etwas: Wie meine Wohnung wollte ich die Katze gratis bekommen.

Rumms! Wieder hatte ich einen festen Entschluss gefasst, und mein Bauchgefühl ging erneut an die Arbeit. Meine Führung veranlasste mich, die gelben Seiten unter der Rubrik »Tierarzt« aufzuschlagen. Mein Blick fiel auf die Anzeige eines bestimmten Tierarztes. Ich wählte seine Nummer, wieder aus Intuition.

Ich sagte der Frau am anderen Ende, dass ich eine erwachsene Himalaja-Katze adoptieren wolle. Sie sagte: »Oh, da haben Sie aber Glück! Eine unserer Klientinnen hat sich gerade einen Hund zugelegt, und jetzt muss sie ihre Katze abgeben, weil die beiden sich nicht vertragen. Sie will ihre Katze nicht verlieren, aber ihre Tochter ist völlig vernarrt in den Hund. Gerade heute Nachmittag hat sie die Notiz ›Katze zu verschenken‹ an unser Schwarzes Brett gepinnt! Es ist ein Himalaja-Weibchen namens Precious, und sie hat alle Impfungen und was sonst noch nötig ist.«

An diesem Samstag traf ich mich mit Precious' Besitzerin, und sie war so froh, dass ihre geliebte Katze eine neue Besitzerin bekam, die sie auch zu schätzen wusste. Und ich freute mich, dass mein mentales Bild von meinem perfekten Zuhause - komplett mit vor dem Kamin eingerollt daliegender Katze - Wahrheit geworden war.

Spirituelle Gesetze der Manifestation

An dieser Stelle denken Sie vielleicht: »In Ordnung, der Autorin sind also einige ganz erstaunliche Zufälle widerfahren« oder »Tja, die Autorin weiß eben, wie man manifestiert. Aber MIR würde das nie gelingen!« Die spirituellen Prinzipien und Gesetze, die es mir erlauben, unverzüglich zu manifestieren, gelten gleichermaßen für jede einzelne Person - ausnahmslos!

Genau wie jeder, der Gewichte hebt, irgendwann Muskeln entwickelt, wird auch jeder, der sich der Prinzipien der Manifestation bedient, seine Träume realisieren. Spirituelle Gesetze benachteiligen nie jemanden und schließen keinen von ihrem Gebrauch aus. Es ist wie mit dem Strom - wo Sie auch sind, wenn Sie einen Lichtschalter umlegen, gehen immer die Lichter an. Dem Strom ist es egal, wer ihn einschaltet; er gehorcht bloß Anweisungen. Spirituelle Prinzipien sind da nicht anders.

Außerdem verhält es sich mit spirituellen Gesetzen der Manifestation genau wie mit den Gesetzen der Mathematik. Zwei plus zwei gibt immer vier, ausnahmslos. Es spielt keine Rolle, wie alt die Person ist, die zwei plus zwei zusammenzählt, welchen Geschlechts, wie sie aussieht, welche Geschichte sie hat oder welcher Rasse oder ethnischen Gruppe sie angehört. Das Ergebnis ist immer gleich, weil das Gesetz der Mathematik - wie das spirituelle Gesetz - göttlich und vollkommen geordnet ist. Vertrauen Sie darauf, dass es auch für Sie seine Wirkung entfaltet, denn Vertrauen ist ein notwendiger Bestandteil, wenn es funktionieren soll.

»Wir folgten unserer Intuition«

Mit zwei halbwüchsigen Kindern und zwei Pflegekindern, die zur Familie gehörten, lebten Terry und Betty Fennel in ihrem Zuhause mit den drei kleinen Schlafzimmern auf ziemlich engem Raum. Der Gedanke an einen Umzug erschien finanziell unausführbar, aber Terrys spirituelle Überzeugungen halfen der Familie, ihre Träume in der Realität zu manifestieren.

Terry beschrieb die Details seines Traumhauses einem Immobilienmakler: Ein Schwimmbecken für die Teenager, damit sie im Sommer ihren Spaß hatten, eine Satellitenschüssel, ein Whirlpool, mindestens fünf Schlafzimmer, auf dem Land gelegen, aber mit Anschluss an einen Schulbus, eine Garage, Platz für ein Heimbüro, ein Hof zum Baskettballspielen und ein Elternschlafzimmer mit einer Sitzecke.

Der Makler hörte sich das an und rief: »Terry, ich *habe* Ihr Haus!« Er hatte recht; das Haus besaß alle Merkmale, die Terry beschrieben hatte, dazu noch eineinhalb Hektar Land und einen Fischteich. Aber der Preis war astronomisch - ihre Monatsraten für das Haus würden sich vervierfachen! Terry und Betty würden ein Wunder benötigen, um sich das neue Zuhause leisten zu können. Nun, sie bekamen eines.

Dem Paar gefiel das Haus, und es unterbreitete ein Angebot, das der Verkäufer sofort annahm. Aber statt sich über ihren Erwerb zu freuen, fühlten Terry und Betty sich verwirrt. Einerseits *wussten* sie beide, dass dies das Haus war, in dem sie leben würden. Doch ein starkes Bauchgefühl warnte sie davor, das Haus für so viel Geld zu kaufen.

Eine Sache nach der anderen ging schief. Die für die Pflegekinder zuständige Behörde wollte das Haus nicht genehmigen. Der Feuerwehrchef verlangte einen vollständigen Umbau. Die Baubehörde des Landkreises erklärte sogar, dass der Nutzungsplan für das Haus keine Pflegekinder zuließ. Terry und Betty betrachteten die Hindernisse als Bestätigung, dass sie ihrem Instinkt folgen und den Kauf rückgängig machen sollten. Widerwillig unterschrieben sie die Papiere, die den Vertrag für ungültig erklärten.

Später, als das Paar über das Haus sprach, »das ihnen entgangen war«, beteuerte Betty erneut, dass sie das Gefühl habe, einmal in dem Haus zu leben. Sie sagte zu Terry: »Alle haben doch etwas davon, wenn wir dort einziehen! Wir haben einen wunderschönen Platz zum Leben, der Makler kassiert eine ansehnliche Provision, der Verkäufer bekommt sein Geld, die Kinder haben genug Platz, und sogar das Pflegekinderprogramm profitiert davon, wenn wir ein besseres Zuhause für weitere Pflegekinder haben. Andererseits, wenn wir dieses Haus nicht bekommen, wird das für alle ein Verlust sein.«

Terry erinnerte Betty daran, dass Sie den Kauf gerade erst rückgängig gemacht hatten, doch sie beharrte darauf, dass sie das Haus einmal besitzen würden. »Wir werden dieses Haus bekommen, weil Gott unser Mitunterzeichner sein wird«, sagte Betty.

Zwei Wochen später rief der Makler aufgeregt an, um zu sagen, dass er neue Vereinbarungen ausgearbeitet hatte, so dass das Paar es sich nun leisten konnte, das Haus für genau den Betrag zu erwerben, den Terry anfangs genannt hatte.

Plötzlich ergab das frühere Bauchgefühl des Paars einen Sinn. Ihre Führung hatte sie dazu gebracht, das Haus zu erwerben, aber nicht zu dem ursprünglich verlangten Preis. Terry, Betty und alle ihre Kinder erwarben hocherfreut ihr Traumhaus zu genau dem Preis, den sie sich vorgestellt hatten, als sie die Details ihres idealen Hauses ursprünglich skizzierten!

Alles haben können

Eine meiner Klientinnen namens Suzanne war skeptisch, als ich ihr die Prinzipien des Manifestierens erklärte. »Von so etwas spricht mein Mann ständig«, sagte sie. Das war eine Formulierung, die ich von Susanne während unserer Therapiesitzungen oft zu hören bekam. Sie glaubte kein Wort unseres Gesprächs über die Macht der Gedanken, Visualisierungen, Affirmationen und so weiter. *Totaler Quatsch* waren, glaube ich, ihre Worte.

Das alles änderte sich an dem Tag, als ihr Ehemann Roy etwas mit nach Hause brachte, was laut Suzanne, so wie »Zauberbohnen war, die sich in einen riesigen Bohnenstengel verwandelten.« Suzanne beschrieb mir das Erlebnis mit folgenden Worten:

»Roy und ich haben immer davon geträumt, uns einmal auf einer Klippe mit Blick auf den Pazifik ein Haus zu bauen. Wir lebten seit Jahren in einer dunklen Schlucht, einige Meilen vom Ozean entfernt. Obwohl ich mir das genauso sehr wünschte wie Roy, hätte ich nie gedacht, dass es einmal wahr werden könnte. Ich meine, wir sind nicht gerade reich! Aber Roy zweifelte nie daran, dass wir unser Traumhaus irgendwann bekämen.

Ständig erzählte er mir, wie er Affirmationen und Visualisierungen benutzte, um sich vorzustellen, dass wir auf einem flachen Grundstück mit Blick aufs Meer Land besitzen. Ich verdrehte nur die Augen und dachte: Träum weiter! Aber heute hat Roy es getan! Ich meine, ich bin einfach platt!«

Bei einer Landauktion am gleichen Tag hatte Roy erfolgreich auf eine erstklassige Parzelle flaches Land mit Blick auf den Ozean geboten. Sie war genauso, wie er sie visualisiert hatte, und kostete genau den Betrag, den er affirmiert hatte. Suzannes Skepsis über das Manifestieren verflog, was Roy ebenfalls affirmiert hatte!

Ich könnte ein ganzes Buch mit Beispielen von Manifestationen füllen, die meine Freunde, Familie, Klienten und ich erlebten! Ich weiß ohne jeden Zweifel, dass diese Prinzipien funktionieren, wenn sie richtig angewandt werden. Hier sind noch ein paar Beispiele:

- Ein Freund von mir namens Dan wünschte sich einen Hängegleiter. Er pinnte in seinem Büro das Foto seines bevorzugten Gleitermodells an die Wand und starrte es jeden Tag an. Einen Monat nach dem Anpinnen des Fotos erwähnte Dans Nachbar, dass er den Hängegleiter-Sport an den Nagel hängen wolle. Ach ja, und ob Dan nicht Lust hätte, seinen Hängegleiter zu übernehmen? Der Nachbar bestand darauf, ihn Dan zu schenken, und das Modell und die Farbe des Hängegleiters entsprach genau dem auf Dans Foto im Büro!

- Eine Frau aus meinem Bekanntenkreis, namens Debra, hatte es satt, Single zu sein. Als alleinerziehende Mutter wollte sie einen großartigen Mann heiraten, der ihre Kinder lieben würde. Sie stellte eine Liste mit allen gewünschten Eigenschaften ihres »Traummannes« zusammen und trug sie in ihrem Portemonnaie mit sich herum. Jeden Tag betrachtete Debra die Liste und wusste zweifelsfrei, dass sie diese Person manifestieren würde. Sie tat es! Nach einem Monat begann sie mit Chris auszugehen – einem überaus gut aussehenden und erfolgreichen Mann, der jeder Eigenschaft auf ihrer Liste bis aufs I-Tüpfelchen entsprach. Sie verliebten sich ineinander und sind mittlerweile glücklich verheiratet.

- Das Folgende ist eine »kleinere« Manifestation, die dennoch eindrucksvoll ist. Mehrere Weihnachten, bevor ich meinem Ehemann Michael begegnete, packte er in letzter Minute noch ein Geschenk ein. Alles ging gut, bis ihm das Klebeband ausging! Wegen des Feiertags befand sich der einzige Laden, in dem er Klebeband kaufen konnte, mehrere Meilen entfernt. Michael, der fest an Manifestation glaubt, erklärte dem Universum, dass er *unbedingt* Klebeband brauche. Dann veranlasste ihn seine Intuition, vor das Haus zu gehen. Dort lag - mitten auf der Straße - eine große Rolle durchsichtiges Klebeband. Michael hat die Rolle, die er sein »Wunderband« nennt, heute noch.

In null Komma nichts!

Ich führe all diese Beispiele auf, um Ihnen zu zeigen, dass »Regeln« über Zeit und das Erfüllen von Träumen eine Frage künstlerischer Freiheit sind. Es steht uns frei, Regeln über die Zeit umzuschreiben, damit sie unseren Bedürfnissen entsprechen. Wenn wir den Zeitdruck verringern, reduzieren wir ironischerweise Anspannung kräfteraubenden Zorn, und Schuldgefühle. Dadurch sind wir energiegeladener und in der Lage, mehr zu erreichen.

Fazit: Weigern Sie sich, negative Vorstellungen darüber zu akzeptieren, was Sie nicht erreichen könnten und was unmöglich sei. Reden Sie nicht mit negativen Personen, solange Ihre Träume noch zerbrechlich sind, weil Sie sie gerade erst ausbrüten.

Meine klinische Praxis zeigt, dass jeder - unabhängig von seinem Hintergrund, Alter, Aussehen, Geschlecht, Einkommen, Bildungsgrad oder seiner Religion - dabei erfolgreich sein kann, seinen Herzenswunsch zu erfüllen. Wollen Sie es nicht aufrichtig versuchen und einmal selbst sehen?

Es ist in Ordnung, rauszugehen und zu spielen

Viele Menschen verstrickten sich in der materialistischen Hektik der Achtzigerjahre. Manche deckten sich mit Immobilien oder Börsenwerten ein und verloren dann alles, als der Markt den Bach runterging. Ich habe mit zahlreichen Menschen gesprochen, die Ende der Achtziger- und Anfang der Neunzigerjahre des vorigen Jahrhunderts finanzielle, emotionale und moralische Einbrüche hinnehmen mussten. Sie investierten so viel in den Immobilienmarkt - ihr Erspartes und ihre Guthaben, ihren Traum von einem glorreichen Ruhestand, ihre Hoffnungen in Bezug auf persönliche Kraft und Auskommen und ihr Vertrauen auf eigene Entscheidungen. Als sie durch Kursverluste, wirtschaftliche Inflation und die Fusionen und Entlassungswellen der Firmen ihren finanziellen Halt verloren, verloren sie damit zugleich etwas noch Wertvolleres - ihre Zuversicht.

Diese entmutigende Wende der Ereignisse ist teilweise auch für den gegenwärtigen Anstieg spirituellen Bewusstseins verantwortlich. Wir haben gelernt, materiellen Investitionen zu misstrauen, und wenden uns etwas zu, was vertrauenswürdig und von Dauer ist: dem Geist (Spirit). Das Problem ist nur, während wir nach unserem spirituellen Weg suchen und ihn studieren, müssen wir weiter unsere Rechnungen bezahlen. Viele von uns ziehen Kinder auf und haben andere drängende Verpflichtungen.

Doch in den Momenten, in denen wir einen kurzen Blick auf den Segen der Spiritualität erhaschen - bei Yoga, Meditation, Seminaren, Lektüre oder dem Spazierengehen -, seufzen wir: »Es muss doch eine Möglichkeit geben, meine spirituelle Klarheit zu erhöhen, während ich meiner Verantwortung als Erwachsener nachkomme.« Viele haben die Fantasie, nach Indien, Tibet oder Peru davonzulaufen, um bei den spirituellen Meistern zu studieren.

In den letzten paar Jahren haben mir meine Klienten, die Leser meiner Bücher und das Publikum der Talkshows, in denen ich auftrat, immer wieder die Frage gestellt, wie man auf sinnvolle Weise ernsthaft Geld verdienen kann. Einige Fragen, die ich am häufigsten hörte, lauteten:

- »Ich hätte liebend gern einen kreativen Beruf (Autorin, Künstlerin, Schauspielerin oder so), aber ich weiß einfach nicht, wie ich das anfangen soll. Woher soll ich wissen, ob ich genug Talent besitze, um mit dem, was mir Freude bereitet, Geld zu verdienen?«

- »Ich wollte schon immer Heilerin werden, aber ich fühle mich zu alt, um noch einmal die Schulbank zu drücken oder meinen Doktor zu machen. Wie kann ich noch auf dem Gebiet der Heilung arbeiten?«

- »Ich habe den Eindruck, in der Falle zu sitzen! Ich kann meinen Job nicht ausstehen, aber ich weiß nicht, wie ich sonst genug Geld verdienen soll, um all meine Rechnungen zu bezahlen. Was kann ich tun?«

- »Ich bin mir nicht klar über meinen göttlichen Weg. Ich bemühe mich in der Meditation wirklich hinzuhören, aber ich *kann* nichts hören! Worin liegt das Problem?«

- »Immer, wenn ich auch nur daran denke, meinen Beruf zu wechseln, bekomme ich eine Heidenangst. Ich will keinen Fehler begehen; wie kann ich wirklich sicher sein, was für mich richtig ist?«

All diese Fragen sind vollkommen normal. Wir wollen vielleicht nicht »alles«, doch wir wollen mehr, als wir jetzt haben. Zwar sind wir den Fixierungen der Achtzigerjahre mit ihren BMWs und Universal-Küchenmaschinen entwachsen, aber wir träumen nach wie vor von finanzieller Unabhängigkeit und freier Zeit, die wir mit unseren Familien und uns selbst verbringen können. Wir wollen nicht die Lebensweise der Reichen und Berühmten, sondern nur eine gewisse finanzielle und emotionale Sicherheit.

»Ich habe es so satt, ständig zu arbeiten, ohne dass es zu einem sichtbaren Ergebnis führt!«, sagt die 42-jährige Emily, eine Büroleiterin und Mutter von zwei Kindern. Die tägliche Mühle, die Kinder in den Kindergarten zu bringen, zur Arbeit zu fahren und eine Firmenpolitik zu ertragen, die einem den Magen umdreht, zehrt an Emilys Selbstvertrauen und Energie.

Manche Menschen geben an Emilys Stelle einfach die Hoffnung auf, jemals ein besseres Leben zu führen. Sie betäuben ihren Ehrgeiz mit Sarkasmus und Apathie und sagen: »Warum es auch nur versuchen?«

Andere - wie zum Beispiel Sie - gehen einen anderen, produktiveren Weg. Sie wissen wahrscheinlich schon tief in sich drin, dass Sie eine bessere Welt für sich erschaffen können - ein sicheres Leben mit einem höheren Einkommen, sinnvoller Arbeit und erfüllenden Beziehungen. Deshalb suchen Sie nach Möglichkeiten, ihre tägliche Existenz zu verbessern.

Theorien darüber, wie man sich reich denkt

Liest man die vielen Bücher über Reichtum, die heute auf dem Markt sind, und sieht sie sich genauer an, fällt einem ein gemeinsamer roter Faden auf: »Denken Sie positiv über das, was Sie sich wünschen, und glauben Sie fest daran, dass Sie es bekommen werden, dann bekommen Sie es auch.« Diese Haltung stammt direkt aus der Bibel und findet ihren Ausdruck in fast jeder größeren Religion.

Heilige Schriften betonen ausnahmslos, wie wichtig es ist, dass man ein Leben voller Dankbarkeit führt. Bitten Sie darum, dass Ihre materiellen Bedürfnisse und Wünsche erfüllt werden, aber seien Sie dankbar dafür, was Sie im Augenblick haben, und wissen Sie, dass Gott auf jedes Bedürfnis reagiert. Sagen wir, Sie leben gerade in einem kleinen, spärlich möblierten Apartment und fahren ein unzuverlässiges Auto. Sie würden gern in einem komfortablen Haus wohnen und einen sicheren Wagen Ihr eigen nennen. Sich über Ihren gegenwärtigen Zustand zu beklagen, würde verhindern, dass Ihnen höheres Wohl widerfährt. Doch wenn Sie um die ersehnten Veränderungen bitten, und zwar in dem liebevollen Wissen, dass sie schon unterwegs sind, garantiert das ihre physikalische Manifestation.

Viele Motivations- und Erfolgsbücher gehen nicht deutlich genug auf einen wichtigen Punkt ein, den die Bibel und andere spirituelle Werke ausdrücklich betonen: Sie können nicht einfach in Ihrem Apartment sitzen, von Geld träumen und erwarten, dass ein Bündel Dollarscheine durch Ihren Kamin geworfen wird und bei Ihnen im Wohnzimmer landet. Erst müssen Sie sich selbst helfen und sinnvolle Arbeit verrichten. Ihre Bauchgefühle werden Ihnen schon sagen, was Sie an jedem einzelnen Tag zu tun haben.

Einige Motivationsbücher laufen jedoch darauf hinaus, dass Sie nur zu denken und zu visualisieren brauchen und *-voilá!* Kein Wunder, dass die Leute sich von motivierenden Büchern und CDs abwenden. Zum spirituellen Erfolgsprozess gehört, über Vorstellungen des Reichtums zu meditieren und sie in die Tat umzusetzen, was dann zu Fülle führt. Ein Grund, weshalb sie gegenüber der Vorstellung, sich reich zu denken, misstrauisch oder voller Vorbehalte waren, besteht vielleicht darin, dass Sie tief in Ihrem Inneren wissen, dass Erfolg auch eine gewisse Anstrengung erfordert.

Ohne Ursache keine Wirkung. Geld ist die Wirkung, und Gott, Ihre positiven Gedanken und Ihre Arbeit sind die gemeinsame Ursache. Alles passt perfekt zusammen:

1. Wenn Sie Ihre Gedanken auf Vollendung und Fülle richten, kommt Ihr Geist unwillkürlich zur Ruhe und lässt die Angst los. Das führt zu einer veränderten Schwingung in Ihnen, was

Ihre Fähigkeit des schöpferischen Denkens freisetzt. Dies ermöglicht Ihnen auch den Zugang zu Ihrer inneren Führung und Engeln (den die Angst blockiert), so dass sie eingreifen und Ihnen durch das wundersame »Zusammenwirken« von Ereignissen helfen können.

2. Da Ihr Verstand und Ihre Emotionen nicht von Sorge beeinträchtigt sind, bringen Sie viele Ideen hervor und sind folglich eher in der Lage, auf diese Ideen zu reagieren und an sich zu glauben.

3. Diese Handlungsschritte bilden zusammengenommen die Ursachen, die zu der Wirkung führen, dass Ihre Ziele sich manifestieren.

Das Dreieck der Wünsche

Was Sie in Ihrem Leben wollen, ist unwichtig, denn die Methode, *wie* man an ein bestimmtes Ziel gelangt, ist bei allen Zielen gleich. Gesundheit erreichen Sie auf die gleiche Weise, wie Sie zu Reichtum gelangen, dem wieder die gleiche Methode zu Grunde liegt, wie Sie Liebe anziehen. Obwohl kein Unterschied darin besteht, wie verschiedene Ziele manifestiert werden, sind sie im Leben der Menschen ungleichmäßig verteilt. So hat vielleicht eine Person ein dickes Bankkonto, lebt aber in einer Ehe ohne Liebe. Eine andere Person erfreut sich vielleicht eines reichen Liebeslebens, hat aber einen erbärmlichen Job. Wieder eine andere ist vielleicht mit einem großartigen Job glücklich verheiratet, kämpft jedoch ständig mit ihrer Gesundheit oder ihrem Gewicht.

Ich sehe die drei Lebensbereiche, die am häufigsten das Ziel von Wünschen sind - Liebe, Reichtum und Gesundheit -, als

Dreieck. Anscheinend haben sehr wenige Menschen das Gefühl, in allen drei Spitzen des Dreiecks erfolgreich zu sein. Normalerweise haben die meisten Menschen ein oder zwei Bereiche, in denen sie brillieren, und aus dem dritten Bereich ist die Luft raus.

Könnte das an der Angst liegen, zu vollkommen zu sein oder sich anderen zu entfremden, wenn wir nicht eine menschliche Schwäche oder Fehler an den Tag legen? Als ich mit einigen sehr erfolgreichen und mächtigen Leuten sprach, stellte ich fest, dass das oft der Fall ist - besonders bei Frauen. Oprah Winfrey, eine der erfolgreichsten Talkmasterinnen der USA, vertraute mir ihre Überlegung an, dass Frauen möglicherweise fürchten, *zu* stark oder erfolgreich zu werden, weil starke Frauen manche Menschen einschüchtern. Ich stimme ihr zu.

Damit will ich nicht sagen, dass wir versuchen sollten, alles zu bekommen oder eine Superfrau oder ein Supermann zu werden. Diese Lebensweise führt zum Burnout, zu Frustration und Unzufriedenheit im Leben. Schließlich erwächst Freude aus der Erfüllung unserer göttlichen Bestimmung, nicht daraus, dass wir Besitztümer oder Erfolge anhäufen. Dennoch empfehle ich in den drei wichtigen Bereichen Gesundheit, Arbeit und Liebe einen stetigen Fluss in Richtung der angestrebten Ziele.

Alle drei Bereiche hängen eng miteinander zusammen. Unsere Zufriedenheit bei der Arbeit und Zuhause wirkt sich auf unsere Gesundheit aus. Unsere Gesundheit wirkt sich auf unsere Arbeit und unser häusliches Leben aus. Unser Einkommen steigt und sinkt vielleicht je nach dem Grad unserer Gesundheit und ob wir deprimiert oder emotional stabil sind. Unsere Stimmungen beeinflussen alle Beziehungen in unserem Leben und so weiter.

Die Spitzen des Dreiecks sind miteinander verbunden und voneinander abhängig. Dennoch halten es viele Menschen für schwierig, sogar für unmöglich, in mehr als ein oder zwei Bereichen erfolgreich zu sein. Aber das muss nicht so sein. Bei näherem Hinschauen finden wir immer eine zu Grunde liegende Entscheidung, die in einem Lebensbereich zu Unzufriedenheit führt. Häufig liegt es an Folgendem:

- dem Glauben, es sei nicht richtig und moralisch oder spirituell verwerflich, Geld haben zu wollen;
- der Gewohnheit, sich mit den erstbesten Umständen zufrieden zu geben, die in Ihr Leben treten;
- ein glückliches Leben wird als unrealistisches oder oberflächliches Ziel betrachtet;
- strahlende Gesundheit gilt auf Grund von Überzeugungen wie »Ich bin schon zu alt«, »Ich habe Kinder«, »Ich habe nicht genug Zeit oder Geld« und so weiter als unerreichbar.

Obwohl wir vielleicht fest vom Gegenteil überzeugt sind, ist eine Spitze dieses Liebe-Beruf-Gesundheit-Dreiecks nicht schwieriger zu erreichen als eine der anderen Spitzen. Unsere Überzeugungen beeinflussen jedoch unsere Erfahrungen, und jede der oben genannten Überzeugungen könnte sie blockieren. Wenn Sie in einer Spitze Fortschritte oder Erfolge erzielt haben, sollten Sie wissen, dass Sie die gleichen Ergebnisse auch in anderen Lebensbereichen erzielen können.

Der Weg, nicht das Ziel

In Wahrheit erreichen wir nie die Ziele unserer Seele. Das würde bedeuten, dass etwas zu Ende wäre. Das Ziel *bleibt* das Ziel – es ist eine Art, Zeit und Verhalten zu organisieren, so dass wir fortwährend schöpfen können. Schließlich sind wir ewige Schöpfer.

Das Ziel *erreicht* zu haben und nicht länger danach streben zu müssen, ist das eigentliche Ziel Ihrer Seele. Ob es nun darin besteht, ein großer Künstler, Romanautor oder Schauspieler zu werden, das Ziel ist ein Vehikel, um anderen zu helfen, die Bestimmung ihrer Seele zu finden. Vielleicht ändern Sie jeden Tag Ihre Meinung. Oder Sie haben Angst, eine falsche Entscheidung zu treffen und dann in der Falle zu sitzen oder enttäuscht zu sein.

Es ist unabdiingbar, dass Sie wissen, was Sie wollen, und Ihre göttliche Bestimmung klar verstehen. Im nächsten Kapitel werden wir innehalten und ein wenig Luft holen, um diese ruhige, leise Stimme in uns zu vernehmen, die uns unsere Träume einflüstert. Dann schreiben wir sie auf!

Was Sie sich merken sollten

- Es genügt nicht, bloß zu *denken,* dass man reich wird oder andere Ziele erreicht; dem Gedanken muss die Tat folgen. Gott hilft dem, der sich selbst hilft.

- Unsere Vorstellung von Zeit erschafft unsere Erfahrungen. Es ist wichtig, einschränkende Überzeugungen in Bezug auf Zeit durch ausgedehnte und positive Gedanken zu ersetzen, die bejahen, dass es Zeit im Überfluss gibt.

- Eine Liebesbeziehung, Beruf und Gesundheit sind allesamt Ziele, die auf die gleiche Weise erlangt werden; sie sind wie die drei Spitzen eines gleichschenkligen Dreiecks. Wenn Sie in einem dieser Bereiche erfolgreich waren, können Sie auch in den anderen Bereichen zum Ziel kommen.

- Die Seele braucht ständiges Wachstum, und so werden die Ziele der Seele nie endgültig erreicht oder erfüllt.

3. Erkennen Sie Ihre göttliche Bestimmung

»Man hat immer Zeit genug,
wenn man sie gut anwenden will.«

Johann Wolfgang von Goethe (1749-1832)

Teresa, eine 37-jährige Büroleiterin, saß in meiner Praxis für Psychotherapie und beklagte sich, dass sie sich auf nebulöse Weise unglücklich fühle. »Etwas fehlt in meinem Leben«, seufzte sie und versuchte, ihre Leere in Worte zu kleiden.

Meine Frage rüttelte Teresa auf: »Was wollen Sie?«

Sie wusste, dass sie sich unglücklich und unerfüllt fühlte. Teresa gefiel ihr Job nicht, nicht der Wagen, den sie fuhr, und auch nicht der Zustand, in dem ihre Ehe war, aber sie hatte keine Ahnung, was ihr gefallen könnte. Also ging es in unseren ersten beiden Sitzungen darum, dass Teresa genau zu bestimmen lernte, was sie wollte. Das half ihr, die vielen Möglichkeiten zu sehen, die ihr zur Verfügung standen, und eröffnete ihr den Weg, positive Veränderungen herbeizuführen.

Es genügt nicht zu wissen, was man *nicht* will. Das ist, als beträte man ein Restaurant und sagte zum Kellner: »Ich will kein Steak, keine Hamburger und keinen Fisch«, und hofft, dass er einem ein Essen bringt, das einem schmeckt. Die einzige Möglichkeit, das zu bekommen, was man will, besteht darin, zu *wissen,* was man will, und es dann ausdrücklich zu bestellen.

»Ich *weiß* nicht, was ich will!« Diese Aussage höre ich oft, und ich verstehe, dass es schwierig ist, sogar beängstigend, Ziele und Erwartungen festzulegen. Eine Entscheidung zu treffen bringt es mit sich, andere Möglichkeiten auszuschließen. Deshalb widme ich dieses Kapitel der Wissenschaft, sich Ziele zu setzen. Ich will Ihnen dadurch helfen, ein mentales Bild dessen zu entwerfen, was Sie wirklich wollen.

Ziele sind eine Notwendigkeit, kein Luxus

Solange Sie nicht genau wissen, wie Ihr Leben aussehen soll, werden Sie daran zweifeln, ob Sie Kontrolle über Ihre Zeit haben. »Die, die keine Ziele haben, sind für immer dazu verdammt, für die zu arbeiten, die welche haben«, sagte der Autor Brian Tracy einmal zu mir. Denken Sie für einen Moment über diesen Satz nach. Wenn Sie keine Ziele haben, werden Sie Ihre freie Zeit für Menschen aufwenden, denen nur zu viel daran liegt, Ihre Energien zu kontrollieren. Statt Ihre Zeit auf erfüllende Weise zu verbringen, werden Ihre Tage davon beherrscht sein, die Träume einer anderen Person zu verwirklichen.

Fast alle erfolgreichen Menschen beginnen auf die gleiche Weise - mit klaren Vorstellungen ihrer Werte und Ziele. Jeder einzelne von uns weiß in seinem tiefsten Inneren, was für ihn wichtig ist und was er will. Es ist nur so, dass diese Träume manchmal begraben und durchkreuzt werden oder in Vergessenheit geraten. Manchmal erkennen wir nicht, dass wir weniger arbeiten und mehr bekommen könnten. Graben Sie Ihre Träume wieder aus, entstauben und polieren Sie sie, denn JETZT ist die Zeit gekommen, an ihnen zu arbeiten!

Viele Menschen finden es beängstigend, sich ihre Träume näher anzuschauen. Es ist verlockend zu sagen: »Ich setze mir meine Ziele morgen, wenn ich mich energiegeladener fühle und mehr Zeit habe.« Die meisten Menschen zögern ewig damit, sich Ziele zu setzen, und können dann nicht verstehen, weshalb ihr Leben und ihre Bankkonten einen so unerfüllten und leeren Eindruck machen.

Normalerweise schieben wir es hinaus, uns Ziele zu setzen, weil wir fürchten, etwas oder jemanden zu verlieren:

- Jacqueline befürchtete, dass ihr Ehemann sie verlassen könnte, wenn sie ihrem Traum folgte und an drei Abenden in der Woche Jura studierte.

- Marie fürchtete sich davor, dass ihre Kinder leiden könnten, wenn sie sich Zeit für Yoga und Meditationskurse nahm.

- Robert machte sich Sorgen, dass er, wenn er das Haus bekäme, von dem er immer geträumt hatte, vielleicht eines Tages pleite gehen und das Haus wieder *verlieren* könnte - und das wäre schmerzhaft und demütigend.

- Cassandra wollte mehr Zeit mit ihrem Töchterchen verbringen, aber ihre Tätigkeit als Immobilienmaklerin verhinderte das, weil Sic auch rund um die Uhr den Klienten zur Verfügung stehen wollte, um ihnen geeignete Objekte zu zeigen. Sie fragte sich, wie sie mehr Zeit mit ihrem Baby verbringen konnte, ohne den Job aufgeben und von Sozialhilfe leben zu müssen.

- Obwohl Julie mehr als genug zu tun hatte, verbrachte sie jeden Abend eine Stunde am Telefon und hörte ihrer Freundin Pam zu, die sich über ihr Liebesleben und ihre Finanzen beklagte. Julie hätte auf die abendlichen Anrufe gern verzichtet, aber sie befürchtete, dass Pam dann wütend und verletzt sein könnte.

- James schob es immer wieder hinaus, sein Manuskript an eine Verlag zu schicken, weil er die Ablehnung fürchtete.

- Anna zögerte, um eine Gehaltserhöhung zu bitten, weil sie annahm, dass ihr Chef »nein« sagen oder ihr sogar kündigen würde. Außerdem glaubte sie tief in ihrem Inneren, dass sie nicht mehr Geld verdient hatte.

- Kathy litt Höllenqualen wegen ihres Hinauswurfs aus dem College, und deshalb zögerte sie damit, sich bei einem anderen anzumelden. Schließlich hatte Kathys Mutter ihr immer gesagt: »Frauen brauchen nicht aufs College zu gehen; sie brauchen nur einen Ehemann.«

- Brenda wagte es nicht, ihren Ehemann Mark zu verlassen, der Alkoholiker war und sie missbrauchte. Sie fürchtete sich vor dem Alleinsein und endlosen finanziellen Kämpfen und machte sich Sorgen, dass sie nie mehr einen anderen Mann finden könnte.

- Kevin hatte Angst, er könnte den »falschen« Beruf ergreifen, und so schob er seine Entscheidung immer wieder hinaus und blieb stattdessen bei seinem schlecht bezahlten Job, der ihn nicht erfüllte. Kevin sagte sich: »Eines Tages werde ich wissen, womit ich meinen Lebensunterhalt verdienen will. Aber jetzt noch nicht.«

- Stella brachte es einfach nicht fertig, ihre Familie allein zu lassen, um ins Fitness-Studio zu gehen und an ihrer körperlichen Gesundheit zu arbeiten. »Das wäre egoistisch«, sagte sie sich.

Zweifel, Ängste und Unsicherheiten lähmten diese Frauen und Männer. Sie wussten, dass sie ein besseres Leben wollten, fürchteten aber, dass der Preis, den sie dafür bezahlen mussten, zu hoch sein könnte.

»Eindimensionale Zielsetzung« ist der Irrglaube, dass man, um sich einen Traum zu erfüllen, einen anderen aufgeben muss.

Eine gesunde Zielsetzung konzentriert sich jedoch nicht nur auf einen Aspekt Ihres Lebens. Sie bedeutet, das zu wählen, wonach Sie Ihr Leben lang suchen und wie Sie sich Ihr Leben lang fühlen wollen. Für mich bedeutet, »alles zu wollen«, dass ich lieber jede Menge freie Zeit als jede Menge Besitz habe. Also, wählen Sie in Bezug auf Ihr privates, berufliches und spirituelles Leben, auf ihr Liebes- und Familienleben nur das Beste!

Die erste Angst, die sie loslassen müssen, um sich ein Ziel setzen zu können, drückt sich in der Frage aus: »Werden meine Liebsten mich verlassen oder wütend sein, wenn ich mich für eine Weile auf mich konzentriere?« Die Antwort lautet: Wenn *Sie* gewinnen, gewinnen alle. Das ist ein Aphorismus, der durch und durch wahr ist: Sie können nur Liebe geben, wenn Sie Liebe für sich und Ihr Leben empfinden. Es ist nicht nur *in Ordnung,* sich um seine eigenen Bedürfnisse zu kümmern – es ist essenziell!

Unerfüllte Menschen entwickeln mit der Zeit einen Groll auf alle um sich herum. Die giftigen Dämpfe des Grolls durchdringen jeden Riss ihres Lebens, gravieren Falten der Strenge in ihre Mienen ein, bereiten Magenprobleme und führen zu Säureüberschuss. Beginnen Sie damit, jeden Groll durch Zufriedenheit zu ersetzen, und verbessern Sie die emotionale, spirituelle und physische Gesundheit in Ihrem Leben und dem Ihrer Familie.

Gesundes Setzen und Erreichen von Zielen

Jeder kann seine Ziele erreichen; wir alle haben damit täglich Erfolg. Doch manche Menschen setzen ihre Ziele zu niedrig an und begnügen sich mit zu wenig. Es gibt keine bessere Zeit als HIER und JETZT, um sich über Ihre Ziele Klarheit zu verschaffen und sie festzulegen. Selbst wenn Sie sich schon einmal Ziele gesetzt haben, müssen Sie Ihre Erwartungen ständig auf den neuesten Stand bringen. Wenn Sie Ihre Ziele in den letzten fünf Tagen nicht aufgeschrieben haben, nehmen Sie sich jetzt einen Augenblick Zeit und besorgen Sie sich einen Stift und ein Blatt Papier. Wenn Sie Ihre Ziele noch nie auf Papier gebracht haben, werden Sie begeistert sein, wie schnell dieser scheinbar simple Vorgang zu Erfolgen führt. Lassen Sie einstweilen bitte keine Bedenken darüber zu, *wie* Sie diese Ziele erreichen wollen - das kommt später.

* * *

Für mich ist das Wort *Ziel* austauschbar durch die Wörter *Wunsch, Traum, Erwartung, Aufgabe, Bestimmung* und *Mission.* Mir ist klar, dass das Wort *Ziel* außer Mode gekommen ist und negative Assoziationen weckt, die noch von dem Leben auf der Überholspur herrühren, das in den Achtzigerjahren des vorigen Jahrhunderts gang und gäbe war, als viele Menschen ihren Kreditrahmen ausschöpften, um sich ausgefallene Autos, Häuser und Gerätschaften zu kaufen.

Mit Zielen meine ich, »was Sie haben, sein oder tun wollen«. Eines Ihrer Ziele wird vermutlich darin bestehen, Ihr Leben zu vereinfachen. Ein wundervolles Ziel ist es auch, ihre freie Zeit selbst in die Hand zu nehmen, so dass sie sich wirklich entspannen, meditieren, an Ihrer Familie erfreuen und ausruhen können.

Wie meine Klientin Wanda feststellte, ist das eine völlig andere Sichtweise von Zielsetzung. Wanda erzählte mir, dass sie in den Achtzigerjahren Tausende von Dollar für Kassetten und Bücher über Zielsetzung ausgegeben hatte. Da sich ihre Wünsche nicht erfüllten, hatte sie alle Bänder und Bücher weggeworfen! Als Wanda mit mir zu arbeiten begann, stutzte sie anfangs, als ich sie bat, ihre Wünsche aufzuschreiben. »Das habe ich früher schon versucht, und es hat nicht geklappt!«, wandte sie ein.

Doch ich drängte sie zu diesem Schritt. Danach gab Wanda zu, dass ihre neue Liste mit Zielen sich vollkommen von denen unterschied, die sie damals aufgestellt hatte. Damals hatte Wanda Ziele aufgelistet, von denen sie geglaubt hatte, sie zu »sollen«. Doch jetzt kamen ihre Ziele aus Herz und Seele. Hier ist ihre Geschichte:

Wanda war eine liebenswerte und fürsorgliche Person mit einem Hang zur Künstlerin, doch in den Siebziger- und Achtzigerjahren hatte sie sich Ziele gesetzt, die sich einfach nicht mit ihrer Persönlichkeit und ihren Interessen vertrugen. So hatte sie etwa fünf Jahre lang als Polizistin gearbeitet und war auf den harten Straßen von Los Angeles Streife gegangen.

Als Wanda erkannte, dass ihr die Polizeiarbeit nicht lag, sattelte sie auf Betriebswirtschaftslehre um. Doch dieses Studium langweilte sie schrecklich, und so warf sie es hin und wurde Versicherungsvertreterin. Wieder war Wanda frustriert, weil sie nicht gern unangemeldet Vertreterbesuche machte. Sie war ohne Hoffnung und angewidert, denn eindeutig hatte keine ihrer Motivations-CDs und keines Ihrer Selbsthilfebücher ihr auch nur im Geringsten geholfen!

Als ich Wanda bat, mir die Art von Leben zu beschreiben, das sie *wirklich* führen wollte, blinzelte sie mich ungläubig an. Sie fragte immer wieder: »Sind Sie sicher, dass es in Ordnung ist, wenn ich alles aufschreibe, was ich will? Sind Sie sicher, dass ich mich nicht auf eine *Enttäuschung* gefasst machen muss?« Als ich ihr versicherte, dass sie ihre wahren Herzenswünsche manifestieren konnte, wurde Wanda ehrlich mit sich.

Sie erzählte mir, dass sie in den letzten zehn Jahren alle sechs Monate Urlaub in Peru gemacht hatte, woher ihre Familie stammte. »Es ist erstaunlich, aber sobald ich in Peru das Flugzeug verlasse, fühle ich mich wie ein ganz anderer Mensch. Hier muss ich wegen meiner Knieschmerzen beim Gehen immer einen Stock benutzen. In Peru kann ich ohne Stock frei von Schmerzen laufen! Hier kann ich meinen Appetit nicht zügeln und ertrage es nicht, Fitness-Übungen zu machen. Drüben in Peru mache ich liebend gern lange Fußmärsche, und ich esse nur frisches Obst und Gemüse. Hier bleibe ich für mich. Aber in Peru habe ich großartige Freundinnen und einen entzückenden Freund. Ich träume davon, in Peru ein Stellenvermittlungsbüro zu eröffnen. Ich habe mir sogar schon ein Grundstück ausgesucht und genug Geld gespart, um ein Jahr durchzuhalten, aber ich weiß nicht …«

Wandas Stimme verlor sich, als sie den Blick senkte. Unsere folgenden Sitzungen konzentrierten sich auf die Ängste, die Wanda daran hinderten, sich ihren Traum, nach Peru zu ziehen und ein Stellenvermittlungsbüro zu eröffnen, einzugestehen und zu erfüllen. Wandas erste Blockade - eine tiefe Verwirrung darüber, ob sie es »verdiente«, diesen Traum zu haben - rührte daher, dass ihre Eltern ihr ständig gesagt hatten: »Du bist eine Verliererin.«

Wandas zweite Angst bestand darin, dass, wenn sie sich diese Träume erfüllte, sie ihr schließlich vielleicht entglitten. Was, wenn ihr Freund sie zurückwies, sobald sie dorthin gezogen war? Was, wenn sie keinen geeigneten Ort zum Wohnen finden konnte? Sie hatte eine Million »Was, wenns«, die sie daran hinderten, sich einzugestehen, wie sehr sie sich nach diesem Ziel sehnte.

Als sie sich dazu zwang, sich hinzusetzen und aufzuschreiben, was sie wirklich wollte, war Wanda jedoch von der Logik all dessen überrascht! Immerhin hatte sie keine Bindungen, die sie in Los Angeles hielten, und sie hatte genug Geld gespart, um den Umzug durchzuführen, ihr Büro zu eröffnen und die ersten zähen Geschäftsmonate zu überstehen. Ihre Gesundheit, Freundschaften, Leidenschaften und ihr Liebesleben wiesen alle in die gleiche Richtung: Peru. Diesmal führte Wandas Zielsetzung, weil sie sich ihre Ziele auf der Grundlage ihres Herzens und ihrer Seele gesetzt hatte, zu wahrer emotionaler, körperlicher, spiritueller und finanzieller Erfüllung!

Sie werden geführt

Wie bei Wanda kennt auch Ihre Seele bereits Ihre *wahren* Wünsche. Ihre wahren Wünsche sind die, die Ihnen die ersehnte Freude und Freiheit bringen. Das ist etwas anderes als der Versuch, durch Anhäufung materiellen Wohlstands Freude zu finden. Wahre Wünsche beruhen darauf, der Welt etwas zu geben, während auf dem Ego beruhende Wünsche sich nur mit dem Nehmen befassen. Ironischerweise läuft es darauf hinaus, dass man durch wahre Wünsche mehr bekommt als durch solche, die dem Ego entspringen. Je eher Sie Ihre auf dem Ego beruhenden Wünsche aufgeben, desto eher wird bei Ihnen Freude einziehen.

Denken Sie für einen Moment an Ihre tiefsten, geheimsten Wünsche. Fragen Sie sich: »Woher kam dieser Wunsch?« Wenn die Vorstellung, dass dieser Wunsch sich erfüllt, Ihnen Freude bereitet, dann ist dies ein Hinweis darauf, dass es ein wahrer Wunsch und Ihr göttlicher Auftrag ist. Ihr göttlicher Auftrag ist die Rolle, die zu übernehmen Sie sich in Ihrem Leben bereit erklärten. Es ist eine Rolle, die die Welt zu einem besseren Ort macht. Wenn Sie den göttlichen Auftrag erfüllen, werden Sie großes Glück und Wohlergehen ernten. Doch vielleicht zögern Sie und halten sich nicht für qualifiziert, das anzunehmen. Für den Fall sollten Sie wissen: *Sie sind äußerst qualifiziert, Ihre göttliche Bestimmung zu erfüllen.*

Haben Sie sich einmal Ihren wahren Wünschen und dem Drängen Ihrer Intuition geöffnet, wird Ihr Leben nicht mehr das gleiche sein. Aus heiterem Himmel wird es zu übernatürlichen Ereignissen kommen, Telefonanrufen und »zufälligen« Begegnungen, Bücher werden aus Regalen fallen und ihre Intuition wird Sie auf den Weg schicken! Sie werden ausdrückliche Anweisungen erhalten, wie Sie Ihren göttlichen Auftrag erfüllen sollen, und Ihnen werden alle Zeit, Hilfe, finanziellen Mittel und jegliche Art von Beistand zuteil werden, die Sie benötigen.

Sie werden Ihre Anweisungen ein oder zwei Schritte im Voraus bekommen, also machen Sie sich keine Sorgen, dass Sie vielleicht einmal nicht wissen werden, wie Sie Ihren Auftrag in Zukunft erledigen sollen. Wenn Sie der ersten Anweisung Ihrer Intuition gefolgt sind und sie umgesetzt haben, werden Sie die nächsten Anweisungen erhalten, und so weiter. Innerhalb kürzester Zeit werden Sie lernen, diesen intuitiven Botschaften zu vertrauen und dem Erhalt und der Erfüllung einer jeden freudig entgegensehen.

Als jemand, der versucht hat, auf materiellem Weg Freude zu erfahren, weiß ich, dass dauerhaftes Glück und anhaltende Sicherheit sich nur dann einstellen, wenn ich den spirituellen Weg, den meine Intuition mir vorgibt, nicht verlasse. Ein aufgetakeltes Zuhause und materieller Besitz sind schön und gut, aber sie bringen mir nicht einen Bruchteil der Freude, die ich empfinde, wenn ich mein Leben liebe und meinen göttlichen Auftrag erfülle. Liebe ist mein kostbarster Besitz, einer, der sich vervielfacht, wenn ich ihn verschenke. Und Liebe zu verschenken ist schließlich mein göttlicher Auftrag. Er ist auch Ihrer, egal, auf welche Weise Ihre Intuition Sie führt!

Was Sie sich merken sollten

- Unklare Ziele führen zu unklaren Ergebnissen. Sie müssen wissen, wohin Sie gehen, und den Glauben haben, dass Sie dort auch ankommen. Ihre Intuition setzt Ihnen schon lange zu, damit Sie sich auf Ihre Ziele zubewegen. Es wird Zeit, auf Ihre Intuition zu hören und ihr zu folgen, weil Sie so die Freude, Freiheit und Sicherheit bekommen werden, die Sie wollen und verdient haben.

- Jeder hat Ziele, weil jeder einen göttlichen Auftrag hat. Sie werden Ihren göttlichen Auftrag deutlich verstehen, wenn Sie auf Ihre Intuition hören und ihr folgen.

- Sie sind äußerst qualifiziert, Ihre göttliche Bestimmung zu erfüllen. Solche Aufträge werden nie aus Versehen oder durch Zufall erteilt.

- Immer dann, wenn Sie Ihre intuitiven Anweisungen umgesetzt haben, werden Sie neue erhalten. Machen Sie sich keine Sorgen, dass Sie einmal nicht wissen könnten, was in Zukunft zu tun ist; Sie werden jeden Tag Ihres Lebens geführt.

4. *Entfesseln Sie Ihre Träume*

»Das Großartigste am Erfolg ist der Luxus, dass man sich die Zeit nehmen kann, zu machen, was man will.«

Mary Leontyne Price (geb. 1927)
Amerikanischer Opernstar

Nehmen Sie sich einen Moment Zeit und stellen Sie sich die Frage: »Was will ich sein, haben und tun?«

Vergessen Sie alle Zweifel und Ängste, dass Sie unrealistisch sein könnten, und tun Sie so, als würde ein Menschenfreund jedes Ihrer Vorhaben finanzieren. Bringen Sie eine detaillierte Beschreibung Ihres idealen Lebens zu Papier - alles von Ihrem Traumhaus über Ihre ideale Beziehung bis zur Erholung und Freizeit und Ihrem perfekten Beruf.

Entspannen Sie sich und lassen Sie Ihren Gedanken freien Lauf, während sich lebhafte Bilder Ihres Traumlebens herauskristallisieren. Denken Sie an den Lebensstil anderer Menschen, den Sie bewundern, und schreiben Sie auf, welchen Bereich davon Sie gern selbst leben möchten.

Unklare Ziele führten zu unklaren und deshalb unbefriedigenden Ergebnissen. Der alte Aphorismus ist völlig wahr: »Man kann ein Ziel nicht treffen, das man nicht sieht.« Erst wenn Ihre Wünsche eindeutig und vollkommen klar sind, werden Sie sich über die Ergebnisse, die sie erzielen, freuen. Sie müssen alle Lücken in Ihrer Beschreibung eines Traumlebens ausfüllen - oder das Risiko tragen, dass andere diese Lücken für Sie schließen. Überlassen Sie nichts dem Zufall und entscheiden Sie über alles, was Sie wollen.

Stellen Sie sich vor, dass Ihr menschenfreundlicher Milliardär zu Ihnen sagt: »Wenn Sie mir eine klare Beschreibung dessen vorlegen, was Sie wollen, bezahle ich Ihnen alles.« Alles, worum Ihr Mäzen Sie bittet, ist eine genaue Beschreibung Ihres Traumlebens.

Nutzen Sie das und warten Sie mit Zielen auf, die Sie wirklich aufregend finden! *Da Sie nicht nicht erschaffen können,* können Sie ebensogut mit Zielen aufwarten, die ein glücklicheres Selbst erschaffen. Auch wenn Sie diese Methoden früher erfolglos angewandt haben, zweifeln Sie bitte nicht an dem Vorgang. Vielleicht funktionierte es bei Ihnen nur deshalb nicht, weil Sie Ziele aufschrieben, an deren Erfüllung Sie gar nicht glaubten oder die Sie nicht erfüllt sehen wollten. Wie im vorigen Kapitel erörtert, weiß Ihre Seele bereits, was Sie wollen, weil sie weiß, was Sie zur Erfüllung Ihres göttlichen Auftrags benötigen. Besteht Ihr göttlicher Auftrag etzwa darin, ein Heiler zu sein, weiß Ihre Seele, welche Ausbildung, materiellen Güter und Erfahrungen Sie benötigen. Diese Details müssen Sie klären und auf Ihre Liste setzen.

Ihr Ziel ist Ihre göttliche Bestimmung -
und damit alle Dinge, Personen, finanziellen Mittel,
Räumlichkeiten und Hilfeleistungen,
die Sie zur Erfüllung Ihres Auftrags benötigen.

Wenn Sie nicht wissen oder sich nicht sicher sind, was Sie wollen, ist das in Ordnung. Vielleicht müssen Sie erst den Schritten in Teil fünf des Buchs folgen, damit Ihre innere Führung Ihnen ein deutlicheres Bild davon geben kann, was für ein Leben für Sie am Erfüllensten wäre. Wenn Sie weiterlesen und die Schritte in diesem Buch üben, werden Sie wahrscheinlich feststellen, dass Sie Ihre Liste verändern oder ergänzen wollen. Auch das ist in Ordnung! Diese Liste ist ein großartiger Ausgangspunkt, den ich Ihnen wärmstens empfehle. Das Niederschreiben dessen, was Sie wollen, ist einer der wichtigsten Schritte, wenn Sie sich Ihren Herzenswunsch erfüllen wollen. Er ist sogar so kraftvoll, dass man auf diesen Schritt praktisch nicht verzichten kann.

Ziele im Leben

Ich schreibe meine Wünsche und Ziele schon seit Jahren auf, und immer mit erstaunlichen Ergebnissen.

Früher glaubte ich, dass Zielsetzung lediglich ein Werkzeug für den Erfolg in beruflicher und finanzieller Hinsicht sei. Zielsetzung half mir, mit dreißig Jahren veröffentlicht zu werden, mit einunddreißig als Bestsellerautorin bundesweit im Fernsehen aufzutreten und ein großes Haus, einen Wagen und Möbel mein eigen nennen zu dürfen. Doch während ich mich des finanziellen und beruflichen Erfolgs erfreute, lagen andere Bereiche meines Lebens im Argen.

Halb aus Verzweiflung und halb aus Neugier beschloss ich, Zielsetzung auch auf mein Liebesleben, meine Familie, Gesundheit und Spiritualität anzuwenden. Ich war schockiert, aber es klappte! Ich wollte zum Beispiel eine Beziehung. Leider hatten die Männer, mit denen ich mich traf und ausging, ganz andere Werte und Lebensweisen als die, nach denen ich bei einem Partner suchte.

Also versuchte ich halbherzig, spirituell eine Liebesbeziehung zu manifestieren. Aber wie ich schon schrieb, führen halbgare Visualisierungen zu halbgaren Ergebnissen. Und, o Mann, war das ein halbgares Ergebnis, als ich meinen Verehrer manifestierte! Mein halbherziger Versuch bestand in dem Beschluss: »Ich will einen romantischen Mann kennenlernen, der mir rote Rosen schenkt.« Auf weitere Details dessen, was ich wollte, verzichtete ich. Ein großer Fehler! Das ist, als bestellt man ein Sandwich und sagt dem Kellner, er soll irgendwas zwischen die zwei Scheiben Brot legen. Wenn wir etwas bestellen - besonders etwas so Wichtiges wie einen Liebespartner -, müssen wir *sehr* präzise sein.

Jedenfalls, zwei Tage nachdem ich meinen Wunsch nach einem rosentragenden Freund affirmiert hatte, begegnete ich John dem Buchhalter. Er sah gut aus, hatte gepflegte Umgangsformen und war erfolgreich. Und John stand eindeutig auf das Verschenken von Rosen! Anscheinend hatte ich es mit meinen Manifestationen übertrieben, als ich soviel Gewicht auf Rosen legte, denn eine Woche, nachdem wir angefangen hatten, miteinander auszugehen, überschwemmte John mein Büro mit Blumenlieferungen. Mein Schreibtisch, Bücherregal und Aktenschrank quollen von prächtigen Vasen mit superroten Rosen über. Das ging so weit, dass meine Sekretärin über die täglichen Blumenlieferungen Witze riss. Ich fühlte mich wie Micky Maus in dem Film *Fantasia,* als diese endlose Prozession Rosen auf mich zukam.

Johns romantische Einstellung wäre willkommen gewesen, wenn ich es nicht versäumt hätte, einen wichtigen Bestandteil in der Beziehung zu manifestieren: die richtige Chemie. Leider empfand ich nicht das Geringste für John. Nichts, null, nada. Mein Kopf sagte mir, dass er ein großartiger Bursche sei, aber mein Herz konnte mich nicht einmal dazu bringen, seine Hand zu halten oder ihn zu küssen.

Ich schwor, dass meine nächste Manifestation alle wesentlichen Details enthalten würde. Also hängte ich mich weit hinaus und schrieb jede Eigenschaft und jeden Charakterzug genau auf, den ich bei einem Mann und in einer Beziehung haben wollte. Viele der Männer, mit denen ich ausgefangen war, hatten eine andere Auffassung von Ehe gehabt als ich - entweder wollten sie sofort heiraten, oder sie wollten gar nicht heiraten.

Also, ich wollte heiraten, aber ich wollte auch eine lange Verbindung. Also lautete einer der Wünsche auf meiner Liste: »Ich will, dass er unverzüglich um meine Hand anhält und dass wir zwei Jahre lang verlobt sind, bevor wir heiraten.« Meine Liste mit Details umfasste zwei Seiten!

Dann setzte ich die anderen Bestandteile der Zielsetzung ein, die bei meinem Beruf so gut funktioniert hatten: Visualisierung und Glaube. Ich schloss meine Augen und *wusste,* dass der Mann meiner Träume ebenso fieberhaft nach mir suchte wie ich nach ihm. Aus irgendeinem Grund sah ich immer, wenn ich die Augen schloss und an ihn dachte, eine weiße Küchenanrichte.

Wenige Tage, nachdem ich die Liste aufgestellt hatte, hatte ich das starke Bauchgefühl, dass ich außerhalb meiner üblichen Routine bestimmte Orte aufsuchen und bestimmte Leute anrufen sollte. Diese Ereignisse führten dazu, dass ich unweit meines Hauses ein kleines französisches Restaurant betrat, einen Ort, den ich normalerweise nie aufsuchen würde, da ich die fetten Soßen meide, die für die französische Küche so typisch sind.

Als ich ins Restaurant ging, stieß ich mit einem groß gewachsenen Mann zusammen. Wir wechselten ein »Hallo« und begannen miteinander zu reden. Innerhalb einer Stunde wusste ich, dass dieser Mann die Person war, die ich auf dem Blatt mit meiner Zielsetzung beschrieben hatte. Seitdem sind Michael und ich, glücklich verliebt, ein Paar. Und wie ich es visualisiert hatte, waren wir zwei Jahre lang verlobt und heirateten am dritten Jahrestag unserer Begegnung. Wir nahmen unser Hochzeitsessen sogar in dem französischen Restaurant ein, in dem wir uns trafen. Am Faszinierendsten an alledem ist jedoch, dass Michael ebenfalls eine Zielsetzungsliste über seine Traumgefährtin aufgestellt hatte, und diese Person war ich!

Wann immer ich mich träge und niedergeschlagen fühle, liegt es gewöhnlich daran, dass ich meine Ziele nicht aufgeschrieben, durchgesehen oder auf den neuesten Stand gebracht habe. Ich möchte an dieser Stelle betonen, *dass es keine Beschränkungen für die Freude und den Erfolg gibt, den Sie und Ihre Familie erleben können,* es sei denn, Sie erlegen sich diese Beschränkungen selbst auf.

Tragen Sie in ein leeres Notizbuch detailliert Ihre Herzenswünsche ein. Lassen Sie sich nicht durch irgendwelche Ängste oder Selbstvorwürfe, »materialistisch«, »unrealistisch« oder »oberflächlich« zu sein, daran hindern, auf jeder Seite ehrliche Aussagen zu formulieren. Bedenken Sie, dass viele Ihrer Wünsche ihren Ursprung auf spiritueller Ebene haben, und es ist nichts Peinliches daran, sich ein angenehmeres Leben zu wünschen.

Andererseits, schreiben Sie nur die Träume auf, die Sie auch wirklich haben. Mit anderen Worte, schreiben Sie nicht, dass Sie sich ein fünfstöckiges Anwesen wünschen, weil Sie glauben, Sie »sollten« sich ein großes Haus wünschen. Wenn Sie in Wahrheit eine kuschelige kleine Eigentumswohnung vorziehen würden, sagen Sie es.

Schreiben Sie die Details auf, die Ihnen wichtig sind. Wie Sie in Teil fünf lesen werden, ist es am Besten, wenn Sie sich während Ihrer Meditationszeiten ein konkretes Bild der ersehnten Ziele vor Augen halten und Dankbarkeit und Zuversicht empfinden, dass das spirituelle Gesetz Ihnen genau diese Wünsche soeben erfüllt.

Im Folgenden finden Sie einige Fragen, die Sie sich stellten sollten, wenn Sie die wichtigsten Lebensbereiche beschreiben und definieren:

Meine Freizeit und mein Privatleben: Welchen Aktivitäten würde ich gern öfter nachgehen? Wie möchte ich meine Freizeit verbringen? Will ich mehr Urlaub machen (wohin, wie oft und welcher Art?) Will ich mehr Zeit zum Medititieren, Entspannen oder Schlafen haben? Wie viel Zeit? Wer würde in meiner Freizeit bei mir sein? Wo würde ich sein? Will ich ein einfacheres Leben? Ein stabileres Leben? Was ist mir wichtig?

Mein Beruf: In welchen Beruf würde ich wechseln, wenn ich heute in der Lotterie gewänne? Wenn ich herausfände, dass ich nur noch drei Monate zu leben hätte? Welchen Traumberuf hoffe ich eines Tages auszuüben? Welchen Tätigkeiten sehe ich mich in meinem Beruf nachgehen? Gibt es einen Kurs, den ich heute besuchen, oder ein Buch, in dem ich heute lesen will? Brauche ich neue Geräte oder eine bestimmte Anschaffung für meinen neuen Beruf? Wie würde ich mich fühlen, wenn ich einen kleinen Schritt auf die Erfüllung dieses Berufs zu täte? Wie sähe dieser kleine Schritt aus, wenn ich ihn auf meinem Blatt mit Zielsetzungen notieren wollte? Gibt es Bereiche in meinen derzeitigen Beruf, die ich gleich jetzt ändern kann, um nicht mehr so eingespannt zu sein? Wenn ich die Karriereleiter in der Firma hinaufsteige, bin ich mir wirklich sicher, dass ich das auch will? Aus welchem Grund arbeite ich hauptsächlich? Welchen weiteren Grund habe ich für meine Arbeit? Ist meine Zeit so organisiert, dass sie der Erreichung dieser Ziele dient?

Mein Liebesleben: Welche Art von Beziehung will ich? Eher eine Freundschaft oder eine leidenschaftliche Affäre? Welche - Eigenschaften und Charakterzüge sind mir an einem Partner wichtig: angestellt, selbständig, Student, unabhängiger Typ, harter Arbeiter, künstlerisch, geschäftstüchtig, fantasievoll, lässig, verständnisvoll, gebildet, entspannt, selbstbewusst, freundlich, reserviert, humorvoll, einfühlsam, rücksichtsvoll, aufrichtig, monogam, romantisch, fleißig, hilfsbereit, liebevoll, spirituell, religiös, familienorientiert, kinderlos, sportlich, Vegetarier, gemäßigter Trinker, Nichtraucher, nüchtern, gesellig, ruhig, zurückhaltend, sparsam, stark, hochgewachsen, gut gebaut, bescheiden, ernst, in sich gekehrt, schlicht, häuslich, Feinschmecker, selbstbewusst, beredt, kuschelig, ein Morgenmensch, ein Nachtmensch?

Mein Einkommen, meine Ausgaben und Finanzen: Wie viele Schulden will ich mir aufbürden, und zu welchem Zweck? Will ich einen oder mehr Kredite zurückbezahlen? Bis wann? Wie viel Geld will ich nächsten Monat verdienen? Nächstes Jahr? In von jetzt an fünf Jahren? Welche Ausgaben will ich zurückfahren oder abschaffen?

Mein Zuhause und das Gemeinwesen: Welche Veränderungen will ich in meiner derzeitigen Wohnsituation herbeiführen? Will ich mein Haus oder meinen Hof wieder in Schuss bringen? Will ich umziehen? Wie sieht mein ideales Zuhause aus? Wo liegt es? Wie sieht meine kleine Ecke oder mein eigenes Zimmer aus? Hat mein Zuhause einen Garten, ein Schwimmbecken oder einen Teich? Liegt es in der Nähe des Ozeans, eines Sees, der Wüste oder der Berge? Befindet es sich in der Stadt oder auf dem Land? In welchem Teil der Welt lebe ich? Wie sieht mein Viertel aus? In welchen kommunalen Projekten engagiere ich mich, wenn überhaupt?

Mein spirituelles Leben: Wie viel Zeit will ich spirituellen Übungen widmen, wie Meditation, Kursen, Kirchenbesuchen, unentgeltlicher Arbeit und so weiter? Welche Bücher will ich lesen? Welche Kurse will ich besuchen? Welchen spirituellen Lehrern, Autoren oder Führern will ich begegnen, zuhören und/oder mit welchen will ich arbeiten? Welche spirituellen Stätten will ich besuchen, mit wem und wann? An welchen spirituellen Projekten will ich mitarbeiten? Welches spirituelle Geschenk will ich anderen machen?

Meine Gesundheit und Fitness: Welche Veränderungen will ich in meiner Gesundheit und Fitness herbeiführen? Wie viel Zeit will ich pro Tag oder Woche für meine Übungen aufwenden? Welche Art von Übungsprogramm würde mir die meiste Freude bereiten und am meisten bringen? Wo könnte ich meine Übungen machen? Mit wem? Welche körperlichen Heilungen will ich erleben? Könnte ich umgehend meinen natürlichen Zustand der vollkommenen Gesundheit manifestieren, wie würde mein Körper dann aussehen? Bei welchem Gewicht oder prozentualen Fettgehalt würde mein Körper sich wohl und gesund fühlen? Welche Lebensmittel sollte ich regelmäßig zu mir nehmen? Welche Schlafgewohnheiten wären für mich ideal? Wie sollte ich mit Stress oder Anspannung umgehen? Welche überflüssigen Stressfaktoren sollte ich meiden? Welche Gifte (emotional und körperlich) muss ich aus meiner Ernährung und meinem Leben weglassen?

Mein Familienleben: Was für ein Familienleben will ich? Wie sieht es mit Kindern aus? Wie viel Zeit will ich mit meinen Kindern verbringen? Was will ich Ihnen beibringen und mit Ihnen teilen? Wie kann ich meiner Familie näher sein und/oder mehr qualitativ wertvolle Zeit mit ihnen verbringen? Was für eine Beziehung will ich zu meinen Eltern, zu meinen Geschwistern? Zu meinen Schwiegereltern? Zu den anderen Verwandten? Muss ich irgendwelchen Familienmitgliedern vergeben? Wie will ich mich gegenüber meinem Lebensgefährten oder ehemaligen Lebensgefährten in Bezug auf die Erziehung unserer Kinder verhalten? Welche Art von Familienleben fühlt sich für mich richtig an?

Meine Freunde und mein gesellschaftliches Leben: Wie viel Zeit will ich mit meinen Freunden und Bekannten verbringen? Was für eine Art Freundschaft will ich führen? Sind mir ein oder zwei enge Freunde lieber oder eine Gruppe von Freunden? Welche

Eigenschaften und Charakterzüge haben meine Freunde und ich? Welche Aktivitäten würde ich am liebsten mit ihnen teilen? Welche Veränderungen wünsche ich mir bei den Personen, mit denen ich augenblicklich Umgang habe? Muss ich Personen, die es derzeit in meinem Leben gibt, irgendwelche Grenzen aufzeigen? Muss ich einem meiner einstigen oder gegenwärtigen Freunde vergeben? Wie viel Zeit will ich mit meinen Freunden am Telefon verbringen? Welche Auffassung vertrete ich eigentlich, wenn es darum geht, meinen Freunden zu helfen?

Meine Hobbies und Erholungszeit: Was mache ich am liebsten? Was habe ich als Kind gern getan, wenn ich meinen Spaß haben wollte? Als Teenager? Welche neuen Hobbies oder Sportarten will ich mir zulegen? Wie verbringe ich meine Wochenenden und andere freie Zeit? Welche Dinge will ich mir zulegen, welche Reisen machen, welche Kurse besuchen und wo Mitglied werden? Wann werde ich das nutzen? Wo? Wie oft? Mit wem?

Meine Bildung: Was will ich lernen? Welche Themen faszinieren mich? Will ich einen Titel erwerben oder einen Abschluss machen? Was würde ich gern lernen, weil es mir einen Heidenspaß bereitet, was, weil ich es interessant, profitabel, gesund und/ oder nützlich finde? Bei welchen Institutionen oder Lehrern will ich lernen? Welche Schritte kann ich heute gehen, die mich diesen Zielen am schnellsten näherbringen?

Mein Besitz: Welche Art von Besitz will oder brauche ich, um meine göttliche Aufgabe zu erfüllen? Welche Dinge würden mein Leben einfacher, sicherer und erfreulicher machen? Was für Möbel, Kleidung, Autos, Sportgeräte, Schmuck, Spielzeuge und anderen Besitz habe ich immer gewollt? Welcher Besitz belastet mich? Was will ich loswerden? Habe ich etwas, was ich gern verkaufen, spenden oder eintauschen würde?

Wenn Sie diese Fragen für sich beantwortet haben, sind Sie auf dem besten Weg, sich gesunde Ziele zu setzen, die Ihr Leben bereichern und verbessern werden!

Was Sie sich merken sollten

- Gesunde Zielsetzung umfasst alle Aspekte Ihres Lebens, darunter Freizeit und Familienzeit, Liebesleben, Gesundheit/Fitness/Gewicht, Spiritualität und Beruf/Finanzen.

- Zielsetzung ist eine Möglichkeit, ehrlich zuzugeben, dass Sie sich all diese Dinge und Umstände schon immer gewünscht haben. Der wichtigste Vorgang bei gesunder Zielsetzung ist die Ehrlichkeit sich selbst gegenüber.

TEIL ZWEI

Überwinden Sie Ängste und andere Blockaden auf dem Weg zum Erfolg

---

5. Wie Sie aus Angst alles Mögliche aufschieben

»Die beste Möglichkeit, sich auf morgen vorzubereiten, besteht darin, das heutige Bewusstsein klar und harmonisch zu machen. Alles andere Gute folgt daraus.«

Emmet Fox (1886–1951)
Autor von Die Bergpredigt

Ich wohne Tür an Tür mit einem Golden Retriever namens Katie. Wann immer ich auf meiner Terrasse bin, kommt Katie zum Spielen herbei. Alle, die sich mit Golden Retrievern auskennen, wissen, welchen Zeitvertreib diese Zucht am liebsten hat: Jagen und Bälle apportieren.

Katie begrüßt mich immer mit einem grünen Tennisball im Maul, und ihre Augen flehen mich dann an, den Ball für sie zu werfen. Ich klatsche in die Hände und sage: »Lass den Ball fallen, Katie!«, damit ich ihn werfen kann.

»Grrrrr.« Katie schüttelt verspielt den Kopf, als wollte sie sagen: »Du willst diesen Ball, aber du kriegst ihn nicht, njah, njah!«

»Aber Katie, wie kann ich den Ball für dich werfen, wenn du ihn nicht loslässt?« Obwohl ihr nichts mehr Freude bereitet, als Bällen nachzustellen, lässt Katie den Ball nicht gern los. Ihr Verhalten erinnert mich an meine Klienten, die ihre Ziele kennen, aber zögern, das über Bord zu werfen, was ihnen im Weg steht. Sie sehnen sich nach Glück, aber sie wollen die Angst und die Gewohnheiten nicht aufgeben, die sie blockieren.

Wie traurig, wenn ein Traum in Reichweite ist, und dennoch klammern wir uns an Hindernisse, die seiner Erfüllung im Weg stehen. Tun wir uns das nicht länger an! Für uns sind die Folgen, die es nach sich zieht, wenn wir uns weigern, die Hindernisse über Bord zu werfen, ernster als für Katie. Die Bälle, die wir umklammern, können uns in sinnlosen Jobs, engen Budgets, schlechten Beziehungen und – am schlimmsten von allem – in Situationen festhalten, die es uns unmöglich machen, unserer Bestimmung zu folgen. Also erkennen wir die Bälle, die wir tragen, und werfen wir sie fort!

»Wie sehr das doch stimmt:
Niemand kann uns etwas geben als wir selbst,
und niemand kann uns etwas rauben als wir selbst.«

Ernest Holmes (1887–1960)
Autor von Die Vollkommenheitslehre

Wie wichtig es ist, Ängste zu erkennen

Haben Sie diese ironische menschliche Neigung schon einmal bemerkt oder praktiziert? Je dringlicher wir etwas wollen, desto wahrscheinlicher scheint es zu sein, dass wir die Erreichung des Ziels aufschieben. Vielleicht liegt es daran, dass nicht erreichte Ziele eine nützliche Aufgabe erfüllen. Sie dienen als »Hätte-ich-doch-nurs«, als Fluchtventile, über die wir in langweiligen Geschäftsbesprechungen, bei Verkehrsstaus und an hektischen Morgen mit den Kindern fantasieren können. Sehnsüchtig geben wir uns Bildern hin, wie großartig das Leben sein wird, sobald wir unsere Träume erfüllt haben.

Die Logik würde diktieren, dass wir, wenn wir unser Leben wirklich verändern wollten, es einfach täten. Statt dessen schieben wir Ziele gewöhnlich bis zum nächsten Montag hinaus. Wenn der Montag kommt, planen wir das Ziel für einen anderen Zeitpunkt ein. Wir fühlen uns nie ganz bereit, um anzufangen, haben immer den Eindruck, nicht genug Geld, Zeit oder Sachkenntnis zu haben.

Ängste und andere Blockaden verschwinden normalerweise nicht einfach, wenn wir sie ignorieren. Blockaden müssen erkannt und ans Licht gebracht werden, bevor sie vollständig entfernt werden können. Wir werden nicht viel Zeit damit verbringen, Ängste zu analysieren, weil alles, worauf man sich über längere Zeit hinweg konzentriert, schließlich größer wird. *Wir müssen uns immer auf das konzentrieren, was wir wollen, nicht auf das, was wir nicht wollen.* Deshalb werden wir nur kurz Erfolgsblockaden benennen, um sie möglichst rasch zu entfernen.

Es ist nicht immer einfach, Ängste zu erkennen, die uns blockieren. Viele von uns vertreten eisern die Haltung: »Ich habe vor nichts Angst!« Aber Ängste sind nicht immer offensichtlich. Das Zögern und die Angst vor dem Versagen sind sogar so mächtig, dass sie in der Maske ganz unterschiedlicher Gebrechen daherkommen, darunter:

Übermäßiges Essen: Henrietta konnte Hausarbeit nicht ausstehen, deshalb wollte sie nie mit dem Tagewerk beginnen. Sie sagte sich: »Gleich nach dem Frühstück räume ich auf.« Dann verdrückte Henrietta eine Schüssel mit Frühstücksflocken nach der anderen, um die Aufgabe so lange wie möglich aufzuschieben.

Lethargie: »Ich bin viel zu müde, um meine Übungen zu machen«, »Mir ist nicht danach, auszugehen und mich heute Abend vielleicht mit Leuten zu treffen«, »Ich habe nicht genug Kraft, zur Abendschule zu gehen.« Lethargie und Kraftlosigkeit fühlen sich sehr real an, und doch beruhen auch sie auf Versagensängsten.

Versagen, ja schon der Gedanke daran, ist äußerst schmerzhaft, und die Menschen tun alles, um Schmerzen zu vermeiden. Eine unserer raffinierteren Vermeidungsstrategien besteht darin, zu müde zu sein, um noch mit etwas anzufangen. Wir denken daran, damit anzufangen, und unser Gehirn wird überwältigt. Dann fahren wir unseren Energiepegel herunter, und das Ergebnis ist, dass wir uns erschöpft fühlen.

Die Quelle aller Energie - Gott - ist grenzenlos, wir können alle sofort diese Macht anzapfen. Sie haben dieses Phänomen schon erlebt, als jemand plötzlich vorschlug, etwas zu tun, was Sie wirklich aufregend fanden. Sofort sind Sie in der richtigen Stimmung und können es kaum noch abwarten.

Körperliche Krankheit: Krank zu werden oder sich zu verletzen ist eine andere Möglichkeit, den Schmerz des Versagens zu meiden. Katrina wurde beispielsweise immer heiser, wenn Sie ihren Vorgesetzten um eine Gehaltserhöhung bitten wollte.

Beziehungsprobleme: Sophie gab ihrem Ehemann die Schuld an Ihrem Unglück, weil sie der Auffassung war, ein »richtiger Mann« beziehe ein hohes Einkommen, mache seiner Frau Geschenke und fahre mit der Familie oft in Urlaub. Sie setzte ihn herab und beschwerte sich über sein mageres Gehalt, und so war es nicht verwunderlich, dass die Ehe des Paars zu zerbrechen drohte. In der Therapie deckte Sophie die Ängste auf, die sie daran gehindert hatten, sich eigene Einkommensquellen zu suchen, um das Familienbudget aufzubessern.

Formen der Angst

Die meisten Menschen, die alles aufschieben, fürchten sich vor etwas, und manchmal sind sie sich nicht einmal bewusst, wovor sie sich fürchten. Einige der verbreitetsten Ängste, die zu anhaltendem Zögern führen, sind:

Der Glaube, den Erfolg nicht zu verdienen. »Ich habe den Eindruck, dass Gutes nur anderen widerfährt«, sagte meine Klientin Marge. »Ich habe Träume, aber das werden sie auch immer bleiben - Träume.« Marge hatte beschlossen, es nicht verdient zu haben, ein besseres Leben zu führen. Statt sich möglichen Enttäuschungen zu stellen, beschloss sie, es gar nicht erst zu versuchen. Im Laufe der Jahre habe ich Tausenden vernachlässigter Opfer geholfen, die als Kind missbraucht wurden. Sie alle hatten diese tief sitzende Überzeugung.

Opfer von Missbrauch wachsen gewöhnlich in einer Umgebung auf, die negative Bilder von sich und ihrer Fähigkeit, erfolgreich zu sein, fördern. Eltern, die Missbrauch betreiben - und die gewöhnlich Alkoholiker, drogenabhängig oder geisteskrank sind –, geben ihre Einstellung des »Warum überhaupt versuchen, sein Leben zu verbessern?« an ihre Kinder weiter. Manche dieser Eltern schieben die Schuld an ihrer Armut den Kindern zu. Bei anderen hagelt es höhnische Botschaften wie »Du wirst immer versagen« und »Du bist dumm«. Da wundert es nicht, dass diese Kinder beim Heranwachsen ihren Wert und ihre Fähigkeiten in Zweifel ziehen.

Die Angst, dass Versuche, sein Leben zu verbessern, alles nur noch schlimmer machen. Cathy und ihr Ehemann Bob wollten ihren Job aufgeben und ein Geschäft eröffnen. Doch die Angst, dass sie scheitern könnten, verhinderte, dass sie der Sache weiter nachgingen.

Die Angst, kontrolliert zu werden. »Ich will mir nicht sagen lassen, was ich zu tun habe!« Wir rebellieren oft gegen Regeln, sogar gegen selbst auferlegte. Das ist einer der Gründe, weshalb man Diäten so schlecht einhalten kann. Manchmal ist diese Angst, kontrolliert zu werden, eine Erwachsenversion der Rebellion gegen einen Elternteil. Wenn Ihre Eltern Ihnen immer sagten, was Sie tun sollten, sind Sie vielleicht mit dem Schwur aufgewachsen, sich nie mehr kontrollieren zu lassen. Diese Philosophie ist jedoch ein zweischneidiges Schwert. Sie fördert zwar den Unternehmergeist, erschwert aber auch die Selbstdisziplin.

Die Vorstellung, sie müssten nur die richtigen »Kontakte« haben, um erfolgreich zu sein. Anita wollte Talkshow-Moderatorin werden und besaß eindeutig das Aussehen, die Persönlichkeit und die Intelligenz, um dieses Ziel zu erreichen. Sie moderierte eine Talkshow, in der die Zuhörer anrufen konnten, und lebte in der Nähe von Los Angeles, wo viele Shows aufgezeichnet werden. Ihre Freundinnen ermutigten sie, sich einen Agenten zu besorgen, ein Demo-Band aufzunehmen und mit ihrem Wunsch »ernst zu machen«. Doch Anita glaubte nicht genug an sich, um ihr Ziel direkt in Angriff zu nehmen. Vielmehr beschloss sie, als Verkäuferin bei einem Händler für Luxuskarossen zu arbeiten. Obwohl der Laden sechzig Meilen von Los Angeles entfernt war, glaubte Anita, sie könne auf diese Weise Kontakte schließen, die ihr bei der Erfüllung ihres Traums helfen würden. »Ich werde reiche Kunden kennenlernen, die mir helfen, ins Showbusiness zu kommen«, erklärte sie ihren Freundinnen.

Der Glaube, nicht genug zu wissen. Jonathan, ein Teilnehmer eines meiner Seminare, erzählte mir, er habe in den letzten zwei Jahren schon an einem Dutzend Workshops teilgenommen. Er vertraute mir seinen Traum an: »Eines Tages will ich Motivationstrainer werden.« Jonathan erklärte, dass er ein Selfmade-Millionär sei und viele Theorien hätte, die andere Menschen inspirieren und ihnen helfen könnten. Ich fragte ihn, wann er mit seinem neuen Job anfangen wolle. »Ich bin mir nicht sicher«, erwiderte er. »Mein Gefühl sagt mir, dass ich noch nicht so weit bin.«

Das Gefühl, zu alt zu sein. »Ich bin zu alt, um noch aufs College zu gehen!«, beklagte sich der 42-jahrige Martin. »Wenn ich jetzt anfinge, könnte ich nur stundenweise studieren und bräuchte sechs Jahre, um fertig zu werden. Ich wäre fast fünfzig, wenn ich meinen Abschluss machen würde!« Ich erinnerte Martin daran, dass er in sechs Jahren dieses Alter erreichen würde, ob er nun zum College ging oder nicht.

Das Vermeiden von Unannehmlichkeiten. Viele Aktivitäten, die mit der Erreichung seines Ziels einhergehen, scheinen langweilig und monoton zu sein. Abendschule, Fitness-Übungen und andere Möglichkeiten, es zu etwas zu bringen, wirken wie unangenehme Alternativen, wenn man zur selben Zeit seinen Spaß haben könnte. Judys Traum, Schauspielerin zu werden, half ihr, die faden Stunden ihres Sekretärinnendaseins zu ertragen. Sie dachte an die Auszeichnungen, die Preise und die Bewunderung der Fans. Doch immer, wenn Judy kurz davor stand, sich auf der Schauspielschule anzumelden, machte sie im letzten Moment einen Rückzieher, weil sie angeblich zu beschäftigt war.

Die Angst, eine falsche Entscheidung zu treffen. »Ich weiß, dass ich unglücklich bin, aber es gelingt mir einfach nicht, mir ein besseres Gefühl zu verschaffen«, beklagte sich meine Klientin Patty. »Manchmal glaube ich, dass ein anderer Job mir helfen würde. Aber dann wird mir bewusst, dass es mein Ehemann ist, der mir noch den Verstand raubt, und ich frage mich, ob ich mich nicht scheiden lassen sollte. Dann glaube ich wieder, dass ich nur einen langen Urlaub brauche. Bei dem Versuch herauszufinden, was ich tun sollte, drehe ich mich ständig im Kreis!«

Die Angst, eine falsche Entscheidung zu treffen, lässt manche in der Luft hängen, und durch ihr Zögern schlagen sie keine Richtung ein. Sicher ist es ratsam, seine Möglichkeiten zu sondieren, bevor man sich in etwas hineinstürzt, doch das ewige Aufschieben einer Entscheidung ist *auch* eine Entscheidung, nämlich dort zu bleiben, wo man gerade steht. Darüber hinaus fürchten sich manche Menschen so sehr, eine Entscheidung zu treffen, dass sie ihre ganze Zeit damit verbringen, ihre Möglichkeiten zu sondieren.

Die Angst, sich lächerlich oder unbeliebt zu machen. Ich kenne eine Frau namens Martha, die sich noch daran erinnert, wie sie als kleines Mädchen an einem Talentwettbewerb der Schule teilnahm. Am Ende ihres Stepptanzes blickte Martha zu ihrer Mutter hinunter und erwartete, ein strahlendes Lächeln zu sehen. Stattdessen hatte ihre Mutter einen hochroten Kopf und presste die Kiefer aufeinander. Als Martha von der Bühne stieg, fing ihre Mutter an, sie wegen des »erbärmlichen Auftritts« zu schelten, und fragte das kleine Mädchen, wie es nur so grausam sein konnte, ihrer Mutter vor aller Welt diese Schande zu bereiten; sie nahm an, dass ihre Mutter recht hatte. Von da an achtete Martha sehr genau darauf, jedes Verhalten zu vermeiden, dass jemand als »erbärmlichen Auftritt« werten konnte. Seitdem verfolgte Martha nie wieder einen Traum, der möglicherweise zu einem lächerlichen Ergebnis, Missfallen oder Schande führen konnte.

Die Angst, sich preiszugeben. Manchmal fürchten wir uns auch vor der Reaktion der anderen, wenn wir größere Veränderungen in unserem Leben vornehmen. Kate befürchtete, dass ihr Mann sie verlassen könnte, wenn sie zur Abendschule ging. »Ich weiß, dass er sich aufregen wird, wenn ich Abends nicht zu Hause bin«, seufzte sie. Eine andere Frau, Barbara, hatte die Angst, dass ihre Freundinnen neidisch werden könnten, wenn sie abnähme. »Sie werden nicht mehr mit mir zusammensein wollen, wenn ich dünner bin als sie«, sorgte sie sich.

Das fehlende Vertrauen, dass man auch erreicht, was man sich vornimmt. Robin wollte abnehmen und wusste, dass dafür körperliche Betätigung nötig war. Sie bezweifelte jedoch, dass es mit den Übungen bei ihr klappen würde. »Ich habe schon ein Vermögen für Fitness-Geräte ausgegeben«, erklärte sie. »Nichts, was ich tue, scheint zu wirken. Ich verletze mich, hole mir Blessuren und bin dann immer ganz erschöpft und mutlos. Weshalb sollte ich mir überhaupt die Mühe machen, wieder mit Übungen anzufangen?«

Die Angst, wie seine Eltern zu werden. Opfer von Missbrauch sind für diese Angst, die wir »De-Identifikation« nennen, besonders empfänglich: bewusstes Handeln, das im Gegensatz zum Handeln einer anderen Person steht. Meine Klientin Tamara war mit neun von ihrem Vater, einem Alkoholiker, missbraucht worden. Das Erlebnis hatte tiefe Wunden hinterlassen, aber am wütendsten war sie auf das Verhalten ihrer Mutter. »Meine Mutter ist ein totaler Schwächling ohne jedes Rückgrad«, sagte Tamara zu mir. »Sie wusste, dass der Missbrauch stattfand, hatte aber Angst, meinen Vater damit zu konfrontieren, weil sie glaubte, er würde uns dann verlassen. Später, als ich ihr erzählte, was geschehen war, warf sie mir noch vor, es selbst herbeigeführt zu haben. So wie ich das sehe, hat meine Mutter mich verkauft, damit wir ein Dach über dem Kopf haben. Ich hätte ebensogut ihre Hure sein können!«

Tamara schwor sich, dass sie nie so ein »rückgradloser Schwächling« wie ihre Mutter sein würde. Nun ist es natürlich sehr gesund, hohe Ansprüche zu haben. Doch Tamara trieb ihren selbst auferlegten Schwur ins Extrem und wurde stur, abweisend und aggressiv. Diese Einstellung führte zu vielen Problemen in ihrem Liebesleben, ihren Freundschaften und im Beruf. Immer, wenn Tamara sich mit einem Mann einließ, wurde sie streitlustig, um ihre Zähigkeit und Unabhängigkeit zu »beweisen«. Aus dem gleichen Grund stritt sie auch mit ihren Vorgesetzten und Kollegen.

Sie arbeitete in der Therapie daran, ihrer Mutter, ihrem Vater und sich selbst den langen Missbrauch zu vergeben. Als sie schließlich die Jahre des Zorns und Grolls losließ, konnte sie wieder ihre eigenen Entscheidungen treffen. »Ich bin nicht mehr besessen von meinem sexuellen Missbrauch«, sagt sie. »All diese Jahre bemühte ich mich so sehr, nicht wie meine Mutter zu sein. Aber ich war auch nicht ich selber.«

Der Gedanke, dass etwas von Natur aus mit einem nicht stimmt, man einen Schaden hat oder einem etwas fehlt. »Ich weiß, dass Gott jeden vollkommen erschaffen hat, nach Seinem Bild«, sagte mir mein Klient Frank. »Aber ich glaube, bei meiner Erschaffung hat er etwas falsch gemacht.« Viele meiner Klienten teilen Franks Gefühle und geben zu, die heimliche Angst zu haben, dass andere spüren könnten, sie hätten einen »Schaden« oder wären »es nicht wert«. Diese Gefühle sind bei Opfern von Missbrauch in der Kindheit (auch bei Vernachlässigung) besonders verbreitet.

Das Hochstapler-Phänomen. Fred hatte schon immer das nagende Gefühl, für den Job im mittleren Management, den er ausübte, nicht qualifiziert zu sein. Er befürchtete, enttarnt und als Schwindler bloßgestellt zu werden, eine Furcht, die dazu führte, dass Fred ständig in der Luft hing: Er wollte ins gehobene Management aufsteigen, glaubte jedoch, nicht das Recht zu haben, ein so hochtrabendes Ziel anzustreben.

Die Angst, dass Ihre Familie zerbrechen wird, wenn Sie nicht bei der Stange bleiben und alles zusammenhalten. Candice hatte es satt, die Buchhalterin für das Familienunternehmen zu sein. Sie träumte von dem Tag, an dem sie sich ihrem Traum hingeben konnte, Bilder von Engeln zu malen. Doch Candices glaubte, wenn sie nicht die Kontrolle über die Buchhaltung hätte, würde ihr Ehemann die Steuern nicht bezahlen und wichtige Formblätter nicht ausfüllen. Die Familie hatte genug Geld, um einen fähigen Buchhalter anzustellen, der Candices Platz einnehmen konnte, doch sie sträubte sich dagegen. Schließlich musste Candice sich ihren Ängsten stellen, entbehrlich zu sein. Tief in ihrem Inneren hatte Candice befürchtet, dass ihr Mann, wenn sie ihm nicht als Beschützerin und Superbuchhalterin diente, sie nicht mehr zu schätzen wüsste.

Der Glaube, dass erst andere Menschen in Ihrem Leben (Ehemann, Freunde, Eltern) sich verändern müssen, bevor Sie selbst folgen können. »Ich hätte mehr Zeit, wenn meine Freundinnen nicht ständig vorbeikämen«, beklagte sich meine Klientin Judy. »Anscheinend wollen mir alle immer von ihren Problemen erzählen.« Judy erklärte, dass sie ihren Traum, Kinderbücher zu schreiben, bis zu dem Tag aufschob, an dem ihre Freundinnen stabil und nicht mehr so sehr auf ihre Hilfe angewiesen wären. »Dann werde ich mich nicht mehr schuldig fühlen, wenn ich mir Zeit für meine Ziele nehme«, fügte sie hinzu.

Die Angst vor Veränderung. Allison hatte ihr ganzes Erwachsenenleben allein verbracht. Obwohl sie davon träumte, verheiratet zu sein und eine Familie zu haben, war sie sich nicht sicher, ob sie die Gegenwart eines anderen in ihrem häuslichen Umfeld ertragen konnte.

Der Glaube, dass Unglücklichsein, Furcht und Schuldgefühle notwendige menschliche Zustände sind. Eine weit verbreitete, aber tief sitzende Überzeugung, die uns daran hindert, unser Leben zu verbessern, lautet: »Ich muss emotionale Schmerzen durchleiden, bevor man mir erlaubt, Glück zu empfinden.« Wir handeln beinahe so, als müssten wir eine bestimmte Menge Traurigkeit, Angst und Schuldgefühle wie Rabattmarken sammeln, damit wir sie gegen die ersehnten Gefühle von Frieden, Sicherheit, Liebe und Glückseligkeit eintauschen können.

Das Gefühl, nicht vorbereitet zu sein. »Ich will wirklich Schauspielerin werden«, sagte mir meine Klientin Regina. »Aber erst muss ich noch einen Schauspielkurs belegen.« Ich wies Regina darauf hin, dass sie schon seit fünf Jahren Unterricht nähme, und gab zu bedenken, dass sie die Erfüllung ihres Traums vielleicht nur aufschob. Sie machte Schluss mit den Vorbereitungen und begann statt dessen, ihren Traum zu verfolgen. Drei Monate später hatte Regina eine Agentin, ging zum Vorspielen und sagte, ihre neuen Aktivitäten erfüllten sie mit Tatendrang.

Sie haben den Erfolg verdient

»Es gibt nur einem Winkel im Universum,
den Sie ganz sicher verbessern können,
und das ist Ihr Selbst.«

Aldous Huxley (1894-1963)
Englischer Schriftsteller und Philosoph

Sehen wir uns noch einmal einige Erfolgsblockaden an, damit wir sicher sein können, dass keine verborgenen Ängste Ihre Wünsche durchkreuzen. Wir werden diese Ängste nicht überanalysieren - das würde sie nur verstärken, denn alles, worauf wir unsere Aufmerksamkeit richten, wird größer. Statt unsere Aufmerksamkeit auf Angst zu richten, *holen* wir die Angst lediglich aus der Dunkelheit. Wir locken die Angst ans Tageslicht, wo sie in der Wärme der Sonne wie eine Seifenblase zerplatzen wird. Dann werden wir Ihr wahres, natürliches und angstfreies Selbst sehen.

* * *

Etwas nicht verdient zu haben: Von allen Erfolgsblockaden - ob im Beruf, in der Liebe oder der Gesundheit - ist diese am größten und verheerendsten. Wenn Sie nicht glauben, den Erfolg verdient zu haben, schieben sie ihn zur Seite. Dabei erscheint die Frage, ob man etwas verdient hat, zunächst unlogisch. Wer will schließlich keinen Erfolg? Doch den Erfolg zu *wollen* ist etwas anderes, als zu *glauben,* ihn auch haben zu dürfen. Jemand wünscht sich vielleicht einen besseren Job, denkt aber: »Ja, klar! Träum weiter!« Eine solche Person versucht es nicht einmal.

Wenn Sie daran zweifeln, dass Sie den Erfolg verdient haben, entspricht das der Entscheidung, dass Sie scheitern werden. Sie werden Ihr Scheitern vorwegnehmen, ganz in der Art einer sich selbsterfüllenden Prophezeiung. Doch wenn Sie wissen, dass Sie - genau wie jeder andere - den Erfolg verdienen, nehmen Sie gnädig das Gute an, wenn es zu Ihnen kommt. Sie erfreuen sich der Komplimente, Geschenke und Beförderungen. Sie geben auch großzügig anderen. Etwas verdient haben bedeutet zu wissen, dass Geben und Nehmen natürliche Bestandteile des Lebens sind. Das Gute wird willkommen geheißen, nicht gefürchtet.

Viele meiner Klienten, besonders Opfer von Missbrauch und Vernachlässigung, haben den Eindruck, den Erfolg nicht zu verdienen. »Andere Menschen verdienen den Erfolg, aber doch nicht ich.« Normalerweise stammt dieses Gefühl von Jahren der Schuldzuweisung an sich selbst, um dem Missbrauch irgendeinen Wert zu verleihen: »Ich muss schon ein sehr böses Kind gewesen sein, wenn Papi mich so behandelt hat oder Mami so wütend auf mich war.«

Meine Klientin Tina war von ihren Eltern zwar nicht körperlich missbraucht worden, aber die Vernachlässigung und der verbale Missbrauch, mit denen sie aufwuchs, hatten sie überzeugt, dass sie »nichts taugt« und den Erfolg nicht verdient. Tina wollte Künstlerin werden und hatte zahlreiche Kunstkurse besucht und wundervolle Porträts gemalt, die in ihrem Wohnzimmer und Büro hingen. Als eine Freundin vorschlug, dass Tina ihre Kunst auf einer Ausstellung in ihrem Viertel zeigen sollte, geriet Tina in Panik. Sie hatte den Eindruck, nicht gut genug zu sein, um an einer Kunstausstellung teilzunehmen, und protestierte: »Ich habe nicht die Zeit, um genug Bilder zu malen!«

Nun hatte Tina immer davon geträumt, eine professionelle Künstlerin zu sein. Ihr größter Traum war, dass eine Kunstgalerie in San Francisco ihre Arbeiten ausstellte. In dieser Fantasie flanierte Tina anmutig durch den Raum und schwatzte mit Kunstmäzenen, die ihr Werk zu schätzen wussten. Sie sah sich in einem schicken Hosenanzug aus Seide, wie sie munter mit champagnerschlürfenden Männern und Frauen plauderte, die ihr Komplimente über ihre Kunst machten.

Dieser Traum verlieh Tinas trüberen Tagen etwas Glanz und Hoffnung. Er gab ihr Kraft und ermöglichte ihr die Flucht in eine Welt, in der sie sich gewürdigt fühlte und glaubte, alles unter Kontrolle zu haben. Problematisch war nur, *dass Tina nicht erwartete, den Traum wahr werden zu sehen.* Sie sagte: »Ich wünschte, diese Fantasie würde wahr werden, aber ich sehe wirklich nicht, wie das möglich sein soll. Ich glaube schon, dass ich Talent habe, und oft sehe ich mir die Werke anderer Künstler an und sage mir: ›Das könnte ich besser als die.‹ Nur habe ich das Gefühl, meine Arbeit ist noch nicht so weit. Ich male nicht viel und habe selten Gelegenheit, meine Fähigkeiten zu verbessern. In meiner Fantasie flüchte ich mich mit einer Palette und einem Pinsel auf eine einsame Insel – irgendwohin, wo mich niemand stört und ich einfach den ganzen Tal lang malen kann.«

Als Tina und ich uns weiter unterhielten, erkannte ich, dass die Überzeugung, den Erfolg nicht zu verdienen, den Kern ihres »abgehobenen Träumens« bildete – das heißt ihr Glaube, dass sie ihre Ziele nicht erreichen konnte. Tina hatte das Gefühl, dass andere Gutes verdient hatten, aber nicht sie. Sie vertrat die Auffassung, dass erfolgreiche Künstler Menschen waren, die sich von ihr »unterschieden«. Tina ertappte sich sogar bei der irrigen Annahme, dass alle erfolgreichen Künstler glücklich, schön und äußerst begabt wären und über erstklassige Verbindungen verfügten. »Ich sollte es eigentlich besser wissen, als solch eine Meinung zu vertreten!«, sagte sie zu mir. »Ich weiß um die Macht der Gedanken, und doch sabotiere ich mich so durch mein eigenes Denken.«

Wir deckten die zwei Ursprünge ihres Gefühls auf, den Erfolg nicht zu verdienen, und behandelten sie: verbaler Missbrauch und Vernachlässigung in der Kindheit; und Selbstmissbrauch als Erwachsene. Tinas Mutter hatte ihr immer vorgehalten, dass sie es als Künstlerin zu nichts bringen würde, da sie »unkoordiniert, faul und völlig talentlos« wäre. Wie die meisten Kinder machte Tina die grausamen Worte ihrer Mutter zu einem Bestandteil ihres Selbstbildes. Tina glaubte, dass sie faul und untalentiert sei; also verhielt sie sich auch entsprechend. Als sie aufwuchs, verhärtete sich Tinas krude Einstellung zu sich selbst noch mehr. Tina wollte einfach nichts Neues anfangen, kein Trainingsprogramm und keine Beziehung, auch keine Karriere als Künstlerin. »Weshalb sollte ich es überhaupt versuchen? Ich verpatze ja doch alles und gebe es schließlich auf«, versicherte sie mir.

Unsere Therapie bestand darin, Tinas Selbstbild mit Worten neu zu schreiben, die wahrhaft ihrem göttlichen Selbst entsprechen: grenzenlose Energie, Talent, Kreativität, Liebe, Gesundheit und Überfluss. Innerhalb kürzester Zeit verbesserte sich Tinas Leben in jeder Hinsicht: Ihr Liebesleben erblühte, sie nahm ab, und sie hatte eine Ausstellung in einer größeren Galerie!

Das Gefühl, einen Schaden zu haben

Eine andere Erfolgsblockade beruht auf der Überzeugung, einen Schaden zu haben, als stimme etwas von Natur aus nicht mit einem:

»Ich weiß, dass Gott jeden vollkommen erschaffen hat, aber ich glaube, bei mir hat er etwas falsch gemacht.«

So viele meiner Klienten haben diese Überzeugung geäußert! Wie bei anderen Ängsten denken Opfer von Missbrauch oder

Vernachlässigung in der Kindheit eher so als jene, die in Liebe und Harmonie aufgewachsen sind.

Viele Menschen, die beim Aufwachsen missbraucht wurden, verstehen liebesvolles Verhalten nicht, vertrauen ihm nicht und erwarten es nicht. Sie haben immer nur Kritik, Vernachlässigung und Grausamkeit gekannt. Ist es also ein Wunder, dass sie sich als Erwachsene weiter selbst missbrauchen? Sie haben gelernt, Schmerz als etwas Normales anzusehen und Güte mit Misstrauen zu begegnen.

Selbstbestrafung ist ein Ergebnis von Schuldgefühlen. Ihr liegt der Eindruck zu Grunde: »Ich bin böse und habe es verdient, bestraft zu werden.« Dieses Schuldgefühl rührt von der vagen Vorstellung her, dass man in seinem tiefsten Inneren einen Schaden hat oder unwürdig ist. Vielleicht bringt die Person dieses Gefühl mit einer bestimmten Tat in Verbindung, aber es könnte auch die allgemeine Überzeugung sein: »Ich bin ein böser Mensch, und jeder, der mir begegnet, weiß es.«

Selbstbestrafung kann unterschiedliche Formen annehmen:

1. *Sich an die letzte Stelle setzen.* Maria beklagte sich, dass die Familienpflichten so viel Zeit und Energie in Anspruch nähmen, dass sie nicht ins Fitness-Studio könne. Ihr ganzes Leben lang hatte sie ihre eigenen Bedürfnisse hintangestellt.

Doch als wir uns ihren Tagesablauf einmal näher ansahen, stellten wir fest, dass Maria übermäßig viel Zeit dafür aufwendete, die Zimmer ihrer Kinder aufzuräumen und deren Kleidung zu ordnen. Also wiesen wir ihren Söhnen und ihrer Tochter nach einem festgesetzten Plan entsprechende Aufgaben zu, so dass Maria für das Fitness-Studio Zeit fand.

2. *Sich keine Ziele setzen, sie nicht angehen oder vorzeitig aufgeben.* Daniel war unglücklich und einsam. Er wollte eine Liebesbeziehung, aber er setzte sich dieses Ziel gar nicht erst.

Immer wieder sagte Daniel sich: »Ich besuche später einen Single-Klub, wenn ich abgenommen habe« oder »Was soll's? Es gibt ohnehin keine anständigen weiblichen Singles mehr.« Diese energieraubenden Überzeugungen waren Daniels Art, sich vor der Angst zu schützen, von Frauen zurückgewiesen zu werden.

Wir arbeiteten daran, Daniels negative Glaubenssätze aufzulösen und an ihre Stelle realistische »Liebesziele« zu setzen. Erst listete er alle Eigenschaften auf, die ihm in einer Liebesbeziehung und an einer Partnerin wichtig waren. Dann brachte er sich dazu, abends das Haus zu verlassen, damit er überhaupt geeigneten Partnerinnen begegnen konnte. Daniel nahm an Kursen für Erwachsenenbildung teil, an Seminaren und einer spirituellen Studiengruppe. Nach zwei Monaten begegnete Daniel einer Frau, die seine romantischen Interessen wahrhaft entfachte, und begann mit ihr auszugehen.

3. *Ein Märtyrer/Opfer sein.* Rebecca arbeitete oft unentgeltlich für Wohltätigkeitsveranstaltungen und auf kommunaler und schulischer Ebene. Sie vertrat leidenschaftlich die Auffassung, dass die Bürger ihre Zeit und andere Ressourcen großzügig zur Verfügung stellen sollten. Das war ja gut und schön, aber Rebecca arbeitete an so vielen Projekten mit, dass sie sich beklagte, von ihren Verpflichtungen überwältigt zu werden. Sie war ungewöhnlich reizbar, weil sie sich als Opfer der Organisationen fühlte, für die sie unentgeltlich tätig war.

Rebecca hatte die Märtyrer/Opfer-Rolle angenommen – das heißt, den langen Leidensweg als tugendhaftes Opfer der achtlosen Manipulationen anderer beschritten. Sie sah nicht, dass sie die Rolle, die sie spielte, selbst bestimmte. Sie sah nur die Dichotomie braves Mädchen und böse Welt.

4. *Ressourcen verschwenden.* Kathleen hatte sich das Ziel gesetzt, ihre Kreditkarten abzubezahlen, doch an jedem Woche-

nende kaufte sie damit neue Kleidung und Haushaltsgegenstände. Frank wollte an einer Fern-Uni seinen Abschluss nachholen, verbrachte seine freie Zeit aber lieber mit Fernsehen, statt seinen Studien nachzugehen. Sowohl Kathleen als auch Frank beklagten sich, dass äußere Quellen sich in ihre Zielsetzung einmischten, während sie in Wahrheit ganz allein dafür verantwortlich waren, dass sie ihren Erfolg sabotierten.

5. *An ungesunden Beziehungen festhalten.* Trina und ihr Freund Mark kannten sich seit zwei Jahren. Sie war unglücklich, weil Mark zwei Affären gehabt hatte, deren sie sich bewusst war. Er missbrauchte sie auch verbal. Dennoch glaubte Trina, Mark ändern zu können, indem sie ihn mehr liebte als jede andere Frau. In der Therapie fand Trina heraus, dass ihr Wunsch, Marks Liebe zu gewinnen, von ihrer unerfüllten Beziehung zu ihrem Vater herrührte, der die Familie verlassen hatte, als sie fünf Jahre alt war.

6. *Negative Selbstgespräche.* Donna wollte bei der Arbeit mehr Selbstbewusstsein und Selbstvertrauen gewinnen. In der Therapie entdeckten wir ihre Neigung zu Selbstgesprächen: »Du verpatzt immer alles«, »Du bist dumm«, »Niemand wird auf dich hören« und so weiter. Durch Affirmationen gewann Donna eine Einstellung, durch die sie sich selbstbewusster fühlte und handelte.

7. *Schlechter Umgang mit dem eigenen Körper.* Barbara trieb ihren Körper jeden Tag zu Höchstleistungen an, indem sie sich Stimulanzien wie Kaffee, Cola und Schokoriegel zuführte. Das Ergebnis ihrer stressigen Diät war, dass Barbara nervös wurde. Also trank sie eine Flasche Wein, um einschlafen zu können.

8. *Bei sich selbst knausern* (sich keine Leckereien oder sogar Lebensnotwendiges gönnen; nicht zum Zahnarzt oder Doktor ge-

hen, auch wenn es angebracht wäre; mit einer kaputten Windschutzscheibe herumfahren).

9. *Sich zu sehr bemühen, es anderen recht zu machen.* Mehr als alles andere wollte Brenda von ihren Kollegen gemocht und akzeptiert werden. Aber ihre Methode, ihre Freundschaft zu gewinnen, kostete Brenda die Selbstachtung. Sie brachte nach dem Essen oft das Tablett mit dem Geschirr für die anderen zurück oder bot sich an, die Arbeit eines Kollegen zu Ende zu führen. Die Frauen, mit denen Brenda zusammenarbeitete, nahmen ihre Angebote, für sie zu bezahlen oder ihnen zu helfen, stets an. Doch Brenda fiel auf, dass sie ihre Großzügigkeit nie erwiderten. Sie fragte sich, was die Leute an ihr nicht mochten. Sie war doch so nett zu allen und bemühte sich nach Kräften, sie nicht wütend zu machen oder ihnen im Weg zu sein. Sie hatte den Eindruck, dass die Leute weniger Notiz von ihr zu nehmen schienen, je mehr sie es ihnen recht zu machen versuchte.

Selbstbestrafung ist so etwas wie Buße tun. Dahinter steht die Überzeugung, dass Selbstzerstörung einem die Schuldgefühle nimmt. Der Gedanke ist der: »Wenn ich für das, was ich falsch gemacht habe, bestraft werde, fühle ich mich nicht mehr so schlecht.« Leider verstärkt Selbstbestrafung bei denen, die mit dem »inneren Kind« Missbrauch treiben, nur das Gefühl der Unwürdigkeit.

Wie es in *Ein Kurs in Wundern* heißt: »Liebe und Schuld können nicht nebeneinander existieren, und wenn man sich für das eine entscheidet, lehnt man das andere ab.«

Nehmen Sie zum Beispiel Stephanie:

Als allein erziehende Mutter zweier Kinder, die ganztags bei einer Darlehenskasse arbeitete, vergingen Stephanies Tage wie im Flug. Zwischen Arbeiten, Einkaufen, Kinderversorgung und Hausputz blieb ihr wenig freie Zeit. Stephanie sehnte sich nach

Entspannung und Spielzeit, und sie träumte auch davon, einem anständigen Mann zu begegnen und ihn zu heiraten. Aber immer, wenn Stephanie ausging, schrien ihre Kinder ihren Protest darüber hinaus, bei einem Babysitter gelassen zu werden. Die Schuldgefühle, ihre Kinder zurückgelassen zu haben, verdarben Stephanie die Stimmung, und oft brach sie Rendezvous vorzeitig ab, um nach Hause zurückzukehren. Sie fragte sich schon, ob sie warten müsse, bis ihre Eltern erwachsen waren, bevor sie wieder am gesellschaftlichen Leben teilnehmen könne.

Das Hochstapler-Phänomen

Mit dreiunddreißig Jahren war Joseph der jüngste Geschäftsführer im Konzern. Er war schnell aufgestiegen. Natürlich war der Erfolg dem jüngsten Sohn einer überaus gebildeten Familie aus New England immer in den Schoß gefallen.

Joseph fragte sich insgeheim, ob er die Geschenke verdiente, die das Leben ihm gemacht hatte. In der Therapie teilte er mir seine Angst mit, dass »meine Vorgesetzten herausfinden werden, dass ich ein Schwindler und gar nicht besonders gut in dem bin, was ich mache. Eigentlich übernehmen meine Sekretärin und mein Assistent das meiste Denken, Planen und Arbeiten, für das ich bezahlt werde. Ich habe das Gefühl, dass mich eines Tages jemand verpfeift, und dann kräht kein Hahn mehr nach mir!«

Joseph litt am Hochstapler-Phänomen, dem Gefühl, dass man eigentlich ein Scharlan ist, der seinen Rang und Namen nicht verdient. Dieses Syndrom ist unter Erfolgsmenschen äußerst weit verbreitet, aber wenn sie diese Gefühle erkannt haben, lassen sie die falschen Überzeugungen relativ leicht los. Sich für einen Hochstapler zu halten heißt noch nicht, dass man auch einer *ist*.

Menschen wie Joseph, die fürchten, dass man etwas über sie »herausfinden« könnte, stellen lediglich ihr Licht unter den Scheffel, weil es den Anschein hat, als wäre ihnen der Erfolg in die Wiege gelegt worden. Joseph sagte, er fühle sich schuldig, weil er im College immer Einser hatte, während seine Brüder mit Ach und Krach ihren Abschluss gemacht hatten. Doch in Wahrheit hatte Joseph sich seine schulischen Meriten durch sein eigenes System harter Arbeit verdient. Er brachte hervorragende Noten mit nach Hause, erledigte seine Aufgaben konzentriert und blieb bei den Tests immer ruhig und positiv.

Joseph hatte den Blick immer auf die nächste Hürde gerichtet, um auch sie noch zu nehmen, statt sich auszuruhen und zu schätzen zu lernen, wie weit er schon gekommen war. Er fürchtete, selbstzufrieden zu werden, wenn sein Weiterkommen ins Stocken geriet. Seine Unsicherheit war sowohl die motivierende Triebkraft als auch die Wurzel seines Gefühls der Unzulänglichkeit. Als ich Joseph ermunterte, seine hohe Konzentrationsgabe und hervorragende Lernfähigkeit anzuerkennen, lächelte er und sagte: »Ja, ich habe wohl wirklich hart gearbeitet, um dorthin zu kommen, wo ich jetzt bin.«

»Es macht mir wirklich nichts aus!«

Rationalisierungen sind kleine geistige Gefängnisse, die es uns ermöglichen, mit unerwarteten Situationen fertig zu werden. Ich besuchte einmal jemanden im Gefängnis und fragte ihn, wie er mit seiner fehlenden Freiheit klarkomme. Er sagte: »Wissen Sie, ich könnte mich leicht aus dieser Zelle hinausschaffen, wenn ich's drauf anlegen würde.« Ich holte tief Luft angesichts der Ungeheuerlichkeit seiner Aussage, aber dann erkannte ich, dass dieser Gedanke seine Art war, den Verstand nicht zu verlieren. Er hatte sich überzeugt, dass er *freiwillig* eingesperrt war.

Wie oft haben wir nicht schon die gleiche Denkweise an den Tag gelegt, um mit dem inakzeptablen Verhalten anderer klarzukommen oder einen Job, der einem keine Erfüllung mehr bringt, nicht einfach hinzuschmeißen?

Ich erinnere mich an eine Klientin, die in einer Fabrik beschäftigt war. Sie konnte ihre Arbeit nicht ausstehen, mit ihrem Lärm, Schmutz und den aus dem Mund stinkenden Kollegen. Bei praktisch jeder Therapiesitzung beklagte sie sich über ihr Arbeitsumfeld. Eines Tages fragte ich sie dann schließlich, ob sie sich einmal überlegt hatte, sich eine andere Arbeitsstelle zu suchen. Meine Frage erschreckte sie. »Also, nur noch zwölf Jahre, dann gehe ich in den Ruhestand!«, lautete ihre Antwort.

Für sie war die Arbeit in der Fabrik wie ein Abkommen, bei dem sie zwölf Jahre für das attraktive Pensionsangebot eintauschte, das die Firma ihr versprochen hatte. Für mich war das unfassbar, da ich zwölf Jahre als einen beträchtlichen Teil meiner Lebensdauer betrachte.

Auf Erlaubnis warten

Viele Menschen schieben Veränderungen in ihrem Leben hinaus, weil sie Angst haben, die Missbilligung anderer auf sich zu ziehen. Ich habe auch schon mit zahlreichen Klienten gearbeitet, die behaupten, dass sie auf eine Autoritätsperson warten, die ihnen die *Erlaubnis* erteilt, weiterzumachen und ihr Leben zu verändern.

Helen wollte die Scheidung von ihrem Ehemann Dave, der sie verbal missbrauchte, aber sie fürchtete, ihre Eltern könnten sie kritisieren und als »Versagerin« ansehen. Helen und Dave hatten sich schon dreimal getrennt, und jedesmal hatte er geschworen, sich Rat zu holen und liebevoller zu werden. Dann versöhnten sie sich, und wenig später fing Dave wieder an, seine Frau herabzusetzen und lächerlich zu machen.

Obwohl Helen ihre qualvolle Ehe hinter sich lassen wollte, ließ der Gedanke an den Zorn ihrer Familie sie förmlich versteinern. In dem verzweifelten Wunsch, die Erlaubnis ihrer Familie zu bekommen, sich von ihrem Mann scheiden zu lassen, beklagte Helen sich offen über Daves Verhalten. Sie erzählte ihrem Vater von den Erniedrigungen durch ihren Mann, aber ihre Eltern brachten die Worte, die sie hören wollte, nicht über die Lippen: »Wir finden, du solltest dich von Dave scheiden lassen, Helen.«

Viele Menschen haben wie Helen die Stimmen ihrer Eltern verinnerlicht und können fast den Tonfall ihrer Mutter hören, wenn sie sagt: »Tu dies« oder »Lass das.« Wer in Haushalten aufwuchs, in denen Missbrauch betrieben wurde, fühlt sich oft wie gelähmt aus Angst, einen Fehler zu begehen. Als Helen heranwuchs, hatten ihre zornigen Eltern oft wissen wollen, warum sie böse gewesen war. Dabei hatte Helen sich *so sehr bemüht,* brav zu sein; sie wusste einfach nicht, was sie falsch gemacht hatte! Oft beeinflusste auch der Alkohol ihre Eltern, wenn sie beschlossen, dass sie aus irgendeinem Grund »ein böses Mädchen« war.

Helen wartete auf eine äußere Kraft, die ihr den Anstoß geben würde, auf ihr Ziel zuzugehen. Sie beschrieb mir, dass sie erwartete, eine Autoritätsperson käme, tippte ihr auf die Schulter und sagte: »Okay, es wird Zeit, endlich das Leben zu führen, das du wirklich willst.«

Das ist ein weit verbreitetes Gefühl, eines, das noch aus der Kindheit stammt, in der die Eltern bestimmten, wann wir etwas tun und was. Als Kinder werden wir gelobt, wenn wir Anordnungen befolgen. Als Erwachsene finden wir uns aus den gleichen Gründen in Jobs ohne Aufstiegschancen und ungesunden Beziehungen wieder. Wenn wir als Kind überleben wollten, mussten wir einen Teil unserer Kontrolle abgeben. Die Ironie ist nun, dass, wenn wir als Erwachsene die Kontrolle über uns abgeben, dies Zuständen des Wohlbefindens und der Gesundheit zuwiderläuft.

Sich selbst erfüllende Ängste

Ängste wirken sich störend auf Erfolg und Seelenwachstum aus, wenn sie uns lähmen und handlungsunfähig machen. Aber Ängste können uns noch viel tiefere Verletzungen zufügen, wenn sie sich als lebendige Albträume herausstellen, wie in dem folgenden Fall:

Eine Nachbarin von mir namens Melissa war eine 42-jährige Verwaltungsbeamtin und allein erziehende Mutter einer jungen Tochter. Sie war so stolz an dem Tag, als sie ihre Eigentumswohnung am Meer kaufte. Sie war die erste in der Familie, die Eigentum erwarb, und die Tatsache, dass ihr das ohne finanzielle Hilfe durch einen Ehemann oder ihre Eltern möglich war, machte sie zu einem Vorbild für ihre Freundinnen.

Doch als Melissa in ihr neues Zuhause einzog, entwickelte sie Paranoia und fürchtete, sie könne ihre geliebte Eigentumswohnung wieder verlieren. Sie freute sich über die Meeresluft, die in ihre Küche wehte, aber sie konnte sie nicht genießen. Melissa machte sich Sorgen, dass sie ihren Job verlieren und nicht mehr im Stande sein könnte, die Hypothekenraten zu bezahlen. Einoder zweimal die Woche hatte Melissa Alpträume, in denen ihre Eigentumswohnung zwangsvollstreckt wurde.

Ihre Ängste wurden zur Besessenheit, und ständig hing sie ihnen nach. Melissa suchte Rat bei Medien, um mögliche finanzielle Probleme vorauszusehen. Alle Medien versicherten Melissa, dass sie sich keine Sorgen zu machen brauche, und eines warnte sie sogar, dass Ängste wahr werden können. Doch Melissa litt an einer Variante des Hochstapler-Phänomens und sie glaubte, dass sie es nicht verdiente, so ein wundervolles Leben zu führen.

Melissas Schlaflosigkeit und andauernde Sorgen beeinträchtigten ihr Immunsystem, was zu einem ernsten Fall von Lungenentzündung führte. Sie nahm sich von ihrem Job frei, was weitere finanzielle Sorgen verursachte. Durch all den Stress dauerte Melissas Krankheit mehrere Monate, und sie verlor ihren Job. Sie war außer sich! Nun war sie sicher, auch ihre Eigentumswohnung zu verlieren! Im nächsten Jahr führte Melissas panischer Zustand zu einigen erbärmlichen Vorstellungsgesprächen, und sie konnte keine neue Arbeit finden. Ihr Sparkonto leerte sich, und die Bank versteigerte ihr Zuhause zwei Jahre, nachdem sie es gekauft hatte.

Die Krise zwang Melissa in die Knie. Sie wollte verstehen, was ihr widerfahren war. Hatte sie das selbst über sich gebracht, oder war das Leben einfach nur unfair? Melissa hatte kein Geld für professionellen Beistand, und keine Versicherung, die für das alles aufgekommen wäre, also schloss sie sich einer freien Frauenselbsthilfegruppe an, die der Landkreis anbot. In dieser erfrischenden Umgebung begriff Melissa allmählich, dass ihre Ängste sich als Krankheit und Tatenlosigkeit manifestiert hatten. Heute bedient sie sich eines vorausschauenden Plans, um ihr Denken und Fühlen darauf auszurichten, was sie *will,* und nicht darauf, was sie *nicht* will.

Ich finde Melissas neuen Ansatz, ihr Leben wieder in den Griff zu bekommen, ganz wundervoll, und diesmal wird sie wissen, wie sie ihre Träume aufbauen kann statt sie zu zerstören.

Die Frau, die keine Zeit für Krebs hatte

Eine andere Frau hätte dafür, dass sie die Macht der Ängste und Entscheidungen erkannte, beinahe ihr Leben lassen müssen.

Anna Maria, die erfolgreiche Besitzerin eines Heilbads in San Francisco, war schon immer sensibel gewesen für die positiven und negativen Energien der Welt. »Von positiven Menschen umgeben zu sein ist eine Inspiration und eine Bestätigung für das, was ich in meinem Leben will. Bin ich von negativen Menschen umgeben, zieht mich das runter«, erklärt sie. »Ich liebe den energetischen Schub, den ich bekomme, wenn ich etwas Positives lese oder mir die Olympiade ansehe.«

Doch trotz all dieser positiven Energie hatte Anna Maria früher auch große Ängste. Ihre Tante war an Brustkrebs gestorben, und Anna Maria befürchtete nun, das gleiche Schicksal zu erleiden. Sie setzte sich sehr dafür ein, Geldgeber für einen Brustkrebsfonds zu gewinnen, und sie bemühte sich, alles über die Krankheit zu erfahren.

Im Jahre 1987 nahmen ihre schlimmsten Ängste dann Gestalt an, und die Ärzte diagnostizierten bei ihr Brustkrebs. Anna Maria schilderte mir, was als Nächstes geschah: »Man bekommt, was man am meisten fürchtet, und ich fürchtete mich wirklich vor Brustkrebs. Ich glaube, ich zog ihn an. Das wusste ich auch damals schon, und ich war deshalb wütend auf mich. In meinem Leben ereignete sich einfach zu viel, und ich wollte nicht krank werden. Ich weiß noch, wie ich auf einer Trage ins Krankenzimmer gefahren wurde, als ich beschloss: ›Dafür habe ich keine ZEIT!‹« Kurz nach der Entscheidung, dass sie keine Zeit für Krebs hatte, kam es bei Anna Maria zur Remission. Heute achtet sie genau darauf, was sie denkt, um sicherzugehen, dass sie lediglich das in ihr Leben zieht, was sie dort haben will.

Das Universelle Gesetz der Anziehung besagt, dass das, woran wir denken, die Grundlage für unsere Erfahrungen im Leben bildet. Sie entscheiden heute, wie Ihr Leben morgen aussehen wird. Meine amerikanische Verlegerin Louise Hay meint, dass unser Leben heute das Ergebnis dessen ist, was wir vor sechs Monaten dachten.

Eine solche Macht, einmal erkannt, ist gleichermaßen beängstigend wie aufregend. Das liegt an der Erkenntnis, dass Sie alles haben können, wofür Sie sich entscheiden, und nur Ihre Überzeugungen und Urteile sie zurückhalten. Fahnden Sie nach Ängsten und einschränkenden Glaubenssätzen, als wollten sie in einem Garten Unkraut jäten. Sehen Sie sie sich genau an, und dann reißen Sie sie mitsamt der Wurzel aus! Ich hoffe, Sie suchen sich einige wundervolle Träume aus. Sie haben sie verdient.

Von der Furcht zur Furchtlosigkeit

Wir betrachten unsere Ängste kurz, damit sie verschwinden können. Das unterscheidet sich von zwei anderen ungesunden und wirkungslosen Methoden des Umgangs mit Ängsten: sie zu überanalysieren, was die Angst verstärkt, oder sie zu leugnen, was die Angst veranlasst, aus dem Verborgenen heraus eine Erfolgsblockade zu setzen.

Sehen Sie sich Ihre Angst an, ohne sie als »gut« oder »schlecht« zu beurteilen. Sagen Sie sich einfach: »Aha, ich stelle fest, dass ich Angst habe.« Wenn wir unsere Ängste als schlecht beurteilen, fürchten wir uns noch mehr, als hätten wir etwas vermasselt. Doch das distanzierte Betrachten einer Angst erlaubt es Ihnen, die Angst abzulegen, ohne einen Klaps aufs Handgelenk befürchten zu müssen, weil Sie einen Fehler begangen haben. Angst wurzelt in fehlerhaften Gedanken über sich und andere, und sie bedarf lediglich der Korrektur, nicht der Bestrafung.

Korrigieren Sie Ihre Gedanken dahingehend, dass sie wieder auf die Wahrheit ausgerichtet sind, dass Sie und jeder andere vollkommen, heil und ganz sind. Bitten Sie Ihre spirituellen Helfer um Beistand, wenn dieser Schritt Ihnen schwierig erscheint. Korrigieren Sie Ihre Gedanken, und Sie werden feststellen, dass die Angst - die eine Wirkung Ihres fehlerhaften Denkens war - in Vergessenheit gerät.

Wann immer Sie Angst empfinden, sagen Sie sich: »Ich stelle fest, dass ich mich fürchte. Ich betrachte diese Angst, ohne von ihr erfüllt zu sein. Ich bitte mein inneres Selbst, mir mitzuteilen, welche wichtige Information oder Lektion sich hinter dieser Angst verbirgt.«

Jeder fürchtet sich hin und wieder einmal, und dies ist kein Appell an Sie, sich ein unerreichbares Ideal aufzubauen. Das wäre eine Form von Leugnung! Sie sollten jedoch wissen, wie viel Macht Sie in sich tragen, die Angst loszuwerden, sobald Sie deren Anwesenheit in Ihren Gedanken bemerkt haben. Sie sollten *wissen,* dass Sie es lernen können, darauf zu vertrauen, dass Ihr innerer Führer Sie vor allen Ängsten und Sorgen bewahrt.

In der Kindheit erlernte Ängste beruhen darauf, klein und abhangig gewesen zu sein. Aber heute können Sie die Entscheidung treffen, diese Ängste loszulassen, und beschließen, ihr Schicksal selbst in die Hand zu nehmen. Geraten Sie in Gefahr, werden Ihre innere Führung und Ihre Engel Sie warnen. *Also legen Sie los,* und beginnen Sie noch heute mit der Erfüllung Ihrer Träume!

Sie haben nichts zu befürchten

Wenn wir die Angst aus unserem Leben beseitigen, wird alles möglich. Denken Sie darüber nach und schauen Sie, ob Sie mir nicht zustimmen: Wenn Sie einen starken, klaren Wunsch haben und frei von Ängsten und Zweifeln sind, ist der Weg frei. Sie brauchen dann nur noch verantwortungsbewusst, intelligent und folgerichtig auf die Erfüllung und Vollbringung Ihrer Ziele hinzuarbeiten, nicht wahr? Sie haben dann auch mehr Energie, weil die Angst an der Begeisterung zehrt wie ein Vampir an seinem Opfer.

Doch Ängste tun weh. Statt sich ihnen zu stellen, geben wir vor, keine Zeit zu haben. Außerdem verfangen wir uns in Kreisläufen, die die Menge der uns zur Verfügung stehenden Zeit und Energie herabsetzt - Kreisläufen wie denen, dass wir in emotional und spirituell vergifteten Jobs oder Beziehungen bleiben und erschöpft oder niedergeschlagen sind, weil wir zehn Stunden mit der Arbeit in einem sinnlosen Job verbracht haben und weitere Stunden mit Telefongesprächen, in denen wir uns beschwerten, dass wir es im Leben zu nichts bringen.

Wenn Sie keine Versagensängste hätten, was würden Sie sich erträumen?

Bis Sie dieses Buch beendet haben, wird die Frage für Sie schon ein alter Hut sein und Ihnen beinahe lächerlich vorkommen! Ängste sind nämlich *genau* der Grund, weshalb Sie Ihre Träume noch nicht verwirklicht haben. Ängste halten Sie davon ab, das Universum und andere Menschen zu bitten, Ihnen bei der Verwirklichung Ihrer Träume zu helfen. Wenn Sie um die Erfüllung Ihrer Träume *bitten,* werden sie auch erfüllt. Es macht nur ein bisschen Angst, um das zu bitten, was man will.

Wenn Sie tatsächlich etwas wollen, nehmen Sie sich immer die Zeit, dafür zu sorgen, dass es auch geschieht. Tun Sie's einfach! Das gilt für alle Ihre augenblicklichen Ziele. Haben Sie Ihre Ängste erst einmal erkannt und ausgeräumt, werden Sie die Zeit finden, alles zu erreichen, was Sie wollen. Sie werden einfach nicht zulassen, dass Ihnen etwas oder jemand im Weg steht!

Was Sie sich merken sollten

- Das Aufschieben Ihrer Ziele verdankt sich Angst und Unentschlossenheit.

- Wenn Sie wirklich etwas wollen, finden Sie immer Zeit, es sich auch zu erfüllen. Haben wir erst einmal Angst und Unentschlossenheit ausgeräumt, bleibt uns mehr Zeit für die Erfüllung unserer Wünsche.

- Das Hochstapler-Phänomen ist ein weit verbreitetes Übel unter Erfolgsmenschen, die insgeheim befürchten, als Schwindler »enttarnt« zu werden, die ihren Status nicht verdient haben.

- Ängste wirken sich nicht nur störend auf die Erreichung von Zielen aus, sie können sich auch selbst erfüllen. Angst und Sorge verursachen mehr Abstürze, als sie verhindern.

- Der erste Schritt, Ängste und Erfolgsblockaden zu beseitigen, besteht darin, sie zu erkennen. Erkennen Sie Ihre Ängste, aber überanalysieren Sie sie nicht. Nicht vergessen: Denken Sie daran, *was* Sie wollen, nicht daran, was Sie *nicht* wollen.

- Achten Sie auf Ihre Ängste und nehmen Sie sie zur Kenntnis, ohne über sie zu urteilen.

- Ängste sind normal. Aber Ängste auszuräumen ist ein gesundes und erstrebenswertes Ziel. Wenn wir die Angst ablegen, wird alles möglich.

6. Geschichten vom Sieg über Zeit und Angst

»Ich muss die Zeit beherrschen und darf nicht von ihr beherrscht werden.«

Golda Meir (1898–1978)
Israelische Ministerpräsidentin

Viele Menschen haben stark verallgemeinernde Überzeugungen davon, »wie der Hase läuft«. Zum Beispiel: »Frauen kommen nicht voran«, »Firmen würden mich nicht befördern, wegen meiner ethnischen Zugehörigkeit«, »Meine Eltern haben mir zu viele negative Botschaften eingetrichtert, die mir immer ein Hemmschuh sein werden« oder »Ich habe keinen Hochschulabschluss, also kann ich unmöglich Erfolg haben.«

Diese Vorstellungen wirken selbsterfüllend, weil Sie schon glauben, das Rennen verloren zu haben, bevor es überhaupt beginnt. Sie versuchen es nicht einmal, oder Sie gehen den Versuch eher halbherzig an.

Im Folgenden finden Sie einige Erfolgsgeschichten, die helfen, die Unbedingtheit dieser Aussagen zu widerlegen.

Einschränkender Glaubenssatz # 1:
»Wie kann ich vorankommen, wenn ich kleine Kinder erziehen muss?«

Glauben Sie, dass Ihre Kinder oder Ihr Lebenspartner Sie blockieren? Wenn Sie diese einengende Überzeugung ablegen, dann zeichnet sich vor Ihnen der Weg zum Erfolg ab, wie es bei Dottie Walters der Fall war:

Nach der Highschool gingen Dotties Freunde alle aufs College. Sie fühlte sich sehr allein, bis ihr die Erkenntnis kam: *Niemand wird mir helfen, aufs College zu kommen. Ich bin auf mich gestellt.* Dottie begann wie besessen Autobiografien zu lesen, und am liebsten war ihr die über Amelia Earhart. Ein Satz, den die Pilotin gesagt hatte, inspirierte sie besonders, und diese Worte trägt sie immer noch in der Brieftasche mit sich:

»Manche von uns haben große Startbahnen, die schon für uns gebaut wurden. Ist das bei dir so, *benutze sie* und starte durch! Wenn du keine Startbahn hast, musst du dir selbst eine bauen.«

Dottie ging aufs College, heiratete und bekam zwei Kinder. Dennoch war sie unglücklich, denn ihr Ehemann und sie hatten Probleme, die Rechnungen zu bezahlen. Dottie hatte es satt, in Armut zu leben! Anfangs verabscheute sie ihren Mann für sein niedriges Einkommen. Natürlich verbesserte ihre Abscheu nichts. »Endlich«, erinnert sie sich, »ergab ich mich. Ich sagte mir: ›In Ordnung, ich nehme die Verantwortung an. Wenn ich meine finanzielle Situation verbessern will, muss ich selbst die nötigen Schritte ergreifen.‹«

Dottie erinnerte sich an Ihren lebenslangen Wunsch, professionell zu schreiben und ging mit beiden Babies im Schlepp zum Büro der ansässigen Zeitung. Vor dem Gebäude stand auf einem großen Schild: »Keine Helfer gesucht«. Ungerührt trat Dotty ein und verlangte unerbittlich, den Verleger zu sehen.

Im Empfangsbereich beschloss Dottie, sollte die Zeitung schlecht bei Kasse war, für den Druck ihrer Kolumne selbst aufzukommen. Sie beabsichtigte, über Läden und Restaurants der

Stadt zu schreiben und sich von den Inhabern ein Honorar dafür zahlen zu lassen, dass sie Informationen über ihr Geschäft in die Zeitung brachte.

Auge in Auge mit dem gepeinigten Verleger unterbreitete ihm Dottie ihren Vorschlag. »Ich habe eine sehr interessante Kolumne, die Sie bringen sollten«, sagte sie zu ihm. »Ich bezahle Ihnen den Platz auf der Seite zum Preis für Großabnehmer und verkaufe ihn an meine Kunden weiter.« Dann ließ Dottie dem Verleger, statt ihn zu fragen, ob das für ihn in Ordnung sei, zwei Möglichkeiten: »Soll ich Sie für die erste Kolumne schon in zwei Wochen oder erst in drei Wochen bezahlen?«

Er antwortete: »In drei Wochen«, was sehr gut war, wenn man bedachte, dass Dottie mittellos war und die zusätzliche Zeit brauchte, um die Ladenbesitzer zu überzeugen, sie zu bezahlen.

Dottie arbeitete Zuhause, während Sie Ihre Familie versorgte. Ihr Geschäft wuchs rasch. Bald beschäftigte sie 285 Personen in vier Büros und hatte viertausend Werbeverträge. Heute leitet Dottie Walters ein erfolgreiches Rednerbüro, ist die Autorin von *Speak and Grow Rich* und bringt eine eigene Kundenzeitschrift heraus. Sie lebt nach dem Motto:

»Schieben Sie Ihren Erfolg nicht hinaus - tun Sie's jetzt!«

Einschränkender Glaubenssatz # 2:
»Frauen werden nicht befördert, weshalb sollte ich es dann versuchen?«

Glauben Sie, eine Frau hält Sie zurück? Legen Sie diese Überzeugung ab, damit Sie so grenzenlose Freude empfinden können wie Patricia Jethalal:

Jeder, der schon einmal in eine andere Stadt oder einen anderen Staat umgezogen ist, weiß den Mut zu würdigen, den die junge Pat Jethalal aufbringen musste, um ganz allein aus ihrem heimischen Südafrika in die Vereinigten Staaten zu ziehen. Aus Geldnot und weil sie gehört hatte, dass amerikanische Vertreter unglaublich gut verdienten, beschloss Pat, Versicherungen zu verkaufen. Damals gab es erst sehr wenige weibliche Versicherungsvertreter.

Pats männliche Kollegen arbeiteten nicht gern mit einer Frau zusammen, und niemand wollte ihr bei der weiteren Schulung helfen. Die einzige Möglichkeit für Pat, noch etwas dazuzulernen, bestand darin, dass sie jeden Mann, der sie zu einem Verkaufstermin mitnahm, mit fünfzig Prozent an ihrer Provision beteiligte. Dennoch wusste sie, dass sie am Ende Gewinn machen würde. Und das tat sie dann auch!

Heute ist Pat Geschäftsführerin bei einer der größten Versicherungsunternehmen der Welt, und fünfundfünfzig Männer und Frauen arbeiten für sie. Sie gehört zu den erfolgreichsten Vertreterinnen des Landes, bezieht ein hohes Einkommen und hat schon mehrere Unternehmerpreise gewonnen.

Pat sagte mir, nach welcher Philosophie sie lebt und arbeitet: »Du kannst erfolgreich sein, wenn du eine Leidenschaft hast. Vertraue deinen Träumen und halte an ihnen fest. Behalte dein Ziel im Auge. Du kannst alles erreichen, was du willst, und es spielt keine Rolle, ob du ein Mann oder eine Frau bist.«

Einschränkender Glaubenssatz # 3:
»Ohne Hochschulabschluss komme ich nicht weiter, also kann ich auch gleich bei meinem derzeitigen Job bleiben.«

Glauben Sie, dass fehlende Bildung Sie zurückhält? Legen Sie diese Überzeugung ab, dann werden sich Ihnen mehr Möglichkeiten eröffnen, wie bei Ruth Ko:

Ruth mit dem rabenschwarzen Haar, die von der Highschool abgegangen war, machte aus ihrer Liebe zum Tanz einen Beruf.

Anfangs war sie Hulatänzerin in Don Hos Truppe. Später arbeitete sie als tahitische Tänzerin in der »Tiki Hut« von Disneyland. Doch Ruth sehnte sich nach einer sinnvollen Arbeit und einem Gehalt, das es ihr erlaubte, endlich die Hypothek auf Ihr Haus abzubezahlen. Also begann sie für ein wöchentliches Einkaufsmagazin Inserate zu aquirieren. Ruth arbeitete hart, wurde Abteilungsleiterin und später sogar Geschäftsführerin. Alles schien großartig zu laufen, bis die Verleger verkündeten, dass die Zeitschrift zum Verkauf stand.

Ruth machte sich Sorgen, ob sie unter dem neuen Verleger ihre Position und ihr Gehalt behalten würde. Sie fand, dass es nur eine Möglichkeit gab, ihre weitere Beschäftigung zu garantieren: die Zeitschrift selbst zu kaufen! Um sie zu erwerben, musste Ruth bei einer Auktion das Höchstgebot abgeben. Ihren Berechnungen nach wären 650.000 Dollar erfolgversprechend, und so atmete Ruth tief durch, hinterlegte bei der Bank ihre Lebensversicherung und nahm eine zweite Hypothek auf ihr Haus auf.

Der einzige andere Bieter war ein Mann, der einen Blick auf Ruth warf und annahm, dass sie viel zu niedrig bieten würde. Doch er unterschätzte sie! Sie gab das Höchstgebot ab, und heute ist Ruth Ko Besitzerin einer der erfolgreichsten regionalen Zeitschriften des Landes. Mit Werbeeinnahmen von annähernd 3,2 Millionen Dollar erreichte Ruth beide Ziele, eine sinnvolle Arbeit zu verrichten und die Hypotheken auf ihr Haus abzubezahlen.

Einschränkender Glaubenssatz # 4:
»Die Geschäftswelt hat Vorurteile gegen Menschen meiner Rasse oder ethnischen Herkunft. Um voranzukommen, muss ich schon ziemlich viel Glück haben!«

Glauben Sie, Ihre Rasse, ethnische Herkunft oder Religion hindert Sie daran, Ihre Ziele zu erreichen? Legen Sie diese Überzeugung ab und beschreiten Sie Wege, die zu größerer Freude und Erfüllung führen, wie Marty Rodriguez es tat:

Marty war das vierte von elf Kindern eines spanischen Haushalts in Südkalifornien. Schon mit zwölf Jahren ging sie nach der Schule putzen und bügeln, um für Lebensmittel, Unterkunft und Kleidung der Familie dazu zu verdienen. Häufig trafen ihre Mutter und sie bei einem neuen Klienten ein, für den sie Hausarbeiten erledigen sollten, nur um abgewiesen zu werden, weil der Hausbesitzer keine Spanier in seinen vier Wänden duldete.

Doch heute wird Marty von Hausbesitzern willkommen geheißen! Sie ist jetzt die erfolgreichste Maklerin bei Century 21 Real Estate unter Männern und Frauen gleichermaßen *auf der ganzen Welt,* ein Titel, den sie drei Jahre in Folge innehatte. Auf dem trägen Immobilienmarkt des Bezirks Los Angeles verkaufte Marty innerhalb von zehn Jahren während einer der schlimmsten Rezessionen der Geschichte mehr als 1200 Häuser und machte einen Nettogewinn von mehr als sechs Millionen Dollar. 1993, im schlechtesten Verkaufsjahr der jüngeren Geschichte des Immobilienmarkts, verkaufte Marty noch immer 173 Häuser und verdiente fast eineinviertel Millionen Dollar. Wie es ihr gelang, alle Rekorde zu brechen und trotz aller Widrigkeiten ihre Träume und Erwartungen zu erfüllen? Im großen und ganzen durch das Universelle Gesetz der Verantwortlichkeit, wie Sie sehen werden.

Als Kind bemühte Marty sich immer darum, in allem die Beste zu sein, einfach weil es sich so gut anfühlte. Als Erwachsene wurde Marty eine erfolgreiche Immobilienmaklerin, indem sie ihre lebenslange Arbeitsethik dazu nutzte, an die Spitze zu kommen. Während des Immobilienbooms in den Achtzigerjahren des vorigen Jahrhunderts verkauften Häuser sich praktisch von selbst. Dann setzte in den Neunzigern die Rezession ein, und der Immobilienmarkt ging in den Keller.

Marty beschloss, im Immobiliengeschäft zu bleiben. Sie verkaufte gern Häuser, und die Baufirma ihres Mannes litt unter der Rezession. Sie brauchten das Geld! Die Antwort war klar: Statt unter der wirtschaftlichen Last zusammenzubrechen, musste Marty sich dahinterklemmen und an die Arbeit gehen!

Marty richtete ihren Zeitplan neu ein, so dass sie sich ausschließlich auf das Erfassen und Verkaufen von Häusern konzentrieren konnte. Sie stellte auch eine Haushälterin ein. Obwohl sie sich diesen Luxus anfangs kaum leisten konnte, erwies sich die zusätzliche Hilfe als beste Investition, die Marty in ihrer beruflichen Laufbahn je getätigt hatte. Sie nahm oft ihre Kinder mit zur Arbeit, damit sie Mamis Bemühungen, der Familie ein besseres Leben zu ermöglichen, verstanden und unterstützten.

Marty hätte aufgeben können, als der Immobilienmarkt eine weitere Talfahrt erlebte. Ihr standen alle möglichen Entschuldigungen für ein Scheitern zur Verfügung. Marty hätte sagen können: »Ich bin eine Frau, ich bin eine Mutter, ich bin eine Ehefrau, ich bin Spanierin, ich entstamme einer armen Familie«, oder sie hätte jede andere Rationalisierung nutzen können, um nicht die Verantwortung für ihr Leben übernehmen zu müssen. Doch Marty betrachtetsich nicht als Opfer und will daran auch nichts ändern. »Ich akzeptiere keine Beschränkungen«, sagt sie. »Man entscheidet selbst, wie das eigene Leben verläuft.«

Marty Rodriguez, dreimalige weltbeste Immobilienmaklerin für Century 21 Real Estate, sieht es so, dass wir für alles in unserem Leben uneingeschränkt selbst verantwortlich sind. In welcher Verfassung Sie und Ihr Leben sich auch gerade befinden mögen – gut, schlecht oder mittelmäßig –, der Grund dafür ist, dass Sie sich so entschieden haben. Das soll keine Verurteilung sein oder ein Versuch, jemandem an seinen Schwierigkeiten im Leben die Schuld zu geben. Dahinter steht das erfreuliche Wissen, dass Sie so gut wie alles in Ihrem Leben selbst bestimmen können.

Einschränkender Glaubenssatz # 5:
»Ich muss die richtigen Leute kennen, um im Leben voranzukommen.«

Glauben Sie, der Erfolg kommt nur zu Menschen, die gute Verbindungen haben? Legen Sie diese Überzeugung ab und erfreuen Sie sich an den grenzenlosen Möglichkeiten, die allen Menschen zur Verfügung stehen, wie Vicki Lansky zeigte:

Vicki Lansky und ihr Mann zogen wegen seines neuen Jobs von Boston, wo sie ihr ganzes Leben verbracht hatten, nach Michigan. Vicki war mit ihrem ersten Kind schwanger. Sie hatte noch nie richtig gearbeitet, und sie hätte nie und nimmer geglaubt, einmal für die Bezahlung ihrer Rechnungen verantwortlich zu sein.

Doch am *Tag* vor dem Termin, an dem das Baby kommen sollte, verlor Vickis Mann seinen Job! Wie sollten sie die Hausrate bezahlen? Viele Frauen an Vickis Stelle hätten aufgegeben und gesagt: »Was soll's? Verkaufen wir eben das Haus und ziehen wieder zu unseren Eltern.«

Doch Vicki beschloss, genug Geld zu verdienen, um ihre Familie unterstützen und die Hypothek bezahlen zu können. Sie wusste nicht genau, *wie* sie an das Geld herankommen sollte. Sie wusste nur, dass es ihr gelingen *würde!*

»Warum schreibe ich nicht ein Kochbuch mit Rezepten für selbstgemachte Babynahrung?«, fragte sich Vicki. Immerhin hatte sie gerade gesehen, wie ihre Kirchengruppe mit dem Verkauf von Rezepten Geld verdient hatte. Also druckte Vicki mit einem armseligen Verlagsbudget tausend Exemplare ihres Kochbuchs für Babynahrung.

Die Kochbücher stapelten sich in der Garage, bis Vickis Mann sie drängte, Werbung dafür zu machen. Halbherzig gab sie ein Exemplar dem Redakteur für Ernährungsfragen einer ortsansässigen Zeitung. Eine weise Entscheidung – er lobte das Kochbuch in seiner Kolumne. In der nächsten Woche bekam Vicki einhundertfünfzig Bestellungen. Das ermutigte sie, weiter für das Buch zu werben, und schließlich verkaufte sie im Eigenverlag mehr als einhunderttausend Exemplare!

Danach verkaufte Vicki die Rechte an den Verlag Bantam Books und ging auf Lesetour. Eine Woche, nachdem sie in der Phil-Donahue-Show aufgetreten war, hatte Vickis Buch *Feed Me, I'm Yours* den ersten Platz auf der Bestsellerliste der *New York Times* eingenommen. Mittlerweile liegt *Feed Me, I'm Yours* in in einer Auflage von mehr als zwei Millionen vor, und alle Bücher von Vicki zusammengenommen haben sich mehr als viermillionen Mal verkauft.

Vicki Lanskys Glaube und Entschlossenheit halfen ihr, ein Wunder zu bewirken. Sie rettete ihr Haus vor der Versteigerung, und ihre Bücher halfen Millionen Eltern. Als die Krise sich vor ihr abzuzeichnen begann, stellte Vicki sich der Herausforderung. Sie sagte sich: »Es liegt an mir, wie sich mein Leben entwickelt.«

Der Erfolg stellt sich sofort ein

Vielleicht ist es Ihnen nicht bewusst, aber in jeder Minute des Tages setzen Sie sich Ziele und erreichen sie auch. Nehmen Sie etwa den Einkauf von Lebensmitteln. Sie schreiben die Lebensmittel, Gewürze und Zutaten, die Sie einkaufen wollen, auf. Danach fahren Sie zum Supermarkt, legen die Waren auf Ihrer Liste in den Einkaufswagen, bezahlen für sie und fahren nach Hause.

Wir halten diesen Vorgang für selbstverständlich. Wenn wir eine Einkaufsliste machen, fragen wir uns nicht: »Was, wenn ich die Artikel auf der Liste gar nicht bekomme? Vielleicht bin ich dafür nicht gebildet, klug oder schlank genug!« Natürlich fragen wir uns das nicht! Wir gehen einfach in den Laden und erwerben die Ware. Wie kommen Sie darauf, dass könnte mit etwas anders sein?

Es ist, als spazierten wir über ein Holzbrett, das flach auf dem Boden liegt. Wir haben keine Angst, darauf entlangzulaufen, weil wir wissen, dass wir nicht hinunterfallen können. Schwebte dasselbe Brett einen Zentimeter über dem Boden, würden wir immer noch vertrauensvoll darauf entlanggehen. Zögen wir es nach und nach höher, würde es irgendwann eine Höhe erreichen, die bei uns Angst und Bestürzung auslöst. Es wäre immer noch dasselbe Brett, aber wir hätten Angst, dass wir hinunterfallen.

Dieser kritische Punkt, an dem Sie sich zu fürchten beginnen, markiert den Augenblick, an dem Sie sich nicht mehr sicher und beschützt fühlen. Vielleicht sind Sie nicht gerade *glücklich* mit Ihrer Ehe, den ständigen Haushaltsarbeiten oder Ihrem Job - aber das alles ist vertraut und voraussehbar. Sie gleichen dem Holzbrett auf dem Boden, und Sie wissen, dass Sie nicht hinunterfallen werden. Folgendes zur Illustration:

Karen gefiel ihre Beziehung mit ihrem ehrgeizlosen, mürrischen Freund nicht, aber wenigstens wusste sie, dass er sie nie für eine andere Frau verlassen würde. Karen fürchtete, dass ein Mann, der ihren Idealvorstellungen entspräche, es nicht lange bei ihr aushalten würde.

Curt mochte seinen Job als Kassierer in einem Kaufhaus nicht, weil er keine Aufstiegschancen bot, aber wenigstens wusste er, dass sein Job sicher war. Er träumte davon, einen eigenen Laden für Autoersatzteile zu haben, fürchtete sich aber vor den Fallstricken der Selbständigkeit.

Karen und Curt hatten beide Angst, den sicheren Schoß des Vertrauten zu verlassen. Es hätte auch ewig so weitergehen können, wären sie damit nicht *kreuzunglücklich* gewesen! Es ist nichts Schlimmes daran, sich sicher und beschützt fühlen zu wollen. Problematisch wird es erst dann, wenn Ihr angenehmes Leben sich gravierend von dem Leben, das Sie sich wünschen, unterscheidet.

Ein wenig Mut zeigen – den Sicherheitskäfig verlassen

»Wenn eine Tür des Glücks sich schließt, tut sich
eine andere auf; doch oft schauen wir so lange
auf die geschlossene Tür, dass wir die nicht sehen,
die sich schon für uns aufgetan hat.«

Helen Keller (1880–1968)

Haben Sie jemals diese Briefbeschwerer mit den durchsichtigen Kuppeln gesehen, diese Dinger, die Sie schütteln, und dann schwirren Schneeflocken um kleine Plastikmenschen und -häuser herum? Wenn Sie daran denken, Ihre Träume wahr zu machen, könnten Sie das Gefühl bekommen, als bebe Ihre Welt wie das Innere dieser Briefbeschwerer. Ich bitte Sie, Ihre Gedanken und Ihren Glauben ein wenig zu strecken. Es ist ein bisschen so, als begänne man ein neues Trainingsprogramm, bei dem Ihre Muskeln anfangs ein wenig schmerzen.

Zerreißen Sie die Hülle Ihres Kokons, damit Sie sich von einer Raupe in einen Schmetterling verwandeln können. Wie? Indem Sie dafür, dass Sie sich in dem Kokon befinden, die volle Verantwortung übernehmen, und auch dafür, dass Sie ihn verlassen. Wir geraten in eine Falle, wenn wir es vermeiden, die Verantwortung für die Zustände in unserem Leben zu übernehmen. Und wir geraten noch tiefer in die Falle, wenn wir anderen die Schuld daran geben, dass es uns an Erfüllung, Erfolg und Glück fehlt.

Carrie gab ihrer afroamerikanische Herkunft die Schuld an Ihrer schlechten finanziellen Situation. Ron gab die Schuld an seinem unkontrollierten Trinken seinem Vater, der ihn missbraucht hatte. Jan gab ihrem arbeitslosen Ehemann die Schuld an ihren schlechten Lebensbedingungen. Aaron gab seinen kleinen Kindern die Schuld daran, ihn so viel Geld zu kosten, dass er es aus Angst vor finanziellen Einbußen nicht wagte, sich einen anderen Job zu suchen.

Indem sie anderen Menschen die Schuld gaben, vermieden es Carrie, Ron, Jan und Aaron, die Verantwortung für ihre Probleme zu übernehmen. Viele Menschen geben anderen die Schuld, statt die Verantwortung für eine Veränderung in ihrem Leben selbst zu tragen. Manche, die anderen die Schuld geben, bekommen sogar noch Beifall gespendet oder werden als arme Opfer der Umstände bemitleidet.

Aber fühlt sich dieser Applaus oder dieses Mitleid gut an? Genügt es, um einen zu erhalten oder zu erfüllen? Mit Mitleid kann man keine Rechnungen bezahlen oder sich ein besseres Haus kaufen, einen anständigen Wagen oder einen größeren Kleiderschrank! Fühlt es sich nicht besser an, das zu tun, wovon Sie wissen, dass Sie es tun müssen?

Tippen Sie sich auf die Schulter!

Wenn Ihnen etwas in Ihrem Leben nicht gefällt, kann nur eine Person das ändern: SIE! Sind das für Sie gute oder beängstigende Neuigkeiten? Es sind eigentlich gute Neuigkeiten, denn das verleiht Ihnen alle Kraft, die Sie brauchen, um die notwendigen Veränderungen durchzuführen. Tippen Sie sich gleich auf die Schulter und geben Sie sich die Erlaubnis zu solchen Veränderungen.

Alle Ziele, Träume, Wünsche und Hoffnungen entsprechen haargenau der Einkaufsliste, von der wir vorhin sprachen. Sie listen einfach auf, was Sie wollen, und dann gehen Sie los und holen es sich! Verantwortung für Erfolg oder Misserfolg zu übernehmen ist keine Last, sondern vielmehr eine befreiende Erfahrung. Studien zeigen, dass Stress von dem Gefühl herrührt, die Kontrolle über seine Zeit und sein Leben verloren zu haben. Sekretärinnen haben mit den höchsten Stresspegel aller Arbeitnehmer überhaupt, weil sie so wenig Kontrolle darüber haben, wie ihre Zeit genutzt wird. Andere Menschen - Vorgesetzte, Kollegen und Kunden - stören Sekretärinnen ständig und bitten sie, mit dem, was sie gerade machen, aufzuhören und eine neue Aufgabe zu übernehmen. Sie sind gestresst, weil sie so wenig Kontrolle oder Macht über ihre Arbeitszeit haben.

Das Wort *Kontrolle* ist für viele negativ besetzt. Doch es gibt zwei Arten von Kontrolle - eine gesunde und eine ungesunde. Die ungesunde Art der Kontrolle ist die, die wir gewöhnlich als negativ betrachten und damit in Verbindung bringen, dass jemand den Boss heraushängen lässt oder andere Menschen, Orte und Dinge manipuliert.

Helene wollte beispielsweise unbedingt, dass ihr Ehemann seine Trinkgewohnheiten ändert. Sie versuchte alles - beklagte sich, kleidete sich verführerisch und drängte ihn, zu Treffen der Anonymen Alkoholiker zu gehen -, doch nichts funktionierte. Helene versuchte etwas zu kontrollieren, was niemand außer ihrem Mann kontrollieren konnte.

Ungesunde Kontrolle erschafft Stress, für die Kontrollierenden wie für alle um sie herum. Manche Menschen versuchen ihre Gefühle der Bestürzung zu kontrollieren, indem sie andere Menschen kontrollieren. Das ist ungesund, weil es zu Beziehungsproblemen führt. Brads Geschichte ist leider typisch für Personen, die diese Art ungesunder Kontrolle an den Tag legen:

Brad hatte schreckliche Angst, dass seine Frau Ella ihn wegen eines anderen Mannes verlassen könnte. Er versuchte seine nagende Eifersucht und seine Verlustängste indirekt zu kontrollieren, indem er aufmerksam über Ellas Zeitplan wachte. Kam sie auch nur zehn Minuten zu spät, entfesselte Brad verbal eine Litanei der Vorwürfe.

Gesunde Kontrolle richtet sich darauf, was Sie ändern *können*. Sie können Ihre Finanzen kontrollieren, die Wahl Ihres oder Ihrer Geliebten, Ihre Lebensumstände, Ihre Berufswahl, Ihre Karriere, Ihren Bildungsstand, Ihr Gewicht, Ihren Freundeskreis... und Ihren Zeitplan. Wenn Sie ihre Aufmerksamkeit darauf richten, diese wichtigen Lebensumstände zu kontrollieren, folgen Sie dem Universellen Gesetz der Verantwortlichkeit. Sie sitzen nun auf dem Fahrersitz Ihres Wagens und sind im Einklang mit den Kräften der Natur um sich herum.

Indem Sie die vollständige Verantwortung für Ihr Leben übernehmen, stecken Sie im Wesentlichen den Schlüssel in das Zündschloss Ihres Lebens, starten Ihren Motor und treten aufs Gaspedal! Ist das nicht aufregend? Dieser wesentliche Schritt legt den Zündschlüssel in Ihre Hände: Übernehmen Sie sofort für jeden Zustand in Ihrem Leben die Verantwortung - ob gut oder schlecht. Dies ist ein erster Schritt, um Ihr Leben dramatisch zum Besseren zu wenden. Dies kann folgendermaßen geschehen:

- Wenn Sie Schulden haben, übernehmen Sie die Verantwortung dafür, aus welchem Grund auch immer, ob begründet oder nicht, entschieden zu haben, einen Kredit aufzunehmen (oder es jemandem erlaubt zu haben).

- Wenn Sie übergewichtig oder nicht in Form sind, übernehmen Sie die Verantwortung dafür, dass Sie zu viel gegessen oder nicht genug trainiert haben.

- Wenn Sie beruflich nicht mehr weiterkommen, übernehmen Sie die Verantwortung dafür, falsche Entscheidungen getroffen, Ihre Fortbildung hinausgeschoben oder es nicht gewagt zu haben, hinsichtlich Ihres Berufs andere wichtige Schritte zu ergreifen.

- Wenn Ihr Terminkalender von sinnlosen Tätigkeiten und Pflichten überquillt, übernehmen Sie die Verantwortung dafür, »ja« gesagt zu haben, als Sie hätten »nein« sagen sollen.

- Wenn Sie mit Ihrem Liebesleben unglücklich sind, übernehmen Sie die Verantwortung für die Wahl, die Sie in Bezug auf Ihren Geliebten oder Partner getroffen haben, oder dafür, dass Sie nicht deutlich zum Ausdruck gebracht haben, welches Verhalten Sie akzeptieren werden und welches nicht.

- Wenn Sie von negativen Menschen umgeben sind, übernehmen Sie die Verantwortung dafür, diese Freunde oder Kollegen in Ihr Leben gezogen zu haben, oder dafür, in diese negative Partnerschaft eingewilligt zu haben.

- Wenn Sie sich krank fühlen, übernehmen Sie die Verantwortung für die Wahl Ihrer Lebensweise und Gedanken, die dazu beigetragen haben, Ihren Zustand zu verschlimmern.

Haben Sie sich erst einmal dem klaren, hellen Licht der Verantwortung für Ihre positiven und negativen Entscheidungen ausgesetzt, können Sie weitermachen und das nächste Mal eine bessere Wahl treffen. Das sind doch großartige Neuigkeiten! Da niemanden die Schuld an Ihrem gegenwärtigen oder früheren Leben trifft, kann auch niemand Sie daran hindern, Ihr Leben zum Besseren zu wenden. Sie hatten schon immer die Kontrolle über Ihr Leben, und Sie werden sie auch weiterhin haben!

Wenn dieses Prinzip Sie ärgert, werfen Sie am besten einen Blick auf Ihre zu Grunde liegenden Überzeugungen und Emotionen. Fragen Sie sich: »Welchem Zweck dient es, seinen Zorn, seinen Groll oder seine Verbitterung gegen wen oder was auch immer aufrechtzuerhalten?« Bringt der Zorn Sie Ihrem Ziel näher, oder entfernt er Sie davon? Höchstwahrscheinlich entfernt der Zorn sie von Ihren entschlossenen Bemühungen, Ihre Ziele zu erreichen. Der Zorn ist also hinderlich und setzt IHNEN zu! Verzeihen Sie sich und allen, denen Sie Schuld gegeben hatten. Lassen Sie den Zorn sofort los.

Obwohl Tisha schon vor vier Jahren von Marcus geschieden worden war, empfand sie noch immer Verbitterung, wenn sie an ihn dachte. Der Streit um das Sorgerecht für ihr Kind hatte Tisha Tausende von Dollar und viele Nächte der Sorge und Angst gekostet. Vier Jahre lang hatte sie sich aufgeregt und völlig ausgelaugt gefühlt, wenn Marcus ihren gemeinsamen Sohn besuchshalber zu sich holte. »Gäbe es nicht Marcus in meinem Leben, *dann* hätte ich die emotionale Kraft, um in meinem Beruf voranzukommen!« Das war Tishas tiefe Überzeugung.

Glücklicherweise erkannte Tisha während der Therapie, dass Marcus nicht plötzlich aus ihrem Leben verschwinden würde. Tisha beschloss, dass Ihr Zorn Ihre wertvolle Zeit und Ihr Selbstvertrauen untergrub. Statt sich auf Marcus zu konzentrieren, richtete Tisha ihre Aufmerksamkeit und ihre Energie nun darauf, ihr und das Leben ihres Sohns zu verbessern.

Die Neid-Blockade

Eine der letzten Blockaden für den Erfolg, über die wir reden wollen, bevor wir zu heilenden Schritten übergehen, ist der »Neid«.

Oft wird Neid mit Eifersucht verwechselt, aber Eifersucht ist normalerweise die Angst, etwas oder jemanden zu verlieren, der uns viel bedeutet, während Neid heißt, dass es einen schmerzt, dies oder jenes nicht zu haben. Beispielsweise könnte man eifersüchtig werden, wenn sich der Partner mit einem attraktiven Vertreter des anderen Geschlechts unterhält. Die Eifersucht rührt von Ängsten her, dass der Partner die andere Person besser finden könnte. Der Eifersüchtige fürchtet, seine Ehe, Partnerschaft oder Liebe zu verlieren.

Jemand könnte Neid empfinden, wenn er eine Person sieht, die scheinbar mehr hat - ein besseres Haus oder Auto, einen besseren Körper oder Job, eine bessere Ehe oder Ausbildung. Die wesentliche Fragen bei Neid lautet: Setze ich dieses Gefühl als Anregung für mich ein oder bildet es eine Blockade?

- Bewundern Sie die gute Figur einer Freundin, die sie durch Aerobics erwarb, und schwören Sie sich, sich selbst in Form zu bringen, oder verfluchen Sie die Freundin insgeheim und meiden Sie sie?
- Bewundern Sie ein schönes Anwesen in dem Wissen, dass auch Sie ein solches Haus besitzen können, wenn Sie das wirklich wollen, oder haben Sie das Gefühl, reiche Menschen sind böse und verschlagen?
- Bewundern Sie den neuen Wagen eines Nachbarn und fühlen sich angeregt, sich selbst nach einem umzuschauen, oder tun Sie das als Angeberei ab?
- Bewundern Sie es, dass Ihr Kollege zur Abendschule geht, und fragen sich, ob Sie nicht ebenfalls aufs College gehen sollten, oder denken Sie verbittert: Klar, dem fällt das leicht; er hat nicht so viele familiäre Verpflichtungen?

Neid ist eindeutig ein zweischneidiges Schwert, das Ihren persönlichen Erfolg blockieren oder anregen kann. Als ich vor einiger Zeit in der Talkshow *Oprah* auftrat und über das Abnehmen sprach, vertrauten die Fernsehproduzenten mir eine interessante Anekdote an. Nachdem Oprah eine Diät aus fettarmer Nahrung in Verbindung mit einem Fitness-Training gemacht hatte, um Gewicht zu verlieren, schrieben viele Zuschauer ihr mit der Bemerkung, wie sehr sie sich doch verändert hätte.

Die Briefe fielen hauptsächlich in zwei Kategorien: jene Zuschauer, die Oprahs neues Gewicht nicht ausstehen konnten und sich beklagten, sie fänden keinen Bezug mehr zu ihr; und jene Zuschauer, die Oprah für ihr erfolgreiches Abnehmen bewunderten. Den Produzenten fiel auf, dass alle negativen Briefeschreiber sich *außerdem* beklagten, nicht abnehmen zu können. Der typische Brief lautete so: »Hätte ich dein Geld, Oprah, könnte ich auch abnehmen. Ich könnte einen Chefkoch anstellen und einen persönlichen Trainer, aber ich habe nicht genug Geld.«

Doch die Briefeschreiber, die sich über Oprahs Erfolge freuten, waren ausnahmslos auch Personen, die sagten, sie habe sie dazu angeregt, ebenfalls abzunehmen.

Studien zeigen, dass die erfolgreichsten Menschen die sind, die von den Siegen anderer angeregt und inspiriert werden. Erfolglose Menschen hingegen fühlen sich durch die Erfolge anderer oft bedroht, als beraubte die erfolgreiche Person die erfolglose einer Gelegenheit.

Achten Sie einmal auf Ihre Gedanken und Gefühle, wenn Sie sich in Gesellschaft erfolgreicher Menschen befinden oder wenn Sie einen Gegenstand oder Zustand sehen, den Sie sich ebenfalls wünschen. Stellen Sie ohne jedes Urteil fest, ob die Leistungen anderer Ihre Hoffnungen beflügeln oder sie ihnen rauben. Schwören Sie sich, alle negativen Reaktionen auf den Erfolg anderer umzuprogrammieren.

Wenn Sie einen Gegenstand (ein Haus, Auto, Kostüm usw.) sehen, das Sie sich wünschen, sagen Sie sich, dass auch Sie es besitzen und sich daran erfreuen können. Sagen Sie sich so etwas wie: »Ist es nicht großartig, dass wir zu einer Zeit und an einen Ort leben, an dem Wohlstand für diese Person, und auch für mich, eine echte Möglichkeit ist?« Sehen Sie ein glücklich verliebtes Paar, freuen Sie sich, als würde es Ihnen das Geschenk der stellvertretenden Liebe machen (was es auch wirklich tut!).

Betrachten Sie die Erfolge anderer als Anregung und Bestätigung dafür, dass auch Sie haben können, was immer Sie wollen. Sagen Sie sich, ohne jede Verbitterung, dass jeder - natürlich auch Sie selbst - es verdient, ein friedliches, freudiges Leben zu führen. Gibt es etwas am Leben eines anderen, das Sie spannend finden, nutzen Sie dieses Gefühl, lassen Sie sich davon motivieren! Seien Sie dankbar, dass die andere Person Ihnen half, Ihre Ziele aufzudecken, so dass Ihnen nun klar ist, was Sie wollen. Wie schon gesagt, zu wissen, was Sie wollen, und zu wissen, dass Sie es auch verdient haben, sind zwei wesentliche Faktoren für die Erfüllung Ihrer Ziele.

Was Sie sich merken sollten

- Ihr Geschlecht, Ihre Herkunft, Ihr Alter, Ihre Rasse, Ihr Glaube und Ihre Bildung setzen Ihnen nur dann Grenzen, wenn Sie glauben, dass sie das können.

- Um zu wachsen, sich zu entwickeln und Erfolg zu haben, ist es oft notwendig, familiäre Situationen und Gewohnheiten hinter sich zu lassen.

- Eifersucht und Neid können verhindern, dass Sie das Leben führen, das Sie sich wünschen.

TEIL DREI

Ein Tagesablauf mit Raum zum Atmen

7. Der Tag hat wirklich genug Stunden

»Liebst Du das Leben?
Dann vertrödele keine Zeit, denn das
ist der Stoff, aus dem das Leben besteht.«

Benjamin Franklin

Hat es den Anschein, als wäre Ihre Zeit knapp bemessen? Hetzen Sie sich den lieben langen Tag ab und erreichen doch nur wenig? Die Lösung ist kein 26-Stunden-Tag, sie besteht in einem realistischen Zeitmanagement und in Strategien, die Ihnen die Kontrolle über Ihren Tagesablauf zurückgeben.

Zeitmanagement ist eigentlich Lebensmanagement. Das heißt, Sie sollen für *alle* Ihre Prioritäten Zeit finden, einschließlich Entspannung, Spaß mit der Familie, spirituelles Wachstum, Fitness, ständige Weiterbildung und Geldverdienst. Puuuh! Klingt die Vorstellung, all dies zu machen, nicht eindrucksvoll? Tja, es wird einige Teile Ihres Zeitplans geben, die durchorganisiert werden müssen. Aber keine Sorge, das betrifft Aktivitäten, die Sie kein bisschen vermissen werden. Wir werfen nur die zeitraubenden, kräftezehrenden Aktivitäten über die Reling Ihres Heißluftballons, damit Sie sich leichter fühlen und höher steigen können.

Erster Schritt: Ihre Prioritäten

Wunscherfüllung beginnt damit, dass Sie Ihre Zeit in den Griff bekommen. Glückliche und erfolgreiche Menschen nutzen ihre Zeit gut, während unzufriedene Menschen ihre Zeit mit hohlen Aktivitäten verschwenden. Unternehmungen von geringer Priorität zehren an Ihrer Selbstachtung und Energie und an Ihrer Begeisterung.

Der erste Schritt, um Ihre Zeit in den Griff zu bekommen, besteht darin, Ihre Prioritäten anzuerkennen und eine Liste zu erstellen. Es gibt nur eine Möglichkeit herauszufinden, ob Sie Ihre Zeit verschwenden, nämlich sich bewusst zu machen, was Ihnen wichtig ist. Prioritäten unterscheiden sich von Zielen. Prioritäten sind übergeordnete Kategorien wie »Gott und Spiritualität«, »persönliche Gesundheit«, »Kinder« und »Geld«. Ziele sind spezielle, detaillierte Vorstellungen, die unter eine übergeordnete Kategorie fallen. Ein Ziel, das unter die Kategorie »Gesundheit« fällt, könnte beispielsweise lauten: »Dreimal die Woche eine halbe Stunde Fitness-Training.«

Viele Menschen haben auch zwei Prioritätenlisten:

1. eine »wahre« Prioritätenliste und
2. eine »Ich sollte eigentlich»-Prioritätenliste.

Diese Personen haben möglicherweise Angst, sich oder anderen einzugestehen, was sie wirklich wollen. Deshalb arbeiten sie auf der Grundlage dessen, was ihrer Meinung nach ihre Priorität sein »sollte«. Die wahre Priorität meiner Klientin Becky waren »Kinder«. Sie wollte liebend gern eine Familie gründen und zu Hause bei den Kindern bleiben. Doch sie hatte den Eindruck, ihre Priorität sei »nicht richtig« und dass sie vielmehr ihrem Beruf nachgehen und Geld verdienen »sollte«.

Wenn wir eine wahre und eine falsche Prioritätenliste haben, sind die natürlichen Ergebnisse Stress und Verwirrung. Es ist, als hätten Sie einen Fuß auf dem Gaspedal und den anderen auf der Bremse, während Sie versuchen Auto zu fahren. Woher sollte Becky wissen, was auf ihren Listen wirklich Vorrang hatte? Gibt man Kindern den Vorrang, muss man schließlich anders handeln, als wenn man dem Beruf den Vorrang gibt.

Einige meiner Klienten stellten fest, dass sie zwei Prioritätenlisten hatten, weil sie ihren Eltern gefallen wollten. Beispielsweise war Tonys oberste Priorität auf der »Ich sollte eigentlich»-Liste, seinen Abschluss als Anwalt zu machen (auf der Prioritätenliste, die seine Eltern für ihn aufgestellt hatten), und auf seiner »wahren« Liste hatte es für Tony oberste Priorität, ein Haus auf dem Land zu kaufen. Als er sich um Rat an mich wandte, war Tony verständlicherweise verwirrt.

Es ist unerlässlich, dass Sie Ihren Bauchgefühlen folgen, wenn Sie entscheiden, wo Ihre wahren Prioritäten liegen. Sind Sie unentschlossen, dann probieren Sie doch einfach mental verschiedene Szenarien aus und schauen, welches Ihnen die meiste Seelenruhe bringt. Wenn Sie Ihrer natürlichen Neigung zu Frieden und Weiterentwicklung folgen, können Sie sicher sein, dass es sich dabei um gottgegebene Weisungen handelt, die Ihre göttliche Bestimmung bilden. Vertrauen Sie darauf, dass Er Ihnen keinen Auftrag geben würde, ohne Sie mit genug Zeit, Geld und Talent zu versehen, um den Plan auch umsetzen zu können.

Nachstehend finden Sie einige Zeilen, in die Sie ihre fünf *wahrsten* Prioritäten eintragen können. Sie werden sich diese Liste sicher alle paar Monate wieder vornehmen und vielleicht auf den neuesten Stand bringen wollen. Behalten Sie die Liste im Kopf, dann vergessen Sie nicht, wie Sie die selbst geschaffene freie Zeit verbringen sollten.

Meine wahren Prioritäten

1. אלינה וקירה
2. ליאנדרו, משחק/שירה
3. רומנים - עין-הוד,,,יוגה
4. משפחה וחברים
5. הבית

Zweiter Schritt: die Bestandsaufnahme der Zeit

Der nächste Schritt, um Ihre Zeit in den Griff zu bekommen, besteht darin, eine Bestandsaufnahme zu machen, die Ihnen Klarheit darüber verschafft, wofür Sie Ihre Zeit im Augenblick verwenden. Dazu sollten Sie ein kleines Notizbuch bei sich tragen, in das Sie eine stundenweise Aufstellung Ihrer Aktivitäten für eine ganze Woche eintragen. Sie könnte folgendermaßen aussehen:

SAMSTAG

11:00 -	Haus geputzt
12:00 -	Lebensmittel einkaufen gegangen
13:00 -	Mit Sue geschwatzt
14:00 -	Brief an Mom geschrieben
15:00 -	ferngesehen

Diese Übung habe ich das erste Mal in einem studentischen Psychologieseminar über »Tod und Sterben« gemacht. Die Bestandsaufnahme machte mir deutlich, wie begrenzt meine Zeit auf Erden ist und dass ich, wenn ich meine Ziele alle noch erreichen will, am besten gleich damit anfange. Ich möchte Sie bitten, es einmal mit dieser Übung zu versuchen, dann werden Sie feststellen, dass sie Ihnen wirklich einen enormen Motivationsschub verleiht.

Übrigens können Sie dabei Ihre Intuition auch gleich fragen, wie alt Sie werden. Wenn ich meinen Bauch frage, »Wie alt werde ich?«, bekomme ich zur Antwort: »Zweiundachtzig.« Auch alle anderen, denen ich diesen Hinweis gab, konnten ihrer Intuition eine Zahl entlocken. Es ist sehr motivierend zu wissen, wie lange Sie leben werden, weil Sie dann wissen, wie viele Jahre Ihnen noch bleiben, um Ihren göttlichen Auftrag zu erfüllen.

Wenn Sie Ihre Bestandsaufnahme abgeschlossen und durchgesehen haben, werden Ihnen wahrscheinlich viele Aktivitäten auffallen, die nur Zeit kosten und Ihren Zielen und Wünschen entgegenwirken. Beschließen Sie, alle fruchtlosen Abschnitte ihres Zeitplans noch heute zu ändern! Das bedeutet nicht, dass

Sie zu einem Workaholic werden müssen, denn Zeit für die Familie und Ihre Entspannung hat bei Ihnen wahrscheinlich ohnehin oberste Priorität. Es bedeutet nur, mit solchen zeitraubenden Tätigkeiten aufzuhören, wie die ganze Zeitung zu lesen, sinnlose Telefonate zu führen oder sich Fernsehshows anzusehen, die Sie gar nicht interessieren.

Dritter Schritt: eine Verpflichtung eingehen

Nun, da Sie sich Ihrer Prioritäten und Ihres Zeitplans bewusst geworden sind, wird es Zeit, ein Abkommen mit sich zu treffen. Der Unterschied zwischen einem Ziel und einem bloßen Wunsch besteht nämlich in der Verpflichtung:

> Sie *nehmen sich vor,* ein Ziel zu erreichen.
> Sie *hoffen,* dass sich ein Wunsch erfüllt.

Sehen Sie den Unterschied? Kein Wunder, dass Ziele zu Ergebnissen führen, während bloße Wünsche ständig unerfüllt durch unser Leben geistern.

Nichts wird geschehen, solange Sie sich nicht *vornehmen,* etwas zu manifestieren. In Teil eins des Buchs haben wir uns den Blockaden gestellt, die Sie an Ihren Fähigkeiten zweifeln ließen und daran, ob Sie es überhaupt wert sind, Ihre Ziele zu erreichen. Wir haben uns mit der Gewohnheit beschäftigt, etwas aufzuschieben, und Sie haben von der Wichtigkeit gelesen, sich selbst die Erlaubnis zu geben, Veränderungen in Ihrem Leben vorzunehmen, damit Sie Ihre Ziele erreichen können.

Nun steht Ihnen nichts mehr im Weg, also lassen Sie Ihren göttlichen Auftrag und die damit einhergehenden Ziele und Prioritäten wahr werden. Sie werden sie wirklich und wahrhaftig in die Realität umsetzen!

Ich habe festgestellt, dass viele Menschen besser darin sind, Versprechen zu halten, die sie anderen gegeben haben, als solchen, die sie sich selbst geben. Das ist einer der Gründe, weshalb die Menschen sagen: »Ich fange mit meiner Diät gleich nächsten Montag an«, und dann vergeht der Montag, und sie verschieben Ihr Ziel auf die folgende Woche. Das ist eine ganz natürliche menschliche Neigung, und statt sie zu bekämpfen, werden wir für Sie persönlichen Nutzen daraus ziehen.

Auf der nächsten Seite finden Sie den *Vordruck einer »festen Verpflichtung«*. Sie sollten ihn fotokopieren. Füllen Sie den Vordruck aus, unterzeichnen Sie ihn und schreiben Sie das Datum darunter, dann hängen Sie ihn an einer gut sichtbaren Stelle auf, zum Beispiel an einem Badezimmerspiegel, dem Armaturenbrett Ihres Autos, einer Magnettafel in der Küche oder an der Kühlschranktür - irgendwo, wo sie ihn ein- oder zweimal am Tag sehen werden. Wenn es Ihnen Probleme bereitet, dass andere den Vordruck zu Gesicht bekommen, legen Sie ihn an einen privaten Ort, wo Sie ihn täglich sehen, in Ihre Handtasche, Brieftasche, Aktentasche oder eine Schublade in Ihrem Bad.

Erklärung über meine feste Verpflichtung

Ich, ____ ,

will unbedingt und mit sofortiger Wirkung mein Leben zum Besseren wenden. Ich erkläre hiermit, dass mir die folgenden Prioritäten wichtig sind, und dass ich nun beschließe, meine Zeit für die Erfüllung dieser Prioritäten aufzuwenden:

1. ____

2. ____

3. ____

4. ____

5. ____

Ich weiß, dass meine mentale, körperliche, spirituelle, finanzielle und familiäre Gesundheit davon abhängt, dass ich ein glückliches Leben voller Elan führe. Ich weiß auch, dass ich fröhlicher und inspirierter sein werde, wenn ich immer Zeit für die Erfüllung meiner Prioritäten habe. Außerdem weiß ich, dass ich eine Aufgabe zu erfüllen habe und dass meine Prioritäten die Grundlage zur Erfüllung dieser Aufgabe bilden. Ich vertraue darauf, dass ich durch die vorliegende Erklärung meiner festen Verpflichtung ausreichend Zeit, Geld, Talent und Unterstützung für die Erfüllung meiner Wünsche bekomme. Dazu brauche ich nur Vertrauen aufzubringen und auf meine Prioritäten zu achten.

Unterschrift:

____

Datum:

____

Was ist Ihnen wichtig?

Die meisten Menschen sind fleißig, aber nur wenige fühlen sich zufrieden und erfolgreich. Wenn wir ohnehin Leistungen erbringen, macht es Sinn, unsere Energien so zu bündeln, dass sie uns und unseren Familien auch Zufriedenheit bringen. Eine kleine Veränderung, um die folgenden vier Gewohnheiten des Erfolgs anzunehmen, kann den ganzen Unterschied zwischen hektischem Elend und begeistertem Glück ausmachen.

Vier Eigenschaften glücklicher, erfolgreicher Menschen

1. Für sie zählen Ergebnisse.

Glückliche und erfolgreiche Menschen messen den effektiven Einsatz von Zeit an den Ergebnissen Ihrer Bemühungen. Unzufriedene Menschen verweisen nur darauf, wie fleißig und hart sie gearbeitet haben, oder flüchten sich in Entschuldigungen, warum sie nicht mehr erreicht haben.

2. Sie kennen den Wert ihrer Zeit.

Glückliche und erfolgreiche Menschen fragen sich ständig: »Welchen größtmöglichen Nutzen kann ich gerade jetzt aus meiner Zeit ziehen?« Sie erledigen nie etwas, das zweitrangige Bedeutung hat, wenn etwas von höherer Priorität noch nicht erledigt ist. Diese Siegertypen wissen auch, wie man Zeitverschwendung erkennt und damit umgeht, zum Beispiel unnötigen Besprechungen, unangemeldeten Besuchern, dem Lesen der ganzen

Zeitung, dem täglichen Einkauf der Lebensmittel, übermäßigem Engagement, Aufschieben und Krisenmanagement. Wenn jemand sie bittet, etwas zu tun, was nicht zur Erreichung ihrer wichtigsten Ziele beiträgt, haben sie die innere Kraft und Festigkeit, »nein!« zu sagen.

3. Sie kennen ihre Prioritäten.

Erfolgreiche, glückliche Menschen kennen ihre Prioritäten. Jeden Tag fragen sie sich: »Was muss ich heute tun, um der Erreichung meiner Ziele näherzukommen?« Sie verschwenden keine Arbeitszeit mit Büropolitik oder Gerüchten, weil sie sich ganz auf die Erfüllung ihrer Prioritäten konzentrieren. Sie verstehen, wie wichtig es ist, sich uneingeschränkt auf Projekte zu konzentrieren, die den höchsten emotionalen, spirituellen und finanziellen Gewinn erzielen.

4. Effektivität.

Höchste Aufmerksamkeit während des Arbeitstags bringt immer positive Ergebnisse. Als Erstes erfüllen diese glücklichen, erfolgreichen Menschen ihre Prioritäten und beziehen daraus ihren emotionalen, finanziellen und beruflichen Lohn, dann lassen sie die Arbeit mit gutem Gewissen ruhen, weil sie wissen, dass sie einen produktiven Tag hinter sich haben. Ihre Energie ist hoch und Ihr Terminkalender nicht zu voll, so dass ihnen Zeit für Fitness-Training und Entspannung bleibt und um sich an ihrer Familie zu erfreuen. Sie wissen um die Wahrheit dieser Offenbarung: *Du musst nicht mehr tun, um Erfolg zu haben; du musst nur mehr Zeit für Aktivitäten aufwenden, die dir Nutzen bringen, als für solche, die bedeutungslos sind.*

Halten Sie an Ihren Prioritäten fest

Sie werden feststellen, dass Sie bei jedem Schritt, den Sie sich auf die Erfüllung Ihrer Ziele zu bewegen, in Hochstimmung sind. Andererseits werden Sie sich an jedem Tag, an dem Sie nichts Wichtiges für sich geleistet haben, erschöpft, frustriert und niedergeschlagen fühlen.

Es entbehrt nicht einer gewissen Tragik, dass gerade die Projekte, die uns am Wertvollsten erscheinen, am schwierigsten anzufangen sind. Doch haben wir erst einmal ein wichtiges Projekt abgeschlossen, entfesselt das größere Begeisterung in uns, als wenn wir an einer Million belangloser Aufgaben gearbeitet hätten!

Der einfache Vorgang des Niederschreibens Ihrer Ziele, wie in Kapitel drei vorgestellt, verleiht Ihnen schon mehr Energie und eine höhere Selbstachtung als alles andere, was Sie hätten tun können. Sie werden sich sogar noch besser fühlen, wenn Sie zehn Minuten täglich der Erreichung dieser Ziele widmen. Im Gegenzug werden Sie sich erschöpft, gelangweilt und deprimiert fühlen, wenn Sie an etwas arbeiten, dass Sie nicht besonders interessiert.

Um an Ihren Prioritäten festzuhalten, sollten Sie sie sich jeden Morgen ansehen und sich fragen: »Was kann ich heute tun, was mich der Erreichung meiner Ziele noch näher bringt?« In jedem Moment arbeiten Sie entweder an etwas Wertvollem (und noch einmal, das schließt auch die Ziele Entspannung und freie Zeit mit ein), oder Sie befassen sich mit etwas Belanglosem.

Eine der wichtigsten Gewohnheiten, die Sie annehmen können und die garantiert Erfolg verspricht, besteht darin, *Ihre Prioritäten täglich zu überprüfen!* Fragen Sie sich jeden Morgen, statt Ihre Zeit damit zu verschwenden, die Rückseite von Müslipackungen zu lesen, ein großes Frühstück zu sich zu nehmen oder fernzusehen: »Was kann ich heute tun, das mir hilft, meine oberste Priorität zu erfüllen?« Dann schreiben Sie die genauen Schritte auf, die Sie gehen werden, um sie während dieses Tages einzulösen. Machen Sie sich eine Liste, dann können Sie die einzelnen Aufgaben durchstreichen, wenn sie erfüllt sind.

Dr. Dava Gerard, eine berühmte Ärztin, deren Priorität darin bestand, Brustkrebs zu heilen, schreibt ihren beruflichen und persönlichen Erfolg ihrer täglichen Gewohnheit der organisierten Zielsetzung zu. »Wenn ich an ein Ziel denke, schreibe ich es auf«, erklärt sie, »auf diese Weise geht es mir nicht mehr im Kopf herum.«

Jeden Morgen schreibt Dr. Gerard ihre Ziele für den Tag auf. »Wer seine langfristigen Ziele täglich überprüft, wird immer belohnt«, lautet ihr Rat. »Versäumen Sie nicht, Prioritäten zu setzen, und erledigen Sie nicht nur die einfachen Sachen auf Ihrer Zielliste. Treiben Sie sich auch zu der harten Arbeit an, die notwendig ist, um das zu erreichen, was Sie sich wünschen.«

Sehen Sie zu, dass Sie an Ihren wichtigsten Prioritäten arbeiten, bevor Sie sich mit belangloseren Aufgaben befassen. Wenn das bedeutet, früher aufzustehen, tun Sie es. Viele Menschen vermeiden es, an den Zielen zu arbeiten, die ihnen persönlich am Wichtigsten sind, oder schieben es hinaus. Sie fürchten sich – fürchten das Scheitern, fürchten den Erfolg, fürchten, sich lächerlich zu machen. Doch diese größeren Projekte erledigen sich nicht von selbst. Wenn wir nicht an ihnen arbeiten, plagt uns unsere innere Führung und übt Druck auf uns aus, damit wir in die Gänge kommen. Die Stimme der inneren Führung – die unsere wahre Aufgabe und unsere Bestimmung im Leben kennt – hört erst auf, uns zu plagen, wenn wir an unseren Prioritäten arbeiten. Die glücklichsten, erfolgreichsten Menschen verstehen dieses Konzept und entwickeln die Gewohnheit, das Wichtigste zuerst zu erledigen.

Organisierte Zielsetzung unter Verwendung lang- und kurzfristiger Strategien, die auf die hier geschilderte Weise aufgeschrieben werden, nimmt auch sehr viel Angst. Es ist so viel einfacher, sich einer großen Leistung in kleinen Schritten zu nähern, als sich von einem scheinbar gewaltigen Ziel überwältigt zu fühlen.

Gehen Sie jeden Tag einen Schritt auf Ihr Ziel zu, dann werden Ihre Träume rasch wahr werden.

Die meisten Menschen stellen fest, dass Ihre niedergeschriebenen Ziele sehr viel schneller Realität werden, als sie erwartet hatten. Schon die bloße Tätigkeit, dass Sie ein Ziel niederschreiben, verleiht Ihnen eine Konzentration und Energie, die dieses Ziel veranlasst, mit Turbogeschwindigkeit auf sie zuzurasen.

Eine Maklerin namens Karen, die ich durch meine Arbeit kenne, stellte während des größten Tiefs, das der Immobilienmarkt jemals erlebt hatte, Verkaufsrekorde auf. Karen sagt, dass ihre Gewohnheit, lang- und kurzfristige Ziele aufzuschreiben, immer sofort Ergebnisse für sie erschafft. »Letztes Jahr«, meinte sie zu mir, »habe ich mein Einkommensziel erreicht, das ich mir vor zwei Jahren setzte: innerhalb von drei Monaten eine Provision von einer Viertel Million Dollar zu verdienen.«

Sie brauchen nicht mehr zu tun, als Sie ohnehin schon tun, um das Leben Ihrer Träume zu erschaffen. Sie brauchen nur *wertvolle Aktivitäten* - die Handlungen, die Sie Ihren Zielen näherbringen - von *unwichtigen Aktivitäten* zu trennen - solchen Handlungen, die Sie von Ihren Zielen entfernen. Eine supererfolgreiche und glückliche Person verbringt die meiste Zeit mit wertvollen Aktivitäten und sehr wenig (oder gar keine) Zeit mit unwichtigen Aktivitäten. Bevor diese Person handelt, fragt sie sich unablässig: »Bringt diese Aktivität mich meinen Zielen näher, oder entfernt sie mich von ihnen?«

Vicki Lansky, die Bestseller-Autorin von Kochbüchern über Babynahrung, der wir in Kapitel sechs begegneten, hat ein Schild auf ihrem Schreibtisch, das dafür sorgt, dass ihre Aufmerksamkeit immer auf ihre Prioritäten gerichtet bleibt: *»Was ich heute mache, ist wichtig, denn ich tausche es gegen einen Tag meines Lebens ein.«*

Zeitdruck und Stress

Die Hauptursache von Stress bei der Arbeit ist das Gefühl, seine Zeit nicht unter Kontrolle zu haben. Wie schon erwähnt zeigen Untersuchungen, dass beispielsweise Sekretärinnen mehr Stress als ihre Vorgesetzten ausgesetzt sind, weil sie nicht die Kontrolle über ihren Arbeitsablauf haben und auch nicht immer vorhersagen können, was sie als Nächstes tun werden. Eine Studie, die 1990 an der Cornell University durchgeführt wurde, kommt zu dem Schluss, dass Jobs, die hohe Verantwortung mit geringer Autonomie verbinden, dreimal wahrscheinlicher zu Bluthochdruck führen, als Jobs, die entweder eine gewisse Autonomie oder weniger Verantwortung mit sich bringen.

Symptome von Stress, wie Rücken- oder Nackenschmerzen, Zwangshandlungen, Geistesabwesenheit, Abwehrhaltung, Erschöpfung und Schlaflosigkeit, sind Hinweise darauf, dass etwas nicht stimmt. Statt diese Hinweise zu ignorieren, handeln erfolgreiche und glückliche Menschen. Sie suchen sich entweder einen neuen Job oder führen in ihrem gegenwärtigen Job Veränderungen herbei, um den Stresspegel zu verringern. Wenn Sie mit einer Aktivität befasst sind, die Ihnen sinnvoller erscheint, reduziert das unwillkürlich die negativen Auswirkungen des Arbeitsstresses.

Wir alle wissen, wie wichtig Körperübungen, gesunder Schlaf und Ernährung für den Umgang mit Stress sind. Doch unzufriedene Menschen, die sich oft gestresst fühlen, machen keine regelmäßigen Übungen, sie essen oder trinken zu viel. Glückliche, erfolgreiche Menschen sind sich Ihrer Prioritäten und Zeitabläufe ständig bewusst und achten auf ihren Körper. Sie betrachten Fitness-Übungen und gesunde Gewohnheiten als Notwendigkeit, nicht als gelegentlichen Luxus, und flüchten sich auch nicht in Entschuldigungen oder empfinden Schuldgefühle, wenn sie sich Zeit nehmen, um ihren Körper zu trainieren. Diese Verpflichtung gegenüber einer gesunden Lebensweise bringt eine positive Einstellung sowie die Energie, die erforderlich ist, um mit den Herausforderungen des Lebens klarzukommen.

Kein Leben auf der Überholspur mehr

In den Achtzigerjahren des vorigen Jahrhunderts waren viele von uns ein Opfer des Einkaufsrauschs. Wir häuften Autos, Geräte und anderen Überfluss an - und kauften oft auf Kredit. Es war so einfach, sich dem Taumel des Materialismus hinzugeben, angetrieben von Adrenalin und Konkurrenzdenken. Die meisten von uns glaubten, wir würden eine Art Glück finden, wenn wir in unseren teuren Importautos zum Ende des Regenbogens führen.

Heute ist uns bewusst, wie schal dieses Leben auf der Überholspur war. Nun wünschen wir uns mehr Zeit für sinnvolle Unternehmungen. Wir sind nicht länger bereit, Zeit mit unseren Kindern oder Lebensgefährten zu opfern. Dennoch fühlen sich viele Menschen durch zu geringe Budgets und beträchtliche Zeitnot unter Druck gesetzt. Wir haben zwar wieder mehr Familienwerte entdeckt, aber die Hypothek und die Stromrechnungen schreien immer noch: »Bezahl mich!« Wir sind uns auch schmerzlich der Notwendigkeit ständigen Fitness-Trainings bewusst und durchforsten den Tag gewissenhaft nach einer Extrastunde für einen Yogakurs oder ein Tennismatch.

Geld kann kein Glück erkaufen, aber es bleibt eine Tatsache, dass unter Personen mit höherem Einkommen in Amerika die Scheidungsrate und Selbstmordquote geringer ausfällt. Dass es reichen Menschen schlecht ginge, ist die größte Lüge, die je erzählt wurde! Schließlich kann man sich mit Wohlstand Zeit für seine Familie erkaufen, die Freiheit, seinen Beruf zu wechseln, eine bessere Gesundheitsversorgung, Bildung für sich und seine Kinder, bequeme Autos und ein Haus in einem sicheren Viertel.

Dabei besteht ein großer Unterschied zwischen der Anhäufung materieller Güter auf Kredit und finanzieller Sicherheit und Unabhängigkeit. Es gibt wirklich eine Alternative zu den Ausschweifungen der Achtzigerjahre des vorigen Jahrhunderts und der zu knappen Zeit und den zu engen Budgets der Neunzigerjahre!

Glücklicherweise zeigen Untersuchungen, dass man seinen Erfolg nicht zu opfern braucht, um sich eines erfüllten häuslichen und Familienlebens zu erfreuen. Die erfolgreichsten und glücklichsten Menschen, die ich kenne, benutzen ihre Zeit zwischen neun und siebzehn Uhr, um ihrer Intuition zu folgen, die ihnen beruflich die Richtung weist. Diese Menschen haben Geld und Glück im Überfluss, weil sie sich der Führung ihrer Intuition überlassen haben. Sie nutzen den ganzen Arbeitstag für die Erfüllung ihres göttlichen Auftrags, und so wird ihren Prioritäten entsprechend viel Aufmerksamkeit entgegengebracht.

Unglückliche Menschen wiederum fühlen sich überfordert und unterbezahlt, weil sie ihren Tagesablauf nicht im Griff haben. Unnötige Treffen, Konferenzen und Telefonate kosten sie jeden Tag eine schwindelerregende Anzahl von Stunden. Kein Wunder, dass sie sich nicht um ihre Prioritäten kümmern können und verzweifelt aufschreien: »Der Tag hat nicht genug Stunden!« Der Druck unerfüllter Träume raubt ihnen Energie und Selbstvertrauen.

Die glücklichsten Menschen, denen ich begegnet bin, verschwenden nicht eine Minute ihrer Arbeitszeit. Deshalb fühlen sie sich, statt besorgt und entmutigt über die unerledigte Arbeit nach Hause zu kommen, energiegeladen durch die Leistungen des Tages. Superfrauen und Supermänner? Nein, einfach nur superorganisierte und konzentriert vorgehende Frauen und Männer. Das verbirgt sich hinter der Formulierung »fruchtbares Arbeiten«. Statt darauf zu schauen, ob das Budget noch einen Dollar hergibt, sind Menschen, die fruchtbar arbeiten, jede Minute produktiv (ohne deshalb Workaholics zu werden).

Wenn wir unsere Arbeit nicht beenden, solange wir noch im Büro sind, hat das gewöhnlich eine von drei Folgen:

1. Die Arbeit wird während einer Zeit beendet, die auf sinnvollere Weise verbracht werden könnte, etwa durch Entspannung in der Familie, Fitness-Training, Abendkurs oder Meditation.

2. Die berufliche Laufbahn stagniert; oder es kommt zu Kurzarbeit, Herabstufungen und Rausschmissen.

3. Niedrige Löhne und nicht zueinander passende Berufe führen zu persönlicher Unzufriedenheit.

Keine dieser Möglichkeiten ist besonders erstrebenswert, nicht wahr? Glücklicherweise lassen sie sich, wenn wir uns bei der Arbeit konzentrieren und Prioritäten setzen, von Anfang an vermeiden. Sie brauchen auf dem Weg zum Erfolg die familiäre und persönliche Erfüllung nicht zu opfern. Anhaltender Erfolg ist ohnehin erst möglich, wenn Sie innere Harmonie gefunden haben.

Schauen Sie nicht nach unten!

Wenn Sie genau festgelegt haben, was Sie eigentlich wollen, und überzeugt sind, dass nichts Ihnen den Weg verstellen wird, werden Sie einen dramatischen Anstieg an Selbstvertrauen und Elan erleben. Wie durch Zauberhand werden sich Möglichkeiten eröffnen, und es wird zu erstaunlichen Zusammentreffen kommen.

Aber haben Sie erst einmal Fahrt aufgenommen, ist es wichtig, dass Sie auch bleiben. Lassen Sie sich durch Ihre neue Vorwärtsbewegung nicht in Angst versetzen. Lesen Sie noch einmal Teil eins dieses Buches, wenn Sie sich bei dem Gedanken ertappen: »O nein! Mein Ziel wird wahr, und das macht mir Angst!«

Schauen Sie während Ihres Aufstiegs nicht nach unten, sonst könnten Sie Ihr Gleichgewicht verlieren.

Was Sie sich merken sollten

- Die glücklichsten, erfolgreichsten Menschen haben alle ihre Zeitabläufe im Griff und schaffen Zeit für Entspannung, körperliche Ertüchtigung und Beziehungen.

- Zu den drei Schritten, um ihre Zeit in den Griff zu bekommen, gehört, dass Sie eine Prioritätenliste erstellen, eine Bestandsaufnahme Ihrer Zeit machen und die feste Verpflichtung eingehen, Ihre Ziele zu erfüllen.

- Stress bei der Arbeit rührt daher, dass Ihr Zeitplan aus dem Ruder gelaufen ist.

- Wenn Sie mehr Ihrer Ziele erreichen wollen, verbringen Sie mehr Zeit mit wertvollen Aktivitäten und weniger Zeit mit belanglosen.

- Es ist wichtig, sich während der Arbeitszeit darauf zu konzentrieren, die gewünschten Ergebnisse zu erreichen, damit Sie Ihre Freizeit genießen können.

- Lassen Sie nicht zu, dass Ihre neuen Erfolge Sie in Angst versetzen.

8. Die zehn häufigsten Zeitverschwendungen

»Am liebsten würde mit dem Hut in der Hand
an einer belebten Straßenecke stehen und
die Leute bitten, mir all ihre vergeudeten
Stunden zuzuwerfen.«

Bernhard Berenson (1865-1959)
Amerikanischer Historiker

Sie haben wahrscheinlich schon von der alten Maxime gehört: »Die Ausgaben erreichen immer die Höhe Ihres Einkommens.« Bekommt jemand beispielsweise eine Gehaltserhöhung von 5000 Dollar, kauft er sich sofort einen neuen, teureren Wagen.

Tja, mit unseren Zeitplänen ist das nicht viel anders. Wenn Sie ihre genauen Träume und Ziele ausgearbeitet haben, haben Sie sich im Grunde eine »Zeiterhöhung« gegeben. Sie werden jetzt etwas mehr Raum zum Atmen in Ihrem Ablaufplan haben. Die Frage ist, werden Ihre »Zeitausgaben« nun die Ebene Ihres neuen Plans erreichen? Mit anderen Worten, werden Sie es zulassen, dass neue Zeitverschwendungen Sie wieder der Zeit berauben, die Sie für die Erreichung Ihrer Ziele aufgewendet haben?

So wie Sie Hunderte von Dollar für überflüssige Einkäufe verplempern können, ist es auch ganz einfach, zahllose Stunden zu verschwenden, ohne zu wissen, dass Sie sie in sinnvolle Aktivitäten investieren könnten.

Berauben Sie sich nicht der kostbaren Gelegenheiten, die den Unterschied zwischen Gesundheit und Krankheit, zwischen Familienharmonie und Streit und zwischen finanzieller Sicherheit und spannungsgeladener Unsicherheit bedeuten können. Denken Sie daran: Es ist Ihre Zeit. Sie entscheiden, wie Sie sie einsetzen wollen!

Zeiträuber

Ich hatte ein dramatisches Erlebnis, das mich daran erinnerte, wie sehr ich die Verantwortung für mein Leben trage. Mehrere Monate lang war ich frustriert, weil ich zwanzig bis fünfzig Anrufe am Tag von Leuten bekam, die meine Hilfe suchten. Nun, gegen Anrufe von Personen, die sich als Klienten um Hilfe an mich wenden, hatte ich - und habe ich noch immer - nichts. Was mich störte, waren die Anrufe von Personen, die meinen kostenlosen Rat haben wollten, wie sie mehr Geld verdienen konnten. Es waren sozusagen Kollegen, nicht Freunde, die mich um Führung baten, damit sich ihr Einkommen erhöhte.

Als erklärter Profi in Hilfsangelegenheiten gab ich natürlich jedem dieser Anrufer einen Rat. Aber einige der Personen begannen, gewohnheitsmäßig ihren Vorteil aus meiner Großzügigkeit zu ziehen. Sie riefen mich zweimal die Woche an, nur um sich darüber zu beschweren, wie pleite sie waren. Sie schilderten mir mehrere Pläne, um an Geld zu kommen, und listeten dann die Gründe auf, weshalb sie nicht funktionierten. Diese Männer und Frauen waren anscheinend überhaupt nicht daran interessiert, ihre Lage konkret zu verbessern; sie wollten nur ein mitleidiges Ohr.

Ich fühlte mich ausgenutzt. Ich war mir nicht sicher, wie ich mit der Situation umgehen sollte, und hatte den Eindruck, gefangen zu sein zwischen meiner Priorität, den Leuten zu helfen, und der, mich um meine Bedürfnisse und die meiner Familie zu kümmern. Da saß ich nun und verbrachte Dutzende von Stunden die Woche mit Menschen, denen mein Einkommen und meine Zeiteinteilung völlig egal zu sein schien. Am Ende jedes Telefonats fühlten *sie* sich besser, aber *ich* fühlte mich ausgelaugt und zornig. Ich war gereizt, stand aber im Konflikt mit mir, wie ich diesem zeitraubenden Kreislauf ein Ende setzen sollte. Ein dramatischer Zwischenfall war nötig, damit ich begriff, wie ich mein Dilmemma lösen konnte.

Gewarnt und beschützt

Wir ziehen immer Situationen und Menschen in unser Leben, die perfekt zu unseren vorrangigen Überzeugungen passen, aber was ich da anzog, war wirklich der Hammer! Eines Samstagnachmittags während dieser anstrengenden und verwirrenden Zeit bereitete ich mich darauf vor, zu einem Seminar über Intuition zu gehen. Als ich duschte, sagte eine Stimme (von der ich glaube, dass es ein Schutzengel war) zu mir: »Doreen, du schließt besser das Verdeck deines Wagens, sonst wird er gestohlen.« Aber ich hatte es eilig, und das Klappverdeck auf das Auto zu machen, hätte zusätzliche fünf Minuten gedauert. Also beschloss ich, die Stimme zu ignorieren. Dennoch warnte sie mich weiter, dass ich vor Autodieben auf der Hut sein sollte.

Ich rechnete damit, dass mein Auto gestohlen werden könnte, während ich im Seminar war, vertraute aber aus irgendeinem Grund darauf, dass alles gutgehen würde. Meine Autoversicherung war bezahlt, und ich hatte nur Dinge dabei, die meine Haftpflichtversicherung übernehmen würde, ohne den Betrag von mir zurückzuverlangen, wenn jemand sie stahl. Dennoch wusste ich ohne jeden Zweifel, dass Gott den Wagen und mich beschützen würde.

Bei der Fahrt zum Veranstaltungsort hörte ich mir ein Band mit *Ein Kurs in Wundern* an, auf dem erklärt wurde, das wir alle geistige Helfer um uns haben. Als ich auf den Parkplatz fuhr, überkam mich ein unheimliches Gefühl, als hätte jemand meinen Wagen entdeckt und die Absicht, ihn zu stehlen. Ich beschloss, einige spirituelle Bücher auf dem Armaturenbrett des Wagens zu verteilen, betete um Schutz und visualisierte, dass das Fahrzeug vom weißen Licht Gottes umgeben war.

Ich war noch nicht ganz ausgestiegen, als ein Mann auf mich zueilte, nach dem Griff meiner Handtasche grapschte und meine Autoschlüssel verlangte. Ich blickte dem Mann in die Augen und sah darin nackte Angst. Ich hingegen fühlte mich durch meinen geistigen Schutz stark und kraftvoll. Ich hatte die Wahl, ihm meine Autoschlüssel und die Tasche zu überlassen, oder »nein!« zu sagen.

Ich entschied mich für Letzteres und schrie mir jedes Quentchen Luft aus der Lunge. Der Mann starrte mich entsetzt an, und seine Aufmerksamkeit verlagerte sich vom Diebstahl meines Autos auf den meiner Handtasche. Doch je verängstigter er wirkte, desto stärker fühlte ich mich. Ich war entschlossen, dass er *rein gar nichts* stehlen würde, das mir gehörte!

Schließlich zog mein Geschrei einige Leute aus dem Veranstaltungsgebäude an, und ihre Gegenwart veranlasste den Mann, nicht mehr an meinem Handtaschengriff zu zerren, sondern davonzulaufen. Als ich später die Polizei anrief, erfuhr ich, dass der Autodieb eine Pistole und ein Messer besaß. Gott hatte mich gewarnt und beschützt, ohne jeden Zweifel!

Die Lektion

Nach dem versuchten Autodiebstahl verbrachte ich zwei Wochen damit, mein Leben neu einzuschätzen. Da ich wusste, dass wir für alles, was uns widerfährt, selbst verantwortlich sind, musste ich herausfinden, weshalb ich dieses Verbrechen in mein Leben gezogen hatte.

Schließlich erkannte ich den Grund. Es hatte mir gezeigt, wie sehr ich über meine Lebensumstände entscheiden kann. Ich hatte während des Autodiebstahls die Wahl gehabt, meine Handtasche und meine Autoschlüssel herauszurücken oder nicht. Meine feste Entschlossenheit, mich nicht berauben zu lassen, veränderte das Gleichgewicht der Situation. Der Dieb bekam es mit der Angst zu tun. Ich hingegen war entschlossen. Meine positive Absicht und Energie waren mächtiger als seine Negativität und Angst.

Ich hatte eindeutig den Menschen *erlaubt,* mir meine Zeit zu rauben, so wie der Autodieb meine Erlaubnis haben wollte, sich den Wagen zu nehmen. Statt auf die Anrufer zornig zu sein, weil sie mir die Zeit raubten, brauchte ich nur aktiv zu werden und aufhören »ja« zu sagen. Erstaunlicherweise verschwanden die Anrufer, nachdem ich ihnen gesagt hatte, ich sei beschäftigt, so schnell wieder aus meinem Leben, wie sie darin aufgetaucht waren. Der Himmel fiel mir nicht auf den Kopf, und es geschah nichts Schlimmes. Ich hatte auf dramatische Weise eine Lektion über das Eigentum an der Zeit und am eigenen Leben gelernt.

Meine innere Führung hatte mich gewarnt, zuzulassen, dass die Anrufe mich bei der Erfüllung meiner Prioritäten störten. Sie hatte mich auch gewarnt, dass mein Wagen gestohlen werden sollte. Die innere Führung irrt sich nie, aber unser Ego - das gegen die Weisheit der inneren Führung ankämpft und sie ablehnt - irrt sich immer. Auf das Ego kann man sich nur in einer Hinsicht verlassen: dass es zerstörerische Informationen liefert. Mein Autodieb hatte mir beigebracht, wie unerlässlich es ist, dass ich meiner Intuition folge, unter Einsatz meines Lebens. Heute *vertraue* ich, wie ich zugeben muss, meiner Intuition zwar auch noch nicht immer, aber ich *folge* ihr doch immer fraglos und ohne zu zögern. Blindes Vertrauen in die Intuition zahlt sich jedes Mal enorm aus.

Zeit- und Energieverschwender erkennen

So wie ich haben wahrscheinlich auch Sie zahlreiche Prioritäten, darunter Familie, Gesundheit und Finanzen. Angesichts all dieser Bereiche brauchen Sie doch wirklich keine Zeiträuber in Ihrem Leben, nicht wahr? Nachstehend finden Sie die zehn größten Zeit- und Energieverschwender, auf die Sie achten sollten. In den folgenden drei Kapiteln werden wir dann praktische Methoden erörtern, wie Sie Ihre Zeitabläufe unter Kontrolle bekommen.

Die zehn größten Zeit- und Energieverschwender

1. Zeitraubende Bekanntschaften
2. Streitlust
3. Fehlende Prioritäten
4. Sinnlose Besprechungen
5. Unorganisiertheit
6. Übermäßiges Essen
7. Geistlose Medien
8. »Ja« sagen, wenn man besser »nein« sagen sollte
9. Fehlendes Delegieren
10. Unentschlossenheit und Sorge

1. Zeitraubende Bekanntschaften

Dabei handelt es sich um »Freunde«, die sich davor fürchten, sich eigenen Zielen zu verschreiben und mit denen Sie deshalb insgeheim die Übereinkunft getroffen haben, dass Sie Ihnen Zeit rauben. Zeitraubende Bekanntschaften rufen bei Ihnen Zuhause oder im Büro an oder kommen dort vorbei, um sich über ihr schreckliches Arbeits- oder Liebesleben zu beklagen. Schlägt jemand vor, dass sie ihr Leben doch verbessern könnten, zitieren zeitraubende Bekanntschaften negative Klischees wie »Träum weiter«, »Ich wünschte«, »Mal im Ernst« oder »Wenn etwas schiefgehen kann, geht es auch schief.« Die Aufrechterhaltung zeitraubender Bekanntschaften ist enorm anstrengend und veranlasst Sie, viele kostbare Stunden Ihrer Zeit zu verschwenden.

Wir lassen uns aus sehr ungesunden Gründen auf solche Bekanntschaften ein, beispielsweise aus dem Wunsch, gebraucht zu werden, aus der Angst, jemanden zu verletzen, oder aus dem Bedürfnis, Menschen zu retten (was in Wahrheit nur eine Projektion des Wunsches ist, dass jemand uns rettet!). Gewöhnlich hoffen wir, dass die zeitraubende Bekanntschaft, wenn wir nur genug Zeit, Rat und Liebe aufwenden, den Bogen rausbekommt und eine unabhängige und glückliche Person wird. Wir hoffen vielleicht sogar, für die Rolle, die wir bei der Rettungsaktion gespielt haben, belohnt zu werden.

Doch das sind vergebliche Hoffnungen, denn zeitraubende Bekanntschaften sind chronisch vernarrt in ihre hochdramatischen Probleme. Manche sind sogar süchtig nach den Adrenalinschüben eines Lebens auf der Achterbahn. Sie brauchen nicht abzuwarten, wie ihr Film der Woche diesmal ausgeht, und Sie brauchen auch nicht ihre Erlaubnis, sich von dieser ungesunden Beziehung zurückzuziehen. Setzen Sie Ihre Zeit und Energie besser ein, auf eine Art und Weise, die wirklich Heilung in die Welt bringt.

Manchmal benutzen wir zeitraubende Bekanntschaften auch, um uns unsere Ängste bestätigen zu lassen, weil wir der Erfüllung unserer Träume näherkommen. Wenn Sie sich mit genug Menschen umgeben, deren Sichtweise lautet: »Die Netten erwischt es immer zuerst«, oder »Ich werde immer finanzielle Probleme haben«, fühlt man sich sicherer, wenn man vor der Erfüllung seiner Träume zurückschreckt. Egal, auf welcher Grundlage die zeitraubende Bekanntschaft steht, Ihnen dürfte mittlerweile klar sein, weshalb sie der größte Zeit- und Energieverschwender ist.

2. Streitlust

Konflikte berauben Sie Ihrer Energie, Freude und Zeit! Glücklicherweise müssen Streits nicht ein Teil Ihres Lebens sein. Zimmergenossen, Ehepartner und Kollegen können zwar immer einmal aneinander geraten, aber manche Menschen *erschaffen* unnötige Streits aus Unsicherheit oder Langeweile. Das ist für mich »Streitlust«. Es gibt unterschiedliche Arten von Streitlust:

- »Sollen die doch aneinandergeraten.« Dabei erfinden Kollegen Probleme, um bei der Arbeit ihren Spaß zu haben.
- »Wir haben uns seit einer Woche nicht gestritten; stimmt etwas nicht?« Manche Paare nehmen die Gewohnheit an, sich zu streiten, nur um des Streits willen.
- »Wenn du nicht wärst, könnte ich meine Ziele erreichen.« Gegenseitige Schuldzuweisung verdeckt Ängste und ständiges Aufschieben.

Sie können sich viel Zeit und Kummer ersparen, wenn Sie einen Moment innehalten, statt unwillkürlich auf das Streitangebot einzusteigen. Fragen Sie sich: »Ist mir das wirklich wichtig? Welche anderen Möglichkeiten habe ich außer dem Streit?« Einige

Alternativen zum Streiten sind: Ihre Gefühle einem Tagebuch anvertrauen; dem Streit aus dem Weg gehen; das Zimmer verlassen und einen Spaziergang machen; dem anderen vorschlagen, die Angelegenheit in aller Ruhe zu klären; einen späteren Zeitpunkt vereinbaren, an dem Sie beide eine Lösung aushandeln können; oder eine Beratung aufsuchen.

3. Fehlende Prioritäten

Wenn Sie nicht genau wissen, welches Ihre erste, zweite, dritte, vierte und fünfte Priorität ist, werden Sie immer das Gefühl haben, Sie hätten etwas vergessen. Dieses kleine nagende Gefühl ist Ihr Bauchinstinkt, der Sie drängt, Ihre Prioritäten zu erfüllen. Nehmen Sie sich dreißig Minuten Zeit und listen Sie Ihre fünf höchsten Prioritäten auf, dann werden Sie nie mehr die Ungewissheit empfinden, wie Sie Ihre Zeit am besten verbringen sollten.

4. Sinnlose Besprechungen

Wie viele Stunden in der Woche verbringen Sie in Besprechungen und winden sich vor Langeweile und Zeitdruck qualvoll auf Ihrem Platz? Sie können Besprechungen wahrscheinlich auslassen oder früher gehen, wenn Sie Ihrem Boss erklären, weshalb Sie dringendere Aufgaben erfüllen müssen (die immerhin den Wert der Firma steigern). Sie werden Ihren Vorgesetzten durch Ihren Arbeitseifer beeindrucken und müssen nicht mehr diesen zeitraubenden Besprechungen beiwohnen!

Zu sinnlosen Besprechungen gehören auch Seminare, die einem das Blaue vom Himmel herunter versprechen, aber nur mittelmäßige Informationen bieten, die Sie sich auch durch ein

Buch hätten besorgen können. Bevor Sie sich das nächste Mal für ein wundervoll klingendes Seminar anmelden, rufen Sie vorher an und bitten Sie um einen Überblick, welche Themen genau behandelt werden. Noch besser ist, Sie lassen das Seminar sausen und lesen nur das Buch des Seminarleiters. So sparen Sie Hunderte von Dollar und bekommen wahrscheinlich präzisere Antworten auf Ihre Fragen.

5. *Unorganisiertheit*

Je nachdem, wie gut Sie organisiert sind, können Sie drei bis fünf Stunden am Tag einsparen oder verlieren. Unaufgeräumte Schränke, Schubladen und Schreibtische kosten unnötig viel Zeit, Ängstlichkeit und sogar Geld, wenn Sie nach einer wichtigen Sache suchen. Unvorbereitete Einkäufe sind ebenfalls Zeitverschwendung. Machen Sie aus Ihrem Einkauf eine geplante Exkursion, meiden Sie die Tage und Zeiten, an denen die meisten Leute einkaufen (am Wochenende, an Feiertagen oder wochentags nach 17 Uhr), und kaufen Sie nicht täglich ein. Rufen Sie vorher an, um herauszufinden, ob der Laden die gewünschte Ware überhaupt führt.

Außerdem empfehle ich Ihnen, Zeit in die Organisation Ihres Zuhauses und Büros zu investieren, damit Sie wissen, wo alles ist. Es ist auch visuell erfrischend, einen aufgeräumten Ort zu sehen. Sie sollten Fen Shui als Möglichkeit in Betracht ziehen, Ihren Lebensbereich und Ihren Arbeitsplatz zu organisieren. Feng Shui, die alte chinesische Kunst des Anordnens, sagt, dass jeder Bereich eines Gebäudes (oder einzelnen Zimmers) einem emotionalen oder körperlichen Bereich unseres Lebens entspricht – so wie der Bereich für Gesundheit und Familie, die Reichtums-Ecke oder der Platz für Romantik und Ehe. In dem wundervollen Buch *Feng Shui im Westen. Der Weg zu Ge-*

sundheit, Harmonie und Wohlstand von Terah Kathryn Collins können Sie mehr über diese uralte Kunst erfahren.

6. *Übermäßiges Essen*

Eine weitere Zeitverschwendung ist es, sich zwei- oder dreimal den Teller zu füllen. Es gibt einem die Illusion, etwas Wichtiges zu tun - schließlich müssen wir doch essen! -, aber es führt zu nichts. Ich habe mit vielen Klienten gearbeitet, die frustriert waren, weil sie beim Frühstücken förmliche Fressorgien abhielten. Ich finde, dass wir durch dieses Verhalten nur den Augenblick aufschieben, an dem wir den Tag beginnen. Statt seinen Aufgaben nachzugehen, ist es leichter, sich über eine Schüssel mit Frühstücksflocken zu beugen, die ein Fass ohne Boden ist.

7. *Geistlose Medien*

Es macht Spaß, sich eine wundervolle Fernsehsendung oder einen Film anzusehen oder ein großartiges Buch oder eine Zeitschrift zu lesen. Doch es gibt einen Riesenunterschied zwischen *zielbewusster* Medienunterhaltung - eine Sendung oder ein Buch, auf die oder das Sie sich freuen - und *geistloser* Medienunterhaltung, bei der Sie sich aus Langeweile alles ansehen, was im Fernsehen läuft. Sie können den Unterschied feststellen, wenn Sie sich am nächsten Morgen noch an den Inhalt der Sendung oder des Lesestoffes erinnern. Bei geistlosen Medien erinnern Sie sich an gar nichts mehr. Dazu gehört auch Zeitunglesen - das Lesen der ganzen Zeitung von vorne bis hinten. Weshalb überfliegen Sie nicht statt dessen die Schlagzeilen uind fragen sich, ob diese Geschichte Sie interessiert? So sparen Sie viel Zeit und lassen eine Menge Negatives aus.

8. *»Ja« sagen, wenn man besser »nein« sagen sollte*

Ihre Nachbarin kommt auf einen Kaffee und einen langen Plausch vorbei. Ihr Sohn will, dass Sie ihn quer durch die Stadt zum Haus seines Freundes fahren. Ihre Kollegen möchten, dass Sie sich Ihnen am Freitagabend anschließen. Diese Aktivitäten sind in Ordnung, wenn Sie dazu aufrichtig »ja« sagen können. Oft sagen wir aus Ängsten oder einem falschen Verantwortungsgefühl heraus »ja«. Dann ist nicht nur unsere Zeit verschwendet, wir empfinden während der unerwünschten Aktivität auch Groll. Groll raubt uns Energie und Selbstachtung. Wenn Ihr Bauch Ihnen rät, »nein« zu sagen, handeln Sie danach. Vertrauen Sie darauf, dass es jedermanns besten Interessen dient, Ihrem Instinkt zu folgen, denn Ihre Bauchgefühle führen Sie zu Seelenfrieden und Erfüllung.

Oft versehen die Leute ihre unerwünschten Bitten mit Schmeicheleien oder Aussagen, die Schuldgefühle wecken, wie: »Du bist die Einzige, die das kann« oder »Ohne dich bekämen wir das nie hin«. Doch diese Personen finden sehr schnell eine andere »Einzige, die das kann«, wenn Sie Ihren Wunsch ablehnen. Denken Sie daran, Sie werden mehr Zufriedenheit empfinden und ein höheres Selbstwertgefühl haben, wenn Sie diese Zeit für Ihre Prioritäten und Ziele verwenden.

9. *Fehlendes Delegieren*

Viele meiner Klientinnen beklagen sich, dass die Hausarbeit ihnen über den Kopf wächst. Regelmäßig stelle ich dann fest, dass sie ihre Kinder oder Lebenspartner nicht um Hilfe bitten oder auf Hilfe bestehen. Jedes Kind, das älter ist als vier, profitiert von solchen Aufgaben. Es fühlt sich dann wichtig und hilft den Eltern gern. Ich empfehle regelmäßige Familientreffen, bei denen Aufgaben besprochen und übertragen werden - und das schließt den Lebenspartner mit ein! Wenn Ihre Familienangehörigen keine gute Arbeit machen, sprechen Sie mit ihnen darüber. Manche Frauen glauben, Ihr Selbstwertgefühl hinge davon ab, dass Sie zu Hause eine Superfrau sind; hoffentlich geben Sie sich nicht auch dieser Wahnvorstellung hin.

Delegieren ist außerhalb der eigenen vier Wände ebenso wichtig. Lassen Sie das Gefühl nicht zu, dass Sie im Büro oder Geschäft alles allein machen müssen. Bitten Sie um Hilfe, auch wenn es Ihnen unangenehm ist. Sie werden erstaunt sein, wie gut die anderen mit Ihnen zusammenarbeiten! Es wird Ihnen zu einer angenehmen positiven Gewohnheit werden, um Hilfe zu bitten, und es verschafft Ihnen freie Zeit und mehr Energie.

10. *Unentschlossenheit und Sorge*

Soll ich Tom verlassen oder versuchen, die Beziehung zu retten? Soll ich meinen Job hinschmeißen und wieder aufs College gehen? Was, wenn die Firma mich entlässt und ich nicht gleich einen anderen Job finde? Unentschlossenheit und Sorge sind negative geistige Gewohnheiten, die keinen Nutzen bringen. Über alles Mögliche in Sachen Arbeit, Liebe oder Familienleben nachzugrübeln, ist reine Zeitverschwendung und bringt Sie Ihren Zielen kein bisschen näher.

Wenn Sie Ihre Entscheidungen rasch und mühelos treffen wollen, stellen Sie sich Ihre unterschiedlichen Möglichkeiten vor, als wollten Sie jede geistig ausprobieren. Stellen Sie fest, welche Möglichkeit Ihnen den größten Seelenfrieden bringt, und für die entscheiden Sie sich dann. Halten Sie an Ihrer Entscheidung fest und lassen Sie in Bezug auf die anderen Möglichkeiten auf keinen Fall wie auch immer gearteten »Was wäre, wenn«-Gedanken zu.

Auf die gleiche Weise können Sie auch aufhören, sich Sorgen zu machen. Schreiben Sie alles auf, was Ihnen Kummer bereitet, und schwören Sie, wo immer Sie können, konstruktiv zu handeln und Situationen, die Sie nicht kontrollieren können (wie die Taten und Gefühle anderer), loszulassen. Setzen Sie auf Ihr spirituelles Vertrauen und denken Sie daran, dass Gott noch nie zugelassen hat, dass Sie hungern mussten, und dass Er auch in Zukunft stets für Sie sorgen wird.

Was Sie sich merken sollten

- Sie haben das Recht, zu zeitraubenden Menschen und Situationen »nein« zu sagen.
- Die Nummer eins unter den Zeitverschwendern, zeitraubende Bekanntschaften, sind Menschen, mit denen wir insgeheim die Übereinkunft getroffen haben, Entschuldigungen dafür auszutauschen, dass wir den Erfolg hinausschieben.
- Auch negative emotionale Gewohnheiten vergeuden wertvolle Zeit und Energie. Dazu gehören Unorganisiertheit, Unkenntnis unserer Prioritäten, Sorgen und unentschlossenes Handeln.

9. Setzen Sie sich zeitliche Grenzen

»Machen wir uns klar, dass das Gestern vergangen ist. Das Morgen ist noch nicht da. Aber das Heute kann mit Wundern erfüllt werden, wenn wir wissen, dass wir an der Schwelle des Wundervollen und Neuen stehen.«

Ernest Holmes (1887-1960)
Autor von Die Vollkommensheilslehre

Egal, was Sie wollen - mehr Freizeit, mehr Geld oder mehr Bildung, Sie können es bekommen. Beschließen Sie, nicht länger auf das Leben zu warten, das Sie führen wollen. Ergreifen Sie sofort die Initiative!

Jedem Ziel nähert man sich in vielen kleinen Schritten, auf die gleiche Weise, wie aus Cents und Dollars ein dickes Bankkonto wird. Wenn Sie auch nur *zehn Minuten* am Tag in das Leben investieren, das Sie führen wollen, werden Sie *riesigen* Nutzen daraus ziehen:

Mehr Zufriedenheit im Leben. Das bloße Wissen, in die gewünschte Richtung zu gehen, hebt schon Ihre Stimmung.

Mehr Energie. Sie werden die neuen Schritte aufregend finden, und Ihre Begeisterung verleiht Ihnen Energie.

Höhere Produktivität. Ihr höheres Energieniveau überträgt sich auf andere Lebensbereiche und bringt Sie dazu, bei der Arbeit zu pfeifen.

Mehr Gelegenheiten. Wenn Sie sich auf Ihr Ziel konzentrieren, werden Ihnen unwillkürlich Bücher, Kurse, Institutionen und Profis auffallen, die Ihnen helfen könnten, das Gewünschte zu erreichen.

Häufigere »Zufälle«. Wie durch eine geheimnisvolle Kraft werden Personen, Umstände, Geld und Informationen in Ihrem Leben auftauchen, die Sie auf die nächste Ebene der Vervollkommnung führen.

Drei Wege, um alles zu erreichen

Es gibt kein »Geheimnis« des Erfolgs, außer dass Sie das starke Verlangen haben sollten, das Leben zu erschaffen, von dem Sie geträumt haben, und die Entschlossenheit, es auch durchzuziehen. Sie können alles bekommen, was Sie wollen, es sei denn, Sie glauben etwas anderes.

Es spielt keine Rolle, in welchem Zustand Ihr Leben gerade ist. Egal, wie zeitraubend Ihr Job ist, wie viele familiäre Verpflichtungen Sie haben, welchen finanziellen Status Sie haben, welchen Bildungsgrad und welche Kenntnisse oder in welchem Zustand Ihr Körper ist, wenn Sie sich etwas nur sehnlich genug wünschen, *werden* Sie es auch erreichen! Denken Sie an einen beliebigen Erfolg, den Sie im Leben hatten, und Sie werden sich erinnern, dass hinter allem Ihre Entschlossenheit stand. Wenn Sie einmal erfolgreich waren, können Sie auch wieder erfolgreich sein.

Es folgen drei wichtige Schritte, die Sie gleich jetzt gehen können, um der Erfüllung Ihrer Wünsche näherzukommen:

1. Unterteilen Sie den Weg in kleine Abschnitte.

Sie haben sicher schon Aussagen gehört wie: »Schreiben Sie jeden Tag eine Seite, und nach einem Jahr haben Sie ein fertiges Buch.« Nun, das stimmt, und die meisten Ziele erreichen wir mit der gleichen Schritt-für-Schritt-Methode. Rufen Sie sich eine Ihrer größeren Leistungen in Erinnerung, und Sie werden sehen, dass Sie aus vielen kleinen Schritten bestand. Das ist bei allen anderen Zielen genauso, ausnahmslos!

2. Gehen Sie jeden Tag einen Schritt.

Sally Kirkland, die mittlerweile für den Academy Award nominiert wurde, sagte während eines Vortrags an meiner Schule, dass sie jeden Tag etwas für ihre Karriere tat. Das konnte alles Mögliche sein: ein Anruf bei einem Casting Director, eine Mail mit ihrem Lebenslauf an einen Produzenten oder das Lesen eines Drehbuchs. Was sie tat, war nicht so wichtig wie der Schwung, den sie dadurch, dass sie jeden Tag einen weiteren kleinen Schritt tat, ihrer Karriere verlieh.

Ich stimme dieser Politik der kleinen Schritte vollkommen zu. Wenn Sie sich Ihrem Ziel gelegentlich und auf wenig beharrliche Weise nähern, werden Sie wahrscheinlich bald das Interesse an dem Projekt verlieren. Widmen Sie ihm aber nur zehn Minuten an jedem Tag, werden Sie bald unwillkürlich eine positive Gewohnheit entwickeln. Kümmern Sie sich nicht darum, welchen Schritt Sie morgen tun müssen. *Morgen werden Sie wissen, was Sie zu tun haben.* Gehen Sie einfach nur den Schritt, der heute angesagt ist, und lassen Sie den Traum auf natürliche Weise wahr werden.

3. Notieren Sie auf einem Kalender jeden Tag, dass Sie einen weiteren Schritt gehen wollen.

Es ist eine gute Idee, sich einen realistischen Zeitplan für Ihre täglichen Zielsetzungsübungen zu machen. Als ich mein erstes Buch schrieb, markierte ich jeden Tag auf dem Kalender. Das war die einzige Möglichkeit, wie ich mir sicher sein konnte, überhaupt etwas auf die Beine zu stellen! Schließlich hatte ich einen Fulltime-Job, zwei kleine Kinder, Abendkurse und mein Fitness-Programm. Ich wollte dieses Buch *wirklich* schreiben, also machte ich mir einen Plan und hielt mich daran.

Ich schrieb mein Buch zwischen neun und zehn Uhr an jedem Abend, als die Kinder schliefen. Ich fand auch noch hier und da zusätzliche Zeit zum Schreiben, indem ich Einladungen ins Kino oder zum gemeinsamen Essen ausschlug. Ja, ich wäre auch lieber auf einer Partie gewesen als zu Hause zu schreiben, aber ich war fest entschlossen, meinen Traum wahr werden zu lassen. An dem Tag, als mein Buch vom Verlag eintraf, wusste ich, dass meine gesellschaftlichen »Opfer« es wert gewesen waren. Die herzlichen Dankesschreiben, die ich von meinen Lesern erhielt, bestärkten mich darin noch.

Was Sie sich merken sollten

- Treffen Sie einfach die Entscheidung, dass das Erreichen Ihres Ziels Ihnen noch mehr Energie und Selbstachtung verleihen wird.

- Jede Person kann jedes Ziel erreichen, wenn sie es in kleine Abschnitte unterteilt, die sie beharrlich Tag für Tag abarbeitet.

- Machen Sie sich keine Sorgen, *wie* Sie Ihr Ziel erreichen werden; konzentrieren Sie sich einfach darauf, heute einen Schritt auf die Erfüllung Ihres Traums hin zu tun.

- Unterteilen Sie den Weg in kleine Abschnitte, gehen Sie jeden Tag einen Schritt und schreiben Sie einen realistischen Zeitplan auf, um Ihr Ziel zu erreichen.

TEIL VIER

Mehr Zeit für Sie!

---

10. Sie haben Zeit für Ihr Training

»Ich habe Zeit vergeudet, nun vergeudet die Zeit mich.«

Aus Richard der Zweite
von William Shakespeare

Alle Ziele sind im Großen und Ganzen gleich, weil alle im Grunde durch die gleiche Methode erreicht werden:

- Entscheiden, was man sich wünscht;
- Leidenschaft, Glauben und Entschlossenheit für den Wunsch aufbringen;
- einen realistischen Plan mit kleinen Zwischenschritten aufstellen, und – am Wichtigsten -
- seine Erwartungen für sich behalten.

Schon auf den ersten paar Seiten von *Ein Kurs in Wundern* werden wir mit einer wichtigen Feststellung bekannt gemacht: *Bei*

Wundern gibt es keine unterschiedlichen Schwierigkeitsgrade. Ein Wunder ist so schwer oder leicht zu manifestieren wie jedes andere. Nur unser menschliches Ego beschließt, dass eines schwerer ist als das andere! Aber unser höheres Selbst weiß, dass Wunder etwas Natürliches sind, genau wie der Erfolg.

Wie erwähnt drehen sich die meisten Ziele um einen von drei Lebensbereichen: Gesundheit, Liebe und Geld. Sie erinnern sich, dass diese Bereiche die Spitzen eines Dreiecks bilden. In den folgenden drei Kapiteln sehen wir uns Methoden an, wie wir in jedem dieser Bereiche Zufriedenheit erlangen können. Es folgen Vorschläge - manche sehr bodenständig, andere weniger -, wie man mehr Zeit gewinnt, die man seinen Prioritäten widmen kann.

Der erste Lebensbereich, den wir uns ansehen werden, ist »Gesundheit«, genauer gesagt, körperliche Bewegung. Körperliche Bewegung ist immens wichtig für Ihre Gesundheit und Ihr Wohlbefinden, wie Sie wahrscheinlich wissen. In den USA tragen einige Trainingsgeräte sogar schon einen Aufdruck der Gesundheitsbehörde: *»Die Gesundheitsbehörde hat befunden, dass mangelnde körperliche Bewegung Ihrer Gesundheit schadet.«* Wirklich!

Der Studie eines staatlichen Ausschusses für körperliche Fitness nach geben mehr als 64 Prozent der Amerikaner an, dass Sie keine Zeit für solche Aktivitäten haben. Doch in der Studie heißt es auch, dass dieselben Amerikaner mindestens drei Stunden pro Woche fernsehen! Fehlende Zeit kann also nicht das Problem sein. Es fehlen die Motivation und das Wissen, wie man seine Zeit optimal einsetzt.

Schauen wir einmal, ob wir das Problem nicht gleich hier und jetzt lösen können.

Aufschieben des Trainings

Es ist zu heiß. Sie sind zu müde. Die Kinder haben Schnupfen. Das Fitness-Studio ist überfüllt. Wenn wir vor der Wahl stehen, ob wir uns körperlich bewegen sollen oder nicht, versorgt uns die Welt gern mit einer Million Gründen, sich nicht aus dem Sessel zu rühren. Nehmen Sie beispielsweise Terry:

Terry, eine 38-jährige Mutter von zwei Kindern, die an einem meiner Workshops teilnahm, sagte, sie könne in Ihrem Tagesablauf keine sportliche Betätigung unterbringen. Ständig machten ihr die Familie und Verpflichtungen an der Arbeitsstelle einen Strich durch die Rechnung. Sie fände keine fünf Minuten Zeit, um sich zu entspannen, geschweige denn einige Stunden, um ins Fitness-Studio zu gehen.

Sie war schon in mehreren Studios angemeldet und hatte ihre Mitgliedskarte immer unbenutzt im Portemonnaie gelassen, bis sie abgelaufen war. Also beschloss Terry, zu Hause ihre Übungen zu machen, und kaufte sich ein Fitness-Video. Tja, dieser Vorsatz hielt genau drei Tage lang an, bevor Terry das Ganze zu langweilen begann.

Ich bat Terry, mir ihre Haupteinwände gegen Fitness zu nennen. Sie zögerte nicht, als sie antwortete: »Langeweile, Langeweile, Langeweile.«

Viele Menschen, mit denen ich spreche, fühlen sich schuldbewusst oder gestresst, weil sie wissen, dass sie sich regelmäßig bewegen »sollten«, aber sie tun es einfach nicht. Solche Aktivitäten können anstrengend und eintönig sein, zweifellos. Und wenn Sie bis über die Hutschnur in täglichen Verpflichtungen stecken, ist es sogar noch schwerer, sich die Gymnastikschuhe anzuziehen. Zum Glück habe ich, selbst eine viel beschäftigte, berufstätige Mutter, realistische Strategien entwickelt, wie man Fitness in eine hektische Lebensweise einbinden kann.

Es ist die Sache wert!

Der Vorteil eines regelmäßigen Fitness-Trainings überwiegt bei weitem den Aufwand an Zeit, Mühe und Schweiß, den wir erbringen. Ein großer Vorteil für viel beschäftigte Menschen ist, dass man sich nach Übungen so energiegeladen fühlt. Dieser Extraschub beschert *mir* jedenfalls jeden Tag einige zusätzliche produktive Stunden. Eigentlich bekommt man die investierte Zeit also doppelt zurück. Trainieren Sie eine Stunde, und Sie bekommen Extraenergie für zwei weitere Stunden. Ohne meine Übungen würde ich wahrscheinlich erschöpft und lethargisch durchs Haus schleichen. Doch nach dem Training ermöglicht mein neuer Tatendrang, alles in der Hälfte der Zeit zu schaffen.

Energie ist somit der Hauptgrund für mein Training. Dass ich dadurch außerdem schlanker werde, was gesund ist, und meinen Appetit behalte, sind zusätzliche, auch nicht uninteressante Vorteile. Ich trainiere nur aus dem einen Grund: um jeden Tag gut drauf zu sein. Ohne mein Training könnte ich meine Hausarbeit und mein Arbeitsleben vermutlich nicht in Einklang bringen.

Ihre Trainings-Persönlichkeit

Menschen, die sich regelmäßig bewegen, schwören auf den Nutzen ihrer Übungen. Aber selbst Fitness-Freaks haben Momente, in denen es ihnen leichter fiele, einen Abschluss am College zu machen, als die Schnürsenkel ihrer Sneakers zuzuschnüren. Worin liegt das Problem? Oft ist es Langeweile. Terry sagte, wie viele Menschen, mit denen ich sprach, dass sie aus genau diesem

Grund keine Übungen mache. Fast immer steigen diese Gefühle auf, weil Menschen sich einen Trainingsplan zurecht legen, der nicht ihrer Persönlichkeit und Lebensweise entspricht.

Ich habe elf typische Trainings-Persönlichkeiten identifiziert, die in Betracht gezogen werden sollten, wenn man sich für ein Fitness-Programm entscheidet. Wenn Sie sich bei den Übungen ständig langweilen, werfen Sie sich nicht vor, faul oder antriebslos zu sein. Wahrscheinlich haben Sie sich nur einen Fitnessplan ausgesucht, der nicht zu Ihnen passt. Im Folgenden finden Sie einige Persönlichkeitsmerkmale, mit denen Sie arbeiten können und die Ihnen helfen werden, den Trainingsplan festzulegen, der Ihrer speziellen Lebensweise entspricht.

Persönlichkeitsmerkmale für das Fitnesstraining

1. *Die Notwendigkeit intellektueller Stimulation.* Bringen monotone Trainingsabläufe Sie vor Langeweile schier um den Verstand? Wenn Sie ein starkes Verlangen nach intellektueller Stimulation haben, gibt es mehrere einfache Möglichkeiten, den Trübsinn des Trainings zu überwinden. Sie werden stärker motiviert sein, die Übungen zu machen, wenn Sie lesen, während Sie den Heimtrainer oder den Stepper benutzen, oder Radio hören oder fernsehen, während Sie auf einem Laufband dahintrotten. Alternativ können Sie sich auch anspruchsvolle Tätigkeiten aussuchen, für die ein hohes Maß an Konzentration und Geschicklichkeit erforderlich sind, wie Yoga oder Klettern.

2. *Schöpferischer Ausdruck.* Sind Sie in Ihrem tiefsten Innern ein Künstler? Wenn Sie ein starkes Verlangen nach schöpferischem Ausdruck haben, würden Ihnen Aktivitäten wie Ballet,

Eiskunstlauf oder moderner Tanz höchstwahrscheinlich am meisten zusagen.

3. *Interesse am Zusammenspiel von Körper und Geist.* Trainieren Sie für den Stressabbau, um abzunehmen, Muskeln aufzubauen oder aus all diesen Gründen zusammen? Antworten Sie mit Letzterem, käme ein totales Körper-Geist-Seele-Fitnessprogramm - wie Tai Chi - in Frage. Wenn Sie jedoch auf rein körperliche Betätigung aus sind, entsprächen eine Skimaschine oder Gewichtheben Ihrer Persönlichkeit. Wer ein körperliches und gefühlsmäßiges Hoch anstrebt, fände vielleicht an Inline-Skaten, Mountainbike-Fahren oder Tennis Gefallen.

4. *Herausforderungen.* Manche Menschen reizt die Herausforderung, während andere sich mit ihrem Fitness-Programm lieber leicht tun wollen. Bevorzugen Sie schnelle Aktivitäten, bei denen man nachdenken muss, sind Sie mit Racquetball oder Abfahrtslauf gut beraten. Wenn Sie nicht gerade nach Herausforderungen lechzen, wird ihnen ein methodisches, rhythmisches Training wie Powerwalken oder Stepper angenehmer sein.

5. *Frieden kontra Macht.* Brauchen Sie ein gehöriges Maß an Nervenkitzel und Herzklopfen, um Ihrem Leben die richtige Würze zu geben, so werden Sie Sportarten wie Kajakfahren, Klettern oder Snowboarden bevorzugen. Haben Sie eher eine Vorliebe für friedliche Aktivitäten, wären Sie besser beraten, sich im nächsten Swimmingpool ein sanfteres und sicheres Training im Wasser auszusuchen.

6. *Allein oder miteinander.* Was halten Sie davon, in Gesellschaft zu trainieren? Manche Menschen trainieren lieber allein, während andere zur Motivierung einen Kameraden benötigen. Manche ziehen auch eng aufeinander abgestimmte Teamsport-

arten wie Volleyball oder Softball vor. Wieder andere fühlen sich in einer großen, anonymen Gruppe wie in einem Aerobic-Kurs am wohlsten. Wenn Sie ein Einzelspieler sind, fahren Sie wahrscheinlich gern Fahrrad oder gehen schwimmen, während andere solchen Aktivitäten lieber mit einem Partner oder engen Freund nachgehen.

7. *Möglichkeiten für Verspielte.* Sind Sie im Grunde Ihres Herzens noch ein kleines Kind? Jemand, der sich gern auf die Parkschaukel setzt, wenn niemand hinsieht? Dann brauchen Sie in Ihrem Leben eine Dosis Spiel! Wenn Sie gern auf den Putz hauen und lachen, suchen Sie nach einem spaßigen Trainingsprogramm wie Rollschuhlaufen, Mountainbike-Fahren oder einem spritzigen Tanzkurs. Gehören Sie jedoch eher zu den nüchternen Anwendern eines Trainings, versuchen Sie es mit einem Heimtrainer, Rudern oder einem Stepper.

8. *Wettbewerbsfähigkeit.* Spornt Wettbewerb Sie an oder nimmt er Ihnen den Mut, es mit einer neuen Aktivität zu versuchen? Wen Wettbewerb anspornt, der gewinnt ein Tennismatch im letzten Satz oder schießt beim Fußball das alles entscheidende Tor. Menschen, die den Wettbewerb scheuen, tun sich jedoch leichter mit Einzelsportarten wie Seilspringen, Laufen und Fahrradfahren.

9. *Stubenhocker oder Outdoor-Typ.* Neigen Sie eher zur Betätigung zu Hause, in einem Gesundheitsklub, oder möchten Sie ins Freie? Wenn Sie Ersteres bevorzugen, sollten Sie besser in den eigenen vier Wänden mit einem Heimtrainer, Slider oder mit Videos - vielleicht sogar einem persönlichen Coach - arbeiten. Outdoor-Typen brauchen frische Luft, um motiviert zu bleiben, und halten es am Besten mit Walken, Fahrradfahren, Kanufahren oder Skilanglauf. Menschen, die sich lieber drin aufhalten,

aber nicht den Platz oder die Disziplin für das Training zu Hause haben, sollten vielleicht, damit sie gleich richtig einsteigen und auch bei der Stange bleiben, Mitglied in einem Gesundheitsklub werden. (Am besten suchen Sie sich ein Studio in der Nähe Ihrer Wohnung oder Arbeitsstelle; wenn es zu aufwendig ist, dorthin zu gelangen, werden Sie wahrscheinlich nicht hingehen.)

10. *Das Bedürfnis, bestimmte Körperpartien zu trainieren.* Es ist wichtig, dass man sein Ziel genau kennt, bevor man sich für ein Trainingsprogramm entscheidet. Yoga, Tai Chi und Wasser-Aerobics sind ideal für jeden, der an Rücken- oder Nackenschmerzen leidet, weil sie die Muskeln ohne Anspannung stärken. (Natürlich sollten Sie erst mit Ihrem Arzt gesprochen haben, bevor Sie mit einem Trainingsprogramm beginnen, und Ihrem Trainer alle körperlichen Einschränkungen mitteilen.) Interessieren Sie sich für Stärke und Spannkraft, werden Ihnen freie Gewichte, Maschinengewichte und Rubberband-Klassen (bei denen Sie große, dehnbare Bänder umgeschnallt bekommen, um den Widerstand zu trainieren) gefallen. Wer eher einem Herz-Kreislauf-Training zuneigt, hält es besser mit Schwimmen (auch schonend für die Gelenke), Laufbändern und Step Aerobics. Sie tun Ihrem Körper jedoch einen großen Gefallen, wenn Sie Aufbautraining und Aerobics miteinander verbinden. Forschungen zeigen, dass die Verbindung dieser beiden Elemente (wenn man beispielsweise aerobic-artige Aktivitäten mit leichten Gewichten verbindet) der effektivste Weg zu allgemeiner Fitness ist.

11. *Morgenmensch oder Nachteule.* Die Wahrscheinlichkeit dafür, dass Sie trainieren, steigt, wenn Sie sich die natürlichen Energierhythmen Ihres Körpers zunutze machen. Morgenmenschen trainieren am besten vor der Arbeit, wenn Ihr Energieniveau am höchsten ist. Nachmittagstypen können Walken, Joggen oder

kurze Ausflüge ins Fitness-Studio zur Mittagszeit einplanen. Nachteulen benötigen Trainingsmöglichkeiten außerhalb der gängigen Öffnungszeiten, wie einen Swimmingpool im Haus, einen beleuchteten Tennisplatz oder ein Trainingsgerät im Arbeitszimmer.

Aufschieben: eine häufige Trainingsblockade

Viele Menschen schieben das Training vor sich her, weil sie unrealistische Erwartungen oder falsche Überzeugungen haben, die ihre Motivation blockieren. Manchmal ist es etwas so Offensichtliches wie die Abneigung, die jemand auf der Highschool gegen seinen Sportlehrer entwickelte. Andere Menschen, die ihr Training ständig aufschieben, lassen sich allgemein in sechs Kategorien einordnen:

1. *Der Vorbereiter.* Diese Person sagt: »Ich fange an zu trainieren, sobald…«, oder »Ich mache wieder Aerobics, wenn meine Freundinnen mich begleiten.« Ermutigung von Freundinnen und der Familie ist etwas Großartiges, aber die meisten Menschen müssen sich erst selbst besser kennenlernen, bevor sie für den Rest ihres Lebens Fitness treiben.

Um sich angemessen auf ein echtes Training vorzubereiten, tragen Sie Ihren Trainingsplan in Ihrem Kalender ein, so wie Sie es mit Ihren wichtigen Verabredungen tun. Stellen Sie einen realistischen Plan auf, und dann halten Sie sich auch daran. Sagen Sie Ihre Trainingssitzung nie ab – verschieben Sie sie höchstens innerhalb des Tages.

2. *Der Shooting Star.* Dieser Übereifrige stürzt sich mit voller Inbrunst in eine neue Lebensweise und endet oft damit, dass er sich übernimmt. Dieser Alles-oder-nichts-Fitness-Freak beginnt

als Wochenendkrieger und setzt auf maximale Verbrennung bei minimaler Zeitdauer, was gewöhnlich auf Entzündung oder Verletzung hinausläuft. Der »schlimme Rücken« oder das »kaputte Knie« dienen dann als Entschuldigung dafür, das Fitness-Studio zu meiden, bis die Verletzungen geheilt sind. Der Shooting Star versäumt einige Trainingseinheiten und sagt: »Ich habe eine Woche verpasst, dann kann ich auch gleich ganz aufhören.«

3. *Der Aufschieber.* »Sollte ich trainieren, oder sollte ich warten, bis ich mich hundertprozentig fühle?«, ist der bekannteste, immer wiederkehrende Satz von Aufschiebern. Natürlich lautet die Antwort, wenn Sie diese Fragen überhaupt in Erwägung ziehen, unvermeidlich: »Ich habe nicht die Zeit (Energie, Geduld usw.), heute zu trainieren.«

4. *Der Ungeduldige.* Diese Person erwartet sofortigen Gewichtsverlust und erhöhte Körperspannung schon nach der ersten Woche! Mit der Enttäuschung kommt meistens die Einsicht, dass für ein Training langsame, beständige Hingabe erforderlich ist, wenn es ihm etwas bringen soll. Eine solche Person ist gut beraten, wenn sie ihre Aufmerksamkeit auf andere Belohnungen richtet, die sich aus dem Training ergeben, wie Stressmanagement und erhöhtes Energieniveau.

5. *Der Lifestyler.* Diese suchterzeugende Persönlichkeit neigt zum Missbrauch von Alkohol, Koffein und/oder Zigaretten und leidet oft an Schlafmangel und allgemeiner Lethargie. Der Lifestyler bringt dem Training eine Haltung des Alles-oder-nichts entgegen. Wie der Shooting Star stürzt ein Lifestyler sich kopfüber in ein neues Trainingsprogramm. Doch bald werden ihm die niedrigen Energiepegel seines Körpers, schmerzhafter Muskelkater oder Probleme, die mit dem Rauchen zusammenhängen, als Entschuldigung dafür dienen, dass er das Training einstellt.

6. *Der Nervenkitzel-Sucher.* Dieser Persönlichkeitstyp zeichnet sich durch eine kurze Aufmerksamkeitsspanne sowie einen knappen Zeitplan und die unrealistische Erwartung aus, dass man aus Spaß trainiert. Nervenkitzel-Sucher wechseln oft auf der Suche nach Abenteuer von einem Sport zum anderen; sie verstehen nicht, wie wichtig das Training für die Stabilisierung des Kreislaufs, der Beweglichkeit und Muskelkraft ist (mir zu langweilig). Sie suchen nur das pure Vergnügen.

Zeitstrategien

In Zeiten, in denen Sie sich zu beschäftigt, gehetzt oder müde zum Trainieren fühlen, könbnen Sie folgende Tricks benutzen, um Ihre Motivation aufzubauen:

1. *Betrachten Sie Ihr Training nicht als optional.* In dem Moment, in dem wir uns Einwände erlauben (»Habe ich eigentlich Zeit für mein Training?«), erhöhen wir die Wahrscheinlichkeit für eine sitzende Lebensweise. Würden Sie in Ihrem Schlafanzug zur Arbeit gehen und sagen: »Ich hatte heute keine Zeit, mich anzuziehen?« Würden Sie Ihre Zähne nicht mehr putzen, weil Sie schon zu müde sind? Natürlich nicht!

Die Menschen schaffen sich Zeit und finden Zeit für ihre Prioritäten. Machen Sie die Fitness-Übungen zu Ihrer Priorität, und dann halten Sie daran fest, um sicherzustellen, dass es auch geschieht. Die gute Nachricht lautet, dass Ihnen nach einem Training sogar noch mehr Zeit und Energie zur Verfügung steht.

2. *Trainieren Sie mit jemandem, den Sie wirklich mögen.* Nervenkitzel-Sucher, wie oben erwähnt, müssen bei ihrem Training Spaß haben, weil körperliche Aktivität nicht immer erfreulich ist. Belohnen Sie sich mit einem neuen Buch oder einer Zeit-

schrift, wenn Sie auf einem Laufband zu trainieren beginnen, oder nach einem wirklich harten Training. Ziehen Sie das härteste Gewichtheben durch, während Sie Ihre Lieblings-CD oder Ihren bevorzugten Radiosender hören. Werfen Sie nach einer nicht kalorienhaltigen Nahrung im Anschluss an jedes Training ein paar Münzen in einen Krug zum Sparen. Auf diese Weise verbinden Sie beim Training das Angenehme mit dem Nützlichen. Für mich stellt sich der Nutzen des Trainings erst ein, sobald ich es abgeschlossen habe. Ich bin nicht besonders scharf auf das Training, danach aber immer froh, trainiert zu haben!

3. *Bedienen Sie sich des »15-Minuten-Tricks«.* Es gibt eine weitere großartige Motivation für den Vorbereiter und den Aufschieber. Sagen Sie sich: »Ich trainiere nur noch ein Viertelstündchen. Wenn mir dann danach ist aufzuhören, mache ich Schluss.« Neun von zehn Mal werden Sie weitermachen, wenn Sie sich schon umgezogen und eigens zum Fitness-Studio gefahren sind.

4. *Nutzen Sie freie Momente.* Für Fitness muss man nicht Stunden um Stunden im Studio verbringen. Die alte Philosophie »Ohne Leid kein Preis« wurde schon vor Jahren über Bord geworfen. Sie können es auch durch kleine, über den ganzen Tag verteilte Trainingseinheiten zu einem fiten Körper voller Spannkraft bringen. Versuchen Sie es mit Dehn- und Freiübungen, während Sie anderen Aufgaben nachgehen. Ziehen Sie beim Geschirrspülen oder Auflegen Ihres Makeups etwa abwechselnd das Bein an. Machen Sie tiefe Kniebeugen, wenn Sie das Wohnzimmer saugen. Machen Sie beim Telefonieren Sit-ups.

5. *Ihre kurzfristigen Ziele sollten realistisch sein.* Der Ungeduldige und der Shooting Star stellen ihre Trainingsprogramme ein, wenn Sie nicht umgehend Ergebnisse erzielen. Es ist wichtig,

sich dem Training mit realistischen Zielen zu nähern. Sie werden abnehmen, Ihre Körperform verändern und sich besser fühlen - aber nicht nach ein oder zwei Tagen. Wer gerade erst mit dem Training beginnt, muss vielleicht zwei Wochen warten, bevor er irgendwelche Ergebnisse bemerkt. Wenn Sie in einem Fitness- oder Yoga-Studio trainieren oder mit einem persönlichen Coach arbeiten, gehen Sie auf Nummer Sicher und wenden Sie sich an Profis, wenn Sie den Mut verlieren sollten. Sie werden Ihnen helfen, die Fortschritte zu erkennen, die Sie bereits gemacht haben, und genau zu bestimmen, was Sie in Zukunft erwarten können.

6. *Trainieren Sie auf dem Heimweg.* Unterbrechen Sie Ihre Heimfahrt und leisten Sie sich einen Aufenthalt im Studio, dann vermeiden Sie die Stoßzeit und befreien sich vom Stress des Tages. Hilfreicher Hinweis: Lassen Sie Ihre Gymnastiktasche, die Trainingssachen und Schuhe jederzeit in Ihrem Auto.

7. *Trainieren Sie mit Ihrer Familie.* Es gibt viele Möglichkeiten, Kinder und Partner in Ihre Trainingspläne einzubinden. Beispielsweise:

- Walken, joggen oder rollschuhfahren, während Sie einen Kinderwagen schieben.
- Platzieren Sie Ihr Kleinkind beim Umherradeln auf einem Kindersitz, oder schließen Sie sich Ihren älteren Sprösslingen auf deren Touren an.
- Benutzen Sie einen Heimtrainer oder andere Trainingsgeräte, während Sie mit Ihrer Familie fernsehen.
- Viele Sportklubs bieten einen Babysitter-Dienst und/oder Fitnessräume für Kinder an. Schauen Sie sich um, denn dieser eine Service könnte darüber entscheiden, ob Sie sich überhaupt die Mühe machen, ein Training anzufangen.

- Entscheiden Sie sich für eine Mannschaftssportart wie Softball oder Volleyball, die auch von Familien genutzt werden kann. Informieren Sie sich darüber auf der Gemeinde und in Freizeitzentren.
- Probieren Sie als Familie eine neue Sportart aus. Kajakfahren, Reiten und Bergsteigen bieten hervorragende Ausflugsmöglichkeiten für Familien mit älteren Kindern.
- Eine Wanderung bietet die perfekte Möglichkeit für einen Familienausflug, bringt viel körperliche Bewegung an der frischen Luft und den malerischen Anblick der Natur. Packen Sie noch ein gesundes Picknick ein, und *voilà* - schon haben Sie alles, was Sie brauchen.
- Machen Sie einen Spaziergang mit der Familie. Wandern ist ausgezeichnet für die Spannkraft der Beinmuskulatur und verbrennt Kalorien. Außerdem bietet es Gelegenheit zu herzerfrischenden Gesprächen der Familienangehörigen.
- Erwägen Sie, mit einem oder mehreren Ihrer Kinder Tanzunterricht zu nehmen. Ballet, Country & Western, moderner Tanz, Stepp- oder Jazztanz sind ein wundervolles Training für nahezu jedes Alter.
- Lernen Sie gemeinsam eine östliche Bewegungsform. Tai Chi oder Kampfkünste jeder Art bieten faszinierende Möglichkeiten, und verbunden damit sind Lektionen über Gleichgewicht, Zentrierung, Atemtechniken und andere wichtige Hilfsmittel für Gelassenheit und Gemütsruhe.

Körperliche Bewegung gehört zu den wertvollsten Investitionen an Zeit und Energie, *besonders,* wenn Sie einer schweren Arbeit nachgehen und im Haus viel leisten müssen! Binden Sie Ihre Familie in Ihr Fitnessprogramm ein, dann bringen Sie ihnen wertvolle Methoden bei, mit ihrem eigenen Stress umzugehen. Und der größte Vorteil ist, dass Sie keine gemeinsame Zeit opfern müssen, um Ihrem Bedürfnis nach Fitness gerecht zu werden.

Was Sie sich merken sollten

- Wenn Fitness-Übungen Sie langweilen, liegt es wahrscheinlich daran, dass Ihr Trainingsprogramm nicht Ihrer Persönlichkeit oder Ihrer Lebensweise entspricht.

- Betrachten Sie Ihr Training nicht als optional, und planen Sie ein realistisches Trainingsprogramm für die Woche ein. Dann halten Sie sich daran, egal, was geschieht.

- Wenn Familienprobleme Sie vom Trainieren abhalten, suchen Sie nach Wegen, *mit* Ihrer Familie zu trainieren.

- Körperliche Bewegung verleiht Ihnen einen starken Energieschub, was zu mehr produktiven Stunden am Tag führt.

11. Schaffen Sie Zeit für die Liebe

»Für die Liebe sind Stunden Monate
und Tage Jahre, und jede kleine
Abwesenheit währt eine Ewigkeit.«

John Dryden (1631-1700)
Englischer Schriftsteller

Die Liebe kommt in vielerlei Gestalt, auch als romantische Liebe, Eltern-Kind-Liebe, Liebe zu Freunden und in Form der Beziehung, die Sie zu Ihrem Selbst haben. Ich muss der Person erst noch begegnen, die behauptet, keine Liebesbeziehung zu wollen. Doch viele Menschen beklagen sich bei mir, dass sie die Hoffnung aufgegeben haben, noch einen passenden Partner zu finden. Andere sagen, Sie hätten nicht genug Zeit, um sich an Ihren Kindern, der Ehe oder Freunden zu erfreuen. Viele Menschen nehmen sich nicht einmal die Zeit, sich durch ein paar allein verbrachte Minuten zu regenerieren.

In diesem Kapitel betrachten wir die zweite Spitze des Dreiecks der Lebensbereiche - die Liebe. Wir wollen Möglichkeiten untersuchen, mehr Energie in unseren Beziehungen zu spüren und das meiste aus der Zeit herauszuholen, die wir mit unseren Liebsten verbringen.

Mit Familie und Arbeit jonglieren

Ich schlug bereits vor, dass Sie positive Gedanken in Bezug auf Ihren Tagesplan haben sollten, um jedes Gefühl von Überarbeitung oder Hektik zu heilen. Wenn Sie ständig denken: »Ich habe nicht genug Zeit«, »Niemand unterstützt mich bei meinen Bemühungen« oder »Wie soll ich das alles nur schaffen«, werden Sie immer ein negatives Ergebnis erzielen. Diese Gedanken verringern Ihre Selbstachtung, entziehen Energie und entmutigen schöpferische Ideen.

Natürlich wollen Sie diese Ergebnisse nicht, also betrachten wir die Situation einmal anders! Visualisieren und konzentrieren Sie sich darauf, *was* Sie wollen, statt darauf, was Sie *nicht* wollen. Bejahen Sie für sich:

- Ich habe grenzenlose Energie, weil ich nach Bild und Ebenbild meines Schöpfers geschaffen bin, der reine Energie ist.
- Andere Menschen beantworten meine Bitten um Hilfe ganz selbstverständlich und frohen Herzens mit »Ja«.
- Starke Menschen wie ich delegieren Arbeit.
- Ich habe genug Zeit, mir meine Wünsche zu erfüllen.
- Ich habe es verdient, mich immer, wenn mir danach ist, auszuruhen und mir eine Auszeit zu nehmen.
- Für meine Kinder ist es vorteilhaft, wenn ich Ihnen häusliche Aufgaben übertrage.
- Mein Partner legt sich in häuslicher Hinsicht tüchtig ins Zeug und hilft mir gern, wenn ich ihn darum bitte.
- Ich habe es verdient, für mein inneres Wesen geliebt zu werden, nicht dafür, was ich im Außen tue.
- Ich sage auch einmal »Nein«, wenn ich das will.
- Ich lasse die Dinge und Begebenheiten los, die außerhalb meiner Kontrolle sind.

- Ich bin nicht für alles verantwortlich, was ringsum in der Welt geschieht.
- Ich bin ein Siegertyp!

Mehr Zeit für uns!

Viele Paare fühlen sich von der Zeit erdrückt, statt sich gegenseitig liebevoll zu drücken. Sie schieben romantische Augenblicke miteinander auf, weil sie glauben: »Romantik braucht Zeit. Ich warte besser damit, bis ich etwas mehr Luft habe. Dann kann ich die romantische Situation mit meinem Schatz besser genießen.« Fatalerweise stellen Paare, wenn sie romantische Augenblicke miteinander aufschieben, bald fest, dass Wärme und Leidenschaft aus der Beziehung gewichen sind. Viele Paare widmen ihren Hauspflanzen mehr Zeit und Aufmerksamkeit als ihrer Beziehung! Wir würden nie erwarten, dass ein Philodendron ohne Wasser gedeiht, aber irgendwie sollen unsere Ehen ohne jeden Aufwand an Zeit und Aufmerksamkeit wachsen und gedeihen.

Zum Glück benötigt Romantik nicht viel Zeit oder Mühe. Ich definiere Romantik sogar als »Spaß«. Obwohl wir Romantik normalerweise für etwas Spontanes halten, ist ironischerweise doch ein wenig Planung erforderlich, um einen stetigen Fluss an Wärme zu gewährleisten. Aber es ist wichtig, dass Sie nicht darauf warten, dass Ihr Partner »den ersten Schritt macht«. Sturheit in Sachen Romantik (»Ich wäre ja romantisch, aber er muss damit anfangen!«) ist ein sicherer Weg in eine frostige Beziehung. Ein Partner kann mit leichter Hand die Romantik ins Rollen bringen. Probieren Sie einmal für dreißig Tage einen der folgenden Tipps aus, und Sie werden feststellen, dass Ihre Beziehung sich beträchtlich erwärmt.

Feiern Sie Ihr tägliches Wiedersehen. Die ersten fünf Minuten, die Sie und Ihr Liebster oder Ihre Liebste sich am Ende des Tages sehen, bestimmen die Atmosphäre für den Rest des gemeinsamen Abends. Wenn Sie sich nach der Arbeit wiederbegegnen, seien Sie ganz füreinander da. Öffnen Sie nicht die Post und hören Sie nicht den Anrufbeantworter ab. Schicken Sie die Kinder für fünf Minuten auf ihr Zimmer. Dann setzen Sie sich mit Ihrem Schatz auf die Couch und halten Sie einander nur. Vielleicht massieren Sie ihm oder ihr den Nacken oder die Füße, um den Stress des Tages abzubauen und gegenseitige Fürsorge und Zuneigung auszudrücken. Dieses fünfminütige Ritual erinnert ein Paar daran, dass »wir ein eingeschworenes Team sind«. Paare, die sich nicht miteinander verbunden fühlen, sind nervlich immer ein wenig angespannt, was zu Zeitverschwendung und energieraubenden Streits führen kann.

Helfen Sie Ihrem Partner, IHNEN zu helfen! Nichts tötet eine Liebesbeziehung so schnell wie Groll, und viele Frauen stehen unter Dampf, weil ihre Ehegesponse zu Hause nicht genug tun. 1993 erbrachte eine Studie des Family and Work Institute, dass die Männer glauben, mehr Hausarbeit zu leisten, als es tatsächlich der Fall ist. (43 Prozent der Ehemänner bei Doppelverdienern gaben an, sie erledigten die halbe Hausarbeit, während nur 19 Prozent der Frauen bei Doppelverdienern den Eindruck hatten, dass Ihre Ehemänner die Hälfte übernahmen.) Frauen sind gewöhnlich fürsorglicher, und so fällt ihnen eher auf, wenn eine andere Person Hilfe braucht. Männer sind biologisch und gesellschaftlich nicht darauf konditioniert, nach Anzeichen zu suchen, dass jemand Hilfe benötigt; gewöhnlich muss man sie darauf hinweisen oder um Hilfe bitten. Das Fazit: Frauen müssen es normalerweise deutlich sagen, wenn sie zu Hause besondere Hilfe benötigen. Reden Sie mit Ihrem Partner und teilen Sie ihm Ihre Frustration mit, bevor die Sache zu einem Problem wird und Ihrer Beziehung schadet. Dann geben Sie ihm eine Liste mit zehn Dingen, bei denen er Ihnen im Haus helfen soll.

Machen Sie das Abendessen zu etwas Besonderem. Das Abendessen ist eine Gelegenheit für stark beschäftigte Paare, gemeinsam Zeit zu verbringen, also machen Sie es zu einer angenehmen Erfahrung. Meine Studien zeigen, dass Männer wie Frauen ein Essen bei Kerzenschein lieben und das sehr romantisch finden. Kaufen Sie im Lebensmittelladen oder beim Floristen an der Ecke frische Blumen, um dem Tisch beim Abendessen das gewisse Etwas zu verleihen. Schalten Sie den Fernseher oder das Radio aus und lassen Sie leise Musik laufen (vorzugsweise eine CD oder Kassette, damit Sie nicht Werbesendungen oder die Nachrichten im Radio hören müssen). Fahren Sie das Licht herunter, zünden Sie die Kerzen an und genießen Sie eine entspannte Mahlzeit miteinander. Kinder beruhigt der flackernde Kerzenschein, also scheuen Sie sich nicht, auch beim Essen mit der Familie Kerzen zu benutzen.

Überraschen Sie einander. Romantik muss nicht viel Zeit in Anspruch nehmen. Kleine Überraschungen bewirken viel, um die Energie in einer Beziehung angenehm aufzurütteln. Verstecken Sie kleine Liebesbriefe an überraschenden Stellen im Haus, wie unter dem Kissen, im Arzneimittelschrank oder in der Müsli-Dose. Machen Sie daraus eine Schatzsuche: Verstecken Sie eine Liebesgabe und verteilen Sie Hinweise darauf im Haus, die zu dem »vergrabenen Schatz« führen. Gibt es einen Gegenstand, den Ihr Schatz heiß und innig begehrt? Finden Sie es heraus und besorgen Sie ihn, dann werden Sie der Held oder die Heldin Ihres Partners sein!

Üben Sie sich in kleinen Aufmerksamkeiten. Stellen Sie Ihrem Schatz morgens die Vitamine raus. Programmieren Sie den Videorekorder so, dass er die Lieblingssendung Ihres Partners aufnimmt. Kaufen Sie Ihrem Schatz eine Thermoskanne, damit er oder sie beim nächsten Mal im Stau etwas Warmes zu trinken hat. Lassen Sie für Sie beide, oder nur für Ihren Partner, ein Schaumbad ein, das er genießen kann, während sie ihm oder ihr den Rücken massieren.

Verwandeln Sie gewöhnliche Momente in außergewöhnliche Augenblicke. Wer sagt, dass Romantik weit entfernten Plätzen vorbehalten sein muss wie exotischen Urlaubsorten, teuren Restaurants oder Wellness-Hotels? Die meisten Doppelverdiener verbringen ihre Abende zu Hause vor dem Fernseher. Also kuscheln Sie sich aneinander und halten Sie Händchen, wie bei Ihrem ersten gemeinsamen Kinobesuch. Machen Sie sich etwas Popcorn und mixen Sie Ihrer oder Ihrem Liebsten einen speziellen Drink. Massieren Sie einander die Füße.

Gehen Sie abends miteinander aus. Sobald Paare eine feste Beziehung eingehen, hören sie oft auf, abends miteinander auszugehen. Das ist ein Fehler - Langverheiratete, Frischvermählte und Paare mit kleinen Kindern - sie sollten alle ausgehen. Ein glückliches Paar aus meinem Bekanntenkreis, Eltern zweier Kinder, sind in ihrer vierzehnjährigen Ehe noch an jedem Freitagabend miteinander ausgegangen. Sie suchen sich abwechselnd aus, wohin sie gehen wollen, und halten eisern an ihren gemeinsamen Abenden fest. Wie der englische Stückeschreiber William Congreve im achtzehnten Jahrhundert schrieb: »Das Freien ist für die Ehe wie ein überaus geistreicher Prolog für ein recht abgeschmacktes Theaterstück.«

Zeitsparer für beschäftigte Eltern

Eltern kleiner Kinder fragen mich immer wieder, ob ich Ideen hätte, wie sie Ihre Ziele erreichen könnten, ohne kostbare Zeit für die Familie zu opfern. Diese Eltern fühlen sich gefangen zwischen dem Wunsch, ihr Leben zu verbessern, und echter Verantwortung gegenüber ihren Kindern. Manchmal kann ein Elternteil sich auch einfach nicht entscheiden, wie es seine oder ihre Zeit verbringen soll.

Studien zeigen, wie wenig Zeit Familien eigentlich dafür aufwenden, miteinander zu reden. 1994 ergab eine Angus-Reid-Umfrage, dass Fernsehen die Hauptbeschäftigung ist (durchschnittlich 6,3 Stunden pro Woche), der Eltern mit ihren Kindern nachgehen. Eltern-Kind-Aktivitäten wie Vorlesen oder bei den Hausaufgaben helfen erreichten bloß 2,1 Stunden pro Woche.

Jeder weiß, dass glückliche, erfüllte Eltern bessere Eltern sind. Aber die Eltern, auch einzelne Elternteile, wollen gar nicht so viel Zeit für Selbstverwirklichung aufwenden, wenn das die geistige oder körperliche Gesundheit ihres Kindes beeinträchtigt! Die Angus-Reid-Umfrage ergab außerdem, dass 64 Prozent der Doppelverdiener den Eindruck hatten, zu wenig Zeit für ihre Familien zu haben und ihnen nicht genug Aufmerksamkeit zu widmen.

Zum Glück gibt es Möglichkeiten, den Tagesablauf durchzuorganisieren. Als Mutter zweier Söhne, die inzwischen erwachsen sind, möchte ich Ihnen folgende Vorschläge machen:

Entwickeln Sie Routineabläufe und halten Sie daran fest. Kinder gewöhnen sich an Routineabläufe und wissen sie sogar zu schätzen. Es hilft ihnen, ihre Gedanken zu organisieren und zu wissen, was von ihnen erwartet wird. Halten Sie also eine Familienversammlung ab und beschließen Sie beispielsweise, dass

Samstag Waschtag ist, Montag und Donnerstag Einkäufe gemacht werden, Sonntag Familientag ist und so weiter.

Besprechen Sie auch tägliche Routineabläufe, an denen Sie dann festhalten. Bringen Sie den Kindern bei, wie sie sich morgens ihre Zeit einteilen. Legen Sie ihnen am Abend zuvor die Kleidung heraus und regeln Sie den Ablauf für das Duschen, Anziehen und Frühstücken. Erinnern Sie sie daran, dass sie ihre Hausaufgaben mit zur Schule nehmen müssen. Sorgen Sie auch dafür, dass Sie die Kontrolle über den Abend behalten, indem Sie sie wissen lassen: »Bis halb acht müssen die Hausaufgaben gemacht sein, gebadet wird um acht, Zähne geputzt und Schlafanzug angezogen wird um halb neun, die Lichter werden um neun gelöscht, und dann herrscht Nachtruhe.« Routineabläufe verhelfen Ihnen zu einem ungestörten Abend und greifen Problemen mit Kindern vor, die dagegen rebellieren, die Pflichten, die man von ihnen erwartet, zu erfüllen.

Übertragen Sie allen Familienangehörigen bestimmte Aufgaben und heften Sie eine Liste an den Kühlschrank. Wenn die Familienangehörigen genau wissen, was von ihnen erwartet wird, vermeidet das Streitigkeiten und Missverständnisse.

Viele Frauen haben den Eindruck, dass von ihnen erwartet wird, alles allein zu machen, aber oft delegieren sie Aufgaben nicht an die Männer und Kinder im Haushalt. Statt sich zu beklagen (was Energie kostet und zeitraubend ist), muss eine Frau mit klaren Worten umreißen, was sie von ihrer Familie erwartet.

Halten Sie also eine Familienversammlung ab und erörtern Sie, welche Aufgaben im Haushalt erledigt werden müssen, von wem und wie oft. Entwickeln Sie auch hierbei eine Routine. Billy füttert den Hund, wenn er von der Schule nach Hause kommt, Rachel deckt um achtzehn Uhr den Tisch, Dad stellt am Samstagabend die Mülltonnen raus. Schreiben Sie die Aufgabenverteilung auf und lassen Sie genug Platz, um eine Woche lang abhaken zu können, ob die Aufgaben auch erfüllt wurden, dann heften Sie die Liste an eine Stelle, an der alle sie sehen können.

Deponieren Sie alles, was das Haus verlässt, neben der Tür. Zeit ist kostbar, und niemand kann es sich leisten, noch einmal nach Hause zu fahren, um etwas zu holen, was vergessen wurde. Bringen Sie Ihre Familienmitglieder dazu, es sich zur Gewohnheit zu machen, alles, was das Haus verlässt (Hausaufgaben, Regenschirme, Aktentaschen, Schlüssel, Briefe, ausgeliehene Bücher, Flugtickets usw.), neben der Tür zu deponieren, wo man es am besten sehen kann.

Sie müssen agieren, nicht reagieren. Lassen Sie sich nicht durch Familienkrisen von Ihren Prioritäten abhalten. Wenn in den dreißig Minuten, die Sie sich für Yoga reserviert haben oder um Ihren Roman zu schreiben, ihre Kinder streiten, lassen Sie sich nicht von Ihrer Tätigkeit ablenken. Lassen Sie, außer in einem echten Notfall, nicht zu, dass familiäres Chaos Sie daran hindert, sich voll und ganz Ihrem Traum zu widmen. Glauben Sie mir, Ihre Kinder bemerken es und passen sich an Ihr Verhalten an. Sie tun Ihnen einen Gefallen, wenn Sie sich einer Politik befleißigen, die eine klare Abfolge der Wichtigkeit signalisiert.

Erwarten Sie keine Perfektion. Lassen Sie sich in Ihrer Planung und Ihren Gefühlen nicht beeinträchtigen, indem Sie erwarten, dass unwichtige Aufgaben perfekt ausgeführt werden. Spielt es denn wirklich eine Rolle, ob noch Staub unter dem Kühlschrank oder die Wäsche nicht perfekt zusammengelegt ist? Ihre Kinder sind vielleicht nicht so geübt darin, den Boden zu fegen, aber regen Sie sich nicht auf, wenn Sie eine Brotkrume oder zwei übersehen. Legen Sie sich bei Ihren Prioritäten dritten Ranges eine Haltung des »Gut genug ist gut genug« zu. Heben Sie sich den Perfektionismus für Dinge auf, bei denen er *wirklich* zählt.

Holen Sie sich Hilfe von außerhalb. Berufstätige Mütter, auch wenn sie von Zuhause aus arbeiten, ziehen großen Nutzen daraus, einen Haushälterservice zu beschäftigen. Lassen Sie diese unschätzbaren Helfer ein- oder zweimal im Monat kommen und das Großreinemachen übernehmen. Für rund 50 Dollar können Sie Ihre Sorgen über Staub unter den Schränken und Schmutz in der Spüle hinter sich lassen. Das Einkommen vieler Frauen steigt, sobald sie von der zeitraubenden Last des Reinigens von Duschen und Herden befreit sind. Vielleicht gibt es etwas Belangloses, was Ihr Budget nicht länger belasten muss, um die Haushaltshilfe zu bezahlen. Familienangehörige können trotzdem noch kleine tägliche Aufgaben übernehmen, um zwischen den professionellen Putzaktionen das Haus sauber zu halten.

Organisieren Sie Ihren Tagesablauf durch. Statt jeden Abend auf dem Weg nach Hause Ihre Einkäufe zu tätigen, könnten Sie viele Stunden Zeit sparen, wenn Sie nur einmal die Woche einkaufen gehen. Stellen Sie eine Tiefkühltasche in Ihr Auto, um verderbliche Ware bei langen Einkläufen frisch zu halten. Kaufen Sie zu Zeiten und an Tagen ein, wenn nicht so viel los ist. Ergänzen Sie Ihre größeren wöchentlichen Einkäufe durch gelegentliche Aufenthalte in kleineren Läden in Ihrem Viertel, um sich frische Milch und Frischfleisch zu besorgen (wo sie hohe Qualität zu einem günstigen Preis bekommen). Verbinden Sie Ihre Besorgungen miteinander, so dass Sie Warenhaus, Supermarkt und Friseur alle am gleichen Tag besuchen können. Zögern Sie nicht, Ihren Lebenspartner oder Ihre halbwüchsigen Kinder zu bitten, auf dem Heimweg die Wäsche aus der Reinigung oder einen Liter Milch mitzubringen. Stellen Sie einen regelmäßigen Speiseplan auf - Nudeln am Montag, Hühnchen am Dienstag, Frikadellen am Mittwoch und so weiter -, so dass Sie effektiver einkaufen können und sich nicht über Rezeptideen den Kopf zerbrechen müssen.

Nutzen Sie Wartezeiten. Sie sitzen beim Zahnarzt und warten, während die Zähne Ihrer Kinder untersucht werden. Statt eine alte Ausgabe von *Field and Stream* durchzublättern, nutzen Sie die freie Zeit. Führen Sie ein kleines Notizbuch bei sich, so dass Sie ein kurzes Hallo oder Dankeschön für Freunde, die nicht in der Stadt wohnen, auf einen Zettel kritzeln können. Haben Sie jederzeit ein gutes Buch oder eine interessante Zeitschrift im Wagen liegen. Wenn Sie wissen, dass Sie in einer Schlange warten oder in einem Wartezimmer sitzen müssen, können Sie etwas Schönes lesen.

Reservieren Sie sich Zeit für die Familie. Schließlich ist sie einer der Hauptgründe, weshalb wir so schwer arbeiten! Wie in jeder Beziehung ist es auch hier wichtig, gemeinsame Zeit einzuplanen. Reservieren Sie Zeit für regelmäßige Familientage, wie sonntags, an denen jeder sich für alle Zeit nimmt. Dann besuchen Sie einen Park oder gehen an einen See und genießen ein gemeinsames Picknick. Gehen Sie in die Kirche und halten Sie gemeinsam Andacht. Gehen Sie vormittags ins Kino. Kaufen Sie ein neues Hündchen oder ein Kätzchen. Lassen Sie Drachen steigen, schaukeln Sie, mieten Sie sich ein Boot. Das *Was* spielt keine Rolle... solange Sie nur alle Zeit miteinander verbringen.

Stellen Sie Autoritäten in Frage. Ihr Boss bittet Sie, an dem Abend, an dem Ihr Kind eine Theateraufführung hat, Überstunden zu machen. Ihr Geschäftsführer schlägt sie als Vorstand eines neuen Ausschusses vor, was erforderlich macht, dass Sie sieben Tage im Monat auf Reisen sind. Ihr direkter Vorgesetzer teilt Ihnen mit, dass die Firma nicht mehr die Gesundheitsvorsorge für Familienangehörige bezahlt. Was tun Sie? Auch wenn Jobs kostbar zu sein scheinen und es angeblich nicht mehr viele gibt, hat Ihre Familie doch oberste Priorität. Sprechen Sie mit Ihrem Chef darüber, dass es Sie beunruhigt, solange von Ihrer

Familie getrennt zu sein. Sagen Sie nicht automatisch »Ja« bei Bitten, die Sie von Ihren Liebsten trennen. Viele Firmen bieten eine Art Kinderhort an; vielleicht wird es Zeit, sich auf dem Arbeitsmarkt nach einer Firma umzusehen, die familienfreundlicher ist.

Binden Sie Ihre Familie in Ihre persönlichen Routineabläufe ein. Wer sagt, dass man sich allein um sich kümmern muss? Laden Sie Ihre Kinder ein, sich Ihnen bei einem entspannenden Jogging-Lauf oder einer Fahrradfahrt rund um den Block anzuschließen. Spielen Sie gemeinsam Tennis. Nehmen Sie Ihren Sohn oder Ihre Tochter zu einem Nachmittagstee oder einem gesellschaftlichen Ereignis mit. Belegen Sie mit Ihrem Halbwüchsigen einen Volkshochschulkurs für Fotografie, Tai Chi oder Schauspiel. Besuchen Sie ein Fitness-Studio, das Babysitter-Dienste anbietet und/oder Aktivitäten für Kinder. Nehmen Sie Ihre Kinder mit ins Büro, wenn Sie samstags arbeiten müssen. Bitten Sie Ihre Familie, Ihnen bei der Planung Ihres neuen Werbefeldzugs zu helfen. Was Sie auch für sich tun, sehen Sie zu, ob Sie Ihre Familie nicht einbeziehen können. Sorgen Sie dafür, dass jeder Augenblick zählt!

Loben Sie Ihre Kinder für Ihre Bemühungen. Jeder braucht Streicheleinheiten und Wertschätzung. Wenn die Kinder sich also beim Aufräumen der Küche und so weiter tüchtig ins Zeug legen, sparen Sie nicht mit lobenden Worten. Ein Lächeln oder ein Dankeschön ermutigt Ihr Kind, Ihnen auch in Zukunft zu helfen.

Belohnen Sie sich selbst. Sie alle arbeiten schwer, also gönnen Sie sich auch einmal etwas. Führen Sie Ihre Familie in eine Eisdiehle aus, ins Kino oder zu einem sportlichen Ereignis. Erklären Sie, die Tatsache feiern zu wollen, dass Sie eine Familie sind.

Feiern Sie Moms neue Beförderung oder Johnnys Sieg beim Baseball. Ihre Familie wird sich wie ein Siegerteam vorkommen!

Halten Sie Störungen und Unterbrechungen fern. Lassen Sie sich nicht durch einen Telefonanruf oder einen unerwarteten Besucher abhalten, Zeit mit Ihren Kindern zu verbringen! Lassen Sie den Anrufbeantworter die Anrufe aufnehmen und sagen Sie den ungeladenen Gästen, dass Sie sich freuen, sie zu sehen, aber im Augenblick leider keine Zeit haben und sie deshalb auf ein anderes Mal vertrösten müssen. Geben Sie gegenüber Anrufern frei heraus zu, dass Ihre Zeit mit der Familie oberste Priorität hat und Sie sich jetzt um sie kümmern müssen. Dafür werden Sie Respekt ernten!

Erschaffen Sie Zeit für sich und Ihren Partner allein. Die meisten Eltern wird das Ergebnis der Umfrage, die die Massachusetts Mutual Life Insurance 1993 durchführte, nicht überraschen: Mütter und Väter wollen Zeit für sich selbst! 75 Prozent der berufstätigen Mütter, 65 Prozent der nicht berufstätigen Mütter und 33 Prozent der berufstätigen Väter gaben an, sie hätten nicht genug freie Zeit ohne ihre Kinder.

Als mein Bruder und ich noch klein waren, zogen meine Eltern sich oft in ihr Schlafzimmer zurück und hängten ein »Bitte nicht stören«-Schild an die Tür. Wir Kinder dachten uns nichts dabei, aber als Erwachsene habe ich immensen Respekt vor der Tatsache, dass meine Eltern Zeit für sich allein schufen. Vielleicht wechseln Sie sich mit Freunden, die ebenfalls Kinder haben, als Babysitter ab und gehen einmal die Woche nur zu zweit aus. Geben Sie Ihrer Ehe die oberste Priorität, dann wird sich das über kurz oder lang vorteilhaft für Ihre Kinder auswirken.

Organisieren Sie sich. Ihr Haushalt muss, genau wie Ihr Büro, gut gemanagt werden, damit alles richtig läuft. Machen Sie es sich leicht, indem Sie Ihr Zuhause so organisieren, dass sie allen Zeit und Ärger ersparen. Misten Sie einmal im Jahr Ihre Schränke aus und ordnen Sie die Gegenstände in Ihrem Haus so an, dass sie benutzerfreundlich organisiert sind. Falsch stehende Gegenstände können stressige Zeitverschwender sein. Hängen Sie einen großen Kalender an Ihre Küchenwand, um mit den privaten und Familienaktivitäten Schritt zu halten. Befestigen Sie irgendwo eine Kombination aus Kreidetafel und Steckbrett (mit reichlich Kreide und Nadeln!), auf der Familienmitglieder sich gegenseitig Nachrichten hinterlassen können.

Halten Sie regelmäßig Familienversammlungen ab. Planen Sie ein- oder zweimal im Monat ein paar Stunden ein, um miteinander über Familienziele, Probleme, Aufgaben, Urlaube und gemeinsame Aktivitäten zu sprechen. Wechseln Sie sich bei der Leitung der Besprechung und beim Überwachen der Sprechzeit ab. Die Kinder werden bei diesen Besprechungen die Kunst effektiver Kommunikation lernen - eine wertvolle Fähigkeit für Ihren Werdegang als Erwachsene. Legen Sie Grundregeln für Familienversammlungen fest, wie keine Beschimpfungen, keine Unterbrechungen, unbedingte Pünktlichkeit und Anwesenheit.

Planen Sie voraus. Nicht nur wird Ihr Tagesablauf organisierter sein, Sie werden auch ein Beispiel für Ihre Kinder setzen, wenn Sie klare Strategien des Zeitmanagements in Ihr tägliches Leben einführen. Will Ihre Tochter beispielsweise im nächsten Monat an der Geburtsparty einer Freundin teilnehmen? Kaufen Sie das Geburtstagsgeschenk bei der nächsten Einkaufstour, um zu verhindern, dass Sie in letzter Minute losziehen muss. Auch tägliche Abläufe können vorausgeplant werden: Wenn Ihr Sohn immer um acht ins Bett geht, soll er es so einrichten, dass er bis sieben mit den Hausaufgaben fertig ist, seine Spielsachen weggeräumt hat und bis halb sieben seine Kleidung für den nächsten Tag rausgelegt ist. So können Sie ihm vor der Schlafenszeit noch eine halbe Stunde etwas vorlesen oder sich miteinander unterhalten.

Machen Sie sich unverplante Zeit zunutze. Haben Sie noch ein Viertelstündchen, bevor Sie zur Arbeit müssen? Schnappen Sie sich Ihr Kind und trinken Sie zusammen eine heiße Tasse Kakao. Müssen die Spaghetti noch fünf Minuten sieden, bevor sie essfertig sind? Verbringen Sie die Zeit beim Spielen mit Ihrem Sohn oder Ihrer Tochter auf dem Boden. Ein paar Minuten hier und da werden für Ihr Kind zu besonderen Augenblicken. Warten Sie nicht auf diesen mythischen Tag in der Zukunft, an dem Sie »mehr Zeit haben« werden! Schaffen Sie durch diese Abschnitte von fünf, zehn oder fünfzehn Minuten Länge Gemeinsamkeiten mit Ihren Familienmitgliedern.

Wie Sie mehr Zeit für sich finden!

In einem ihrer beliebtesten Songs erzählt die Sängerin Whitney Houston, wie sie die größte Liebe von allen ausgerechnet in sich selbst fand. Nun, damit hat sie vollkommen recht! Vergessen wir nicht eine unserer wichtigsten Liebesbeziehungen: die zu uns selbst. Ob Sie allein leben, mit jemandem zusammen oder in einer großen Familie, sie brauchen dennoch Zeit für sich. Aber die tägliche Hektik und vielfältige Verpflichtungen können einem den Eindruck geben, dass etwas Zeit für sich ein völlig unrealistischer Traum ist.

Im Folgenden will ich Ihnen Möglichkeiten nahebringen, wie man ein paar Augenblicke für sich findet. Sie werden sich neu belebt und erfrischt fühlen, wenn Sie diese Vorschläge umsetzen, die letzten Endes auch in jeder anderen Hinsicht helfen.

1. Tun Sie's einfach! Warten Sie nicht, bis Ihrer Familie auffällt, dass Sie Zeit für sich brauchen. Dieser Moment wird vielleicht nie kommen! Planen Sie dreißig Minuten am Tag ein, um sie allein zu verbringen. Hängen Sie ein »Bitte nicht stören»-Schild an Ihre Schlafzimmertür. Oder bezahlen Sie einem verantwortungsbewussten Nachbarskind zehn Dollar, damit es für eine Stunde auf Ihre Kinder aufpasst, und sagen Sie ihm, sie wollen nicht gestört werden.

2. Dann machen Sie ein Nickerchen, lesen einen Roman oder träumen in den Tag hinein. Entspannen Sie sich bei einem Schaumbad, komplett mit Duftkerzen rund um die Wanne. Machen Sie einen Spaziergang in der Natur, sehen Sie sich diese Liebeskomödie an, die sonst keiner sehen will, oder stöbern Sie in den Läden nach etwas Besonderem. Lassen Sie sich massieren, pediküren oder das Gesicht behandeln. Meditieren Sie, beten Sie oder machen Sie Dehnübungen. Malen Sie ein Aquarell Ihrer Lieblingslandschaft, während Sie klassischer Musik lauschen. Schreiben Sie ein Gedicht, laufen Sie barfuß durchs Gras, spielen Sie Guitarre.

Hauptsache ist, *Sie tun es einfach* - schaffen sich eine halbe Stunde nur für sich selbst, selbst wenn das heißt, nicht so lange fernsehen oder mit Freundinnen telefonieren zu können. Denken Sie daran: Sie sind es wert!

Romantik umgibt Sie

Viel beschäftigte Singles, besonders allein erziehende Eltern, haben oft Schwierigkeiten, genug Zeit zu finden, um neue Freunde kennenzulernen oder auszugehen. Wie sollen Sie Ihrem Sohn bei den Hausaufgaben helfen, Ihre Tochter zum Schwimmunterricht bringen und zu einer Verabredung gehen -das alles am gleichen Abend?

Einige Singles haben einfach aufgegeben oder mit ihrem Liebesleben ausgesetzt, bis ihre Kinder älter sind. Andere haben ein Liebesleben mit Unterbrechungen und gehen nur gelegentlich aus. Aber viele Singles sehnen sich nach der Romantik und Kameradschaft einer festen Beziehung. Ihre knapp bemessene Zeit verhindert jedoch, dass sie mit jemandem ein Rendezvous haben.

Es folgen einige Vorschläge aus meiner eigenen Erfahrung als allein erziehende Mutter und aus der Arbeit mit anderen Singles, Klienten und Teilnehmern meiner Workshops des letzten Dutzend Jahre:

1. Gestalten Sie Ihr Leben unverzüglich angenehm und romantisch. Es ist ein Fehler, die Freude am Leben aufzuschieben, während Sie darauf warten, wieder in einer Beziehung zu leben. Romantik ist ein Bewusstseinszustand, und Sie haben es verdient, dieses angenehme Gefühl täglich zu erfahren - mit oder ohne Partner. Außerdem verbessert alles, was Ihrer Stimmung Auftrieb verleiht, Ihre Gelegenheiten, Herr oder Frau Richtig zu finden. Wir sind naturgemäß freundlicher, nach außen gerichteter und anziehender, wenn wir in guter Stimmung sind!

Also schaffen Sie in Ihrem Zuhause mit frischen Blumen und Kerzen eine romantische Atmosphäre. Entspannen Sie sich in einem heißen Schaumbad, umgeben von Kerzen und begleitet von leiser Musik, großartiger Lektüre und einem erfrischenden Getränk. Sehen Sie sich einen romantischen Film an, wiegen Sie sich zu klassischer Musik, verwandeln Sie ihr Schlafzimmer in eine angenehme Zuflucht, vollgestopft mit Kissen, frischer Wäsche und Blumen. Kinder beruhigt Kerzenschein und leise Musik, also zögern Sie nicht, sich romantischen Aktivitäten hinzugeben, nur weil die Kinder um Sie herum sind.

2. *Gehen Sie aus.* Sie können dem Mann oder der Frau Ihrer Träume nicht begegnen, wenn Sie sich Zuhause eingraben (mit Ausnahme eines Pizzalieferanten). Außerdem wollen Sie doch wohl nicht Ihr Leben in der Warteschleife verbringen, bis eine Beziehung Ihnen wieder das Gefühl gibt, vollständig zu sein. Dafür sind Abendschulen und Kurse zur Selbstvervollkommnung perfekt: Sie locken Sie aus dem Haus, damit Sie neue Bekanntschaften machen können, und helfen Ihnen außerdem, Ihr Leben zu bereichern.

In den meisten Gemeinden gibt es Zentren für Erwachsenenbildung, die interessante Abendkurse und Wochenendseminare anbieten. Was für eine perfekte Möglichkeit, etwas Neues zu lernen und dabei Freundschaften zu schließen! An vielen Kursen können auch ältere Kinder teilnehmen, manchmal wird sogar dazu ermutigt, und so müssen Sie nicht das Gefühl haben, Ihrer Familie Zeit zu stehlen, wenn Sie einmal einen Abend außer Haus verbringen möchten.

Gruppen für spirituelles Wachstum sind eine andere Möglichkeit, seinen Spaß zu haben und Bekanntschaften zu machen. Studiengruppen von *Ein Kurs in Wundern,* Meditations- oder Yogakurse und Übungskreise für die mediale Weiterentwicklung stimulieren Ihr Selbstwachstum in mehr als einer Hinsicht. Rufen Sie den Esobuchladen in Ihrem Ort an und lassen Sie sich Informationen über Gruppen in Ihrem Gebiet geben.

3. *Seien Sie zugänglich.* In Frage kommende Rendezvous- und Ehepartner gibt es *überall* in Hülle und Fülle! Ich muss immer kichern, wenn Teilnehmer meines Workshops sich beklagen, dass es »nirgends mehr gute Singles« gibt. Es sind gewöhnlich die gleichen Leute, die sich darüber beklagen, dass »zu viele Menschen unterwegs« sind oder »die Menschenmenge in der Bank, in der Post, im Einkaufsladen und so weiter schier überwältigend« ist. Diese Menschenmenge ist vollgepropft mit po-

tenziellen Beziehungspartnern. Aber wir übersehen oft diese natürlichen Quellen für geeignete Begegnungen, weil wir in Eile sind oder annehmen, dass Romantik nur an ausgewählten »Rendezvous»-Orten stattfindet.

Seien Sie offen dafür, potenziellen Partnern auch an gewöhnlichen Orten zu begegnen, die Sie während Ihrer geschäftigen Woche frequentieren: dem Lebensmittelladen, der chemischen Reinigung, der Bibliothek, der Post, dem Milchwarenladen, der Videothek, der Bank, dem Pendlerbus oder dem Zug, dem Fitness-Studio, dem Tierarzt oder der Tankstelle. Wenn Sie das Haus verlassen, nehmen Sie freundlichen Augenkontakt mit anderen Menschen auf. Tragen Sie etwas, woran sich ein Gespräch anknüpfen lässt: eine auffällige Brosche, ein T-Shirt mit Aufdruck, ein Buch, ein Sportgerät oder ein Haustier. Wenn Sie jemand anlächelt, sagen Sie »Hallo« und lassen Sie der Natur Ihren Lauf. Nehmen Sie das Beste an, wenn Sie mit einem neuen Bekannten sprechen (»Es fällt mir leicht, Freundschaften zu schließen«, »Die Menschen mögen mich«), damit Sie eine positive Ausstrahlung haben. Konzentrieren Sie sich darauf, Spaß zu haben, und Sie werden sich weniger Sorgen wegen Ihres Selbstbewusstseins machen.

4. *Treffen Sie sich mit Freunden.* Studien zeigen, dass die meisten Menschen Ihrem künftigen Lebenspartner durch Freunde vorgestellt werden. Immerhin teilen wir mit unseren Freunden gemeinsame Werte. Es ergibt also Sinn, dass die Freunde unserer Freunde unsere Werte ebenfalls teilen - ein Schlüsselelement für erfolgreiche Liebesbeziehungen.

Viel beschäftigte Menschen haben manchmal wenig Zeit für Freundschaften. Kein Problem! Sie können Ihr gesellschaftliches Leben organisieren, indem Sie ein Abendessen oder eine Cocktailparty aus dem Stehgreif vorschlagen. Wenn jeder ein Gericht oder Getränk mitbringt, muss niemand zu schwer arbeiten, um einen netten Abend miteinander zu erschaffen. Andere Ideen wären eine gemeinsame Fahrradtour, ein Volleyball- oder Softballspiel, ein gemeinsamer Urlaub oder eine zweiwöchentliche Diskussionsgruppe. Sie können sich ohne viel Zeitaufwand und Probleme über Ihre Freunde auf dem Laufenden halten und *deren* Single-Freunde treffen. Achten Sie darauf, dass Sie bei diesen Ereignissen auch alle Kinder einladen.

5. *Entscheiden Sie, was Sie wollen.* In Kapitel drei habe ich erörtert, wie ich Visualisierungen und Affirmationen einsetzte, um Michael zu finden, den Mann meiner Träume. Ich schrieb eine detaillierte Beschreibung jeder Eigenschaft auf, die mir an einem Mann wichtig ist. Statt mich mit einem Mann zu treffen, der zufällig in mein Leben geschneit kam (und dann zu versuchen, aus ihm den Mann zu machen, den ich wirklich wollte), begann ich also mit einem Mann, der zu mir passte. Diese aktive Methode der Begegnung hat sich als so viel befriedigender herausgestellt als meine alte, reaktive Vorgehensweise!

Mein Vorschlag wäre, dass Sie für sich klären, welche Eigenschaften ein Mann für Sie genau haben soll. Sie wissen bereits, mit welchen Gewohnheiten Sie nie klar kamen (wie Untreue, Unaufrichtigkeit, Falschheit usw.). Dies ist also Ihre Chance, wirklich genau festzulegen, was Sie *wollen!* Schreiben Sie alle Eigenschaften Ihres Traummannes auf. Aber lassen Sie die Eigenschaften aus, die Ihnen wirklich egal sind (wie zum Beispiel, ob die Person braune oder blaue Augen hat usw.)

Und sobald Sie Ihre Liste erstellt haben:

6. *Rufen Sie Cupido an.* Der kleine geflügelte Cherub existiert wirklich auf der Ebene des inneren und spirituellen Beistand. Seien Sie entschlossen, Ihrem richtigen Partner zu begegnen, und beten Sie um spirituelle Führung. Visualisieren Sie, wie Cupido überall herumfliegt und dann den perfekten Mann für Sie

findet. Sehen Sie, wie Cupido eine Anzahl von Zufällen arrangiert, die darin gipfeln, dass Sie beide sich begegnen. Achten Sie auf jedes Bauchgefühl und jede Ahnung, die dazu führen könnte, dass Sie Herrn oder Frau Richtig treffen. Dann folgen Sie Ihrem Instinkt (wie ich es Gott sei Dank tat!), auch wenn es Ihnen dumm oder unlogisch erscheint. Vertrauen Sie darauf: Cupido macht das Unmögliche … möglich!

Heilung Ihres Liebeslebens

Viele meiner Klienten sind verheiratete Frauen, und auch wenn Sie mich anfangs vielleicht nicht wegen ehelicher Probleme aufsuchen, ergibt sich das Thema oft. Ich bin in traditioneller Psychotherapie für Ehe, Familie und Kinder ausgebildet. Ich habe alle erforderlichen Kurse belegt, um als Eheberaterin arbeiten zu dürfen. Doch trotz meiner ganzen traditionellen Ausbildung lehre ich meine Klienten spirituelle Heilmethoden, um ihre Schwierigkeiten mit dem Liebesleben zu heilen. Dazu gehört, sich auf die spirituelle Wahrheit Ihres oder Ihrer Liebsten auszurichten und sich zu weigern, etwas anderes zu sehen als den wahren Zustand eines vollkommenen Wesen, gänzlich aus Gottes Liebe und Weisheit beschaffen. Diese Person ist einzig der Liebe und des liebevollen Verhaltens fähig, und alles andere, was der Fall zu sein scheint, ist nur Illusion.

Worauf immer Sie Ihre Aufmerksamkeit richten, *verstärken* Sie. wenn Sie sich auf das wahre, liebevolle Wesen einer Person konzentrieren, wird auch ihr liebevolles Verhalten zunehmen. Tun Sie jedoch das, was die traditionelle Psychologie empfiehlt – und analysieren Sie, was mit dieser Person oder mit Ihrer Beziehung nicht stimmt –, dann seien Sie nicht überrascht, wenn die *Probleme* zunehmen!

Aus diesem Grund schlage ich meinen Klienten vor, auf lange Diskussionen mit ihren Freunden oder Mitgliedern der Therapiegruppe über ihre »Beziehungsprobleme« zu verzichten. Abgesehen von Geisteskrankheiten, Missbrauch oder Drogenabhängigkeit sprechen so gut wie alle Beziehungsprobleme (auch die gerade genannten) hervorragend auf spirituelle Heilung an. Sehen Sie einzig die Liebe in Ihrem Partner, dann bekommen Sie die auch zurück. Je inniger und reiner Sie sich auf die wahre Natur Ihres Partners konzentrieren, desto schneller werden Sie erleben, wie sein oder ihr Verhalten Ihnen gegenüber sich ändert. Es liebt allen buchstäblich *die Hölle aus dem Leib!*

Durch spirituelles Heilen wird Verdrießlichkeit zu Wärme, sprachliche Ohnmacht zu offener Kommunikation, und distanzierte Menschen kommen einander näher. Jeder spürt es, wenn er geschätzt und geliebt wird, und wenn Sie Ihren Liebesstrahl auf den Partner richten, können Sie in seinem oder ihrem Herzen einen Eisberg zum Schmelzen bringen. Auch Sie werden sich dann liebevoller fühlen, Ihrem Partner enger verbunden, und Sie werden feststellen, dass Sie sich wieder in ihn verlieben. Wenn Sie spirituelles Heilen anwenden, wird Ihnen das wundervolle Ergebnisse bringen. Liebe versagt nie!

Heilung von Konflikten

Unnötige Streits sind eine kolossale Verschwendung von Zeit und Energie. Da ist zum Einen die körperliche Erschöpfung, und durch die Aufregung wird Adrenalin ausgeschüttet. Dann zehrt es noch mehr an Ihnen, wenn Sie den Streit immer wieder in Gedanken durchspielen und nach kleinen Beweisen suchen, dass die andere Person Schuld hat. Anschließend machen Sie sich Sorgen und fragen sich, wie es jetzt weitergehen soll. Sollen

Sie die Beziehung beenden? Sollen Sie es ausdiskutieren und sich wieder vertragen? Was für eine auszehrende Erfahrung!

Es gibt einen besseren Weg, mit solchen Situationen umzugehen! Nehmen Sie beispielsweise Sheila:

Sheila und Mark waren seit 22 Jahren verheiratet und besaßen eine Versicherungsagentur, die sie gemeinsam führten. Mark machte es enorm viel Spaß, Versicherungen zu verkaufen, und er erzielte ein hohes Einkommen. Sheila gefiel es jedoch ganz und gar nicht, die Buchhalterin des Büros zu sein. In ihrem Herzen sehnte sie sich nach einer künstlerischen, kreativen Tätigkeit. Aber woher sollte Sie angesichts ihrer ganztätigen Arbeit und der ständigen häuslichen und familiären Verpflichtungen die Zeit nehmen, ein neues Handwerk zu erlernen?

Sheila machte Mark mehrmals den Vorschlag, einen Buchhalter anzustellen, der ihren Platz einnahm, und jedes Mal endete das für das Paar im Streit. Ich bat Sheila, mir Ihre geistige Verfassung zu beschreiben, wenn es darum ging, mit Mark über ihr Dilemma zu sprechen. Es überraschte mich nicht zu erfahren, dass Sheila von Mark erwartete, dagegen zu sein und sich entsprechend zu äußern, weil er dieses Verhalten immer an den Tag gelegt hatte.

Ich bat Sheila, sich geistig vorzustellen, wie Mark und sie liebevoll übereinstimmten, dass die Anstellung eines Buchhalters für das Paar persönlich und finanziell sinnvoll war. Sie stellte sich vor, wie Mark sie lächelnd umarmte und bereitwillig auf ihren Wunsch einging. »Aber er hat schon drei Mal ›nein‹ gesagt«, widersprach sie, als ich sie bat, Mark noch einmal zu fragen.

»Er wird auch ein viertes Mal ›nein‹ sagen, wenn Sie das erwarten.« Ich riet ihr: »Denken Sie an das, was Sie wollen, nicht an das, was Sie nicht wollen.«

Sheila erklärte sich bereit, mit Mark zu reden, während sie die feste Überzeugung hegte, dass es positiv ausging. Anderntags rief sie mich mit fassungslosem Staunen in der Stimme an. »Es hat geklappt!«, schrie sie förmlich ins Telefon. »Mark hat ›ja‹ gesagt, genau wie ich es imaginierte.« Nach unserem Gespräch legte ich auf, erfreut, aber nicht erstaunt über Sheilas Erlebnis.

Auch Sie können mit Ihrem oder Ihrer Liebsten durch positive Erwartungen jedes Szenario erschaffen, das Sie sich wünschen. Ich kann diesen Punkt gar nicht deutlich genug hervorheben:

Konzentrieren Sie sich auf das, was Sie wollen,
nicht auf das, was Sie nicht wollen.

Heilung von Eltern-Kind-Beziehungen

So wie es die Beziehung heilt, wenn Sie die Wahrheit über Ihren Partner oder Liebsten kennen, so funktioniert diese Methode auch wundervoll zwischen Eltern und Kind.

Meine Klientin Janice machte sich große Sorgen wegen ihrer halbwüchsigen Tochter Ashley. »In letzter Zeit komme ich so schlecht mit ihr zurecht«, erzählte mir Janice. »Ashley ist so verschlossen, rechthaberisch und respektlos. Je mehr ich sie damit konfrontiere, desto schlimmer scheint es zu werden. Nicht nur das, ich fand sogar neulich eine Broschüre in ihrem Zimmer, die mich befürchten lässt, Ashley könnte einer Sekte beitreten. Helfen Sie mir! Was kann ich tun?«

Ich bot Janice mehrere Möglichkeiten an, und sie entschied sich für spirituelles Heilen. Jedes Mal, wenn sie Ashley sah, an sie dachte oder mit ihr Umgang hatte, würde Janice wissen – absolut wissen –, dass ihre halbwüchsige Tochter ein geweihtes, liebevolles Kind Gottes war. Janice würde sich erinnern, dass Gott Ashley zu einem höheren Zweck ins Leben gerufen hatte und dass Ashley Janice von den Engeln geschickt worden war.

Innerhalb einer Woche war die ganze Situation vollständig geheilt. Ashley reagierte prompt auf die spirituelle Behandlung (wie die meisten Kinder), indem sie ihre kalte Verteidigungshaltung und sarkastische Einstellung fallen ließ. Statt dessen begann sie mehr Zeit mit der Familie zu verbringen und wurde zu der liebevollen, kooperativen Tochter, die Janice visualisiert hatte.

Spirituelle Heilung funktioniert bestens bei allen Beziehungen in Ihrem Leben, auch bei Verwandten (verstorbenen und lebenden), Freunden, Mitarbeitern, Vorgesetzten, Nachbarn, Ladenverkäufern ... und sogar bei Haustieren!

Was Sie sich merken sollten

- Romantik muss nicht viel Zeit in Anspruch nehmen. Kleine Aufmerksamkeiten, Spaß und Nähe retten Beziehungen und helfen Paaren, zeitraubende Konflikte zu vermeiden.

- Entwickeln Sie mit Ihrer Familie Routineabläufe und übertragen Sie Aufgaben. Halten Sie an Ihren Prioritäten fest und erwarten Sie keine Perfektion, wenn es um relativ belanglose Dinge geht.

- Vernachlässigen Sie nicht Ihre wichtigste Liebesbeziehung: die zu sich selbst. Nehmen Sie sich am Tag wenigstens dreißig Minuten Zeit, um auf vergnügliche oder entspannende Weise mit sich allein zu sein.

- Auch der fleißigste Single kann sich an Romantik, Freundschaft und einem wundervollen Liebesleben erfreuen.

- Sobald Sie sich in einer Beziehung darauf konzentrieren, »was falsch läuft«, wird alles nur noch schlimmer. Konzentrieren Sie sich darauf, was Sie in Ihrem Liebesleben *wollen,* nicht darauf, was Sie nicht wollen.

- Sehen Sie die wahre, liebevolle Natur Ihrer geliebten Nächsten, und sie werden Ihnen die gleiche Liebe entgegenbringen.

12. Mehr Zeit für Beruf und Finanzen

»Große Geister haben Absichten,
andere haben Wünsche.«

Washington Irving (1783-1859)
Amerikanischer Schriftsteller

Viele Menschen träumen davon, sich zu verändern und ihren Job an den Nagel zu hängen, oder davon, mehr Geld zu verdienen. Bei einer Umfrage der Zeitschrift *Money* im Jahr 1995 sagten 65 Prozent der Teilnehmer, dass sie im Vergleich zum Vorjahr härter und länger arbeiteten und weniger Urlaub nähmen. Wenn eine knappe Barschaft Sie dazu zwingt, immer mehr Stunden mit einem ungeliebten Job zu verbringen, wie sollen Sie dann genug Zeit oder Energie aufwenden können, um sich beruflich zu verändern? Dieses Kapitel konzentriert sich auf die dritte Spitze der Triade der Lebensbereiche - Beruf und Finanzen.

Das ist ein sehr wichtiger Lebensbereich, keine Frage. Unsere Erwerbskraft hängt von der Menge an freier Zeit ab, der wir uns erfreuen, von der Qualität unserer gesundheitlichen Versorgung und der Fähigkeit, einen Rechtsstreit bezahlen zu können, sogar von der Sicherheit des Viertels, in dem wir wohnen, oder dem Wagen, den wir fahren! Geld kann in manchen Situationen buchstäblich über Leben und Tod entscheiden.

Bei dieser großen Bedeutung, die Geld hat, ist es kein Wunder, dass viele Menschen sich verzweifelt Sorgen machen, wie sie ihr finanzielles Los verbessern können. Andere Menschen sehnen sich nach etwas noch Wertvollerem als Geld: einem sinnvollen Beruf. Heutzutage wollen zahlreiche ausgebrannte Lohnabhängige ihren Job hinschmeißen, alles verkaufen und ein einfacheres Leben führen.

Die oben genannten Ziele sind verständlich und erreichbar. Allerdings setzen sie die Bereitschaft voraus, viel Zeit und Engagement aufzuwenden, genau wie bei den anderen beiden Lebensbereichen Gesundheit und Liebe.

Geldsorgen überwinden

Es ist so stressig, sich um Geld zu sorgen. Es hält die Menschen nachts wach und führt zu Streit in der Familie. Weshalb halten, bei so viel Einfluss auf unsere emotionale und körperliche Gesundheit, derartig viele Menschen es dann noch für falsch, mehr Geld haben zu wollen? Ich habe festgestellt, dass die meisten, die gern reich wären, in Wahrheit auf finanzielle Absicherung und Sicherheit aus sind. Dieses panische Aufschrecken mitten in der Nacht, wie man seine Rechnung für die Kreditkarte, Einkäufe, Miete oder Autoraten bezahlen soll, verkürzt das Leben und ruiniert die Gesundheit. Weshalb sollten wir uns schuldig oder schlecht fühlen, weil wir diesen quälenden Bereich unseres Lebens abschaffen wollen?

Einige Menschen haben mir gesagt, sie hielten es für spirituell oder moralisch »falsch«, Geld zu wollen. Doch wenn ich länger mit diesen Leuten rede, stelle ich ausnahmslos fest, dass sie von dem Gedanken an Geld besessen sind. Sie neigen dazu, ihr gesamtes Gelddenken auf Mangel und Furcht auszurichten. Menschen mit Geldproblemen denken mehr als jede andere Gruppe von Menschen an Geld, und das ist kein Wunder, denn alles, worauf Sie sich konzentrieren, wird für Sie physische Realität.

Wenn Sie den ganzen Tag lang »Geldmangel« denken, was meinen Sie wohl, wie Ihr finanzielles Leben aussehen wird?

Sie sehen also, das Nachdenken über Geld ist nicht das Problem - sondern sich darum Sorgen zu machen und/oder wenn Sie das Geld, das Sie haben, verantwortungslos einsetzen. Meine Studien der Weltreligionen und Motivations/Erfolgs-Bücher haben gezeigt, dass die meisten ein gemeinsames Wissen durchzieht:

Wisse, dass du es verdienst hast zu haben und immer haben wirst, dass für alle deine Bedürfnise gesorgt ist. Sorge dich nicht und rege dich nicht über deine gegenwärtige finanzielle Situation auf, sonst riskierst du es, deine Gelassenheit zu verlieren, und blockierst den Fluss des größeren Wohls in deinem Leben. Zwinge dich notfalls zu dem Glauben, dass für deine Bedürfnisse immer gesorgt wurde und auch in Zukunft immer für sie gesorgt werden wird. Bete und meditiere über Ideen, wie du den Menschen dienen kannst, und wenn diese Weisheit zu dir kommt, sei dir sicher und handle danach. Je mehr du anderen gibst, je mehr Fülle wird in dein Leben fließen. Denke immer daran, dass Gott, nicht Menschen oder Jobs, deine Quelle ist. Wenn du auf Ihn zählst, was die Erfüllung deiner Bedürfnisse angeht, wird immer für dich gesorgt sein.

In biblischen Zeiten wurden Silbermünzen »Talente« genannt. Das war ein interessanter Begriff, wenn man den hohen Stellenwert bedenkt, den wir Talenten heute beimessen. Sehen Sie sich eine beliebige Auflistung der meistbezahlten und reichsten Menschen an, und es werden gewöhnlich Comedians und Schauspieler darunter sein.

Sie haben Talente und einzigartige Gaben, die Sie gegen Silbertalente eintauschen können - gegen Geld.

Haben Sie sich schon einmal die Rückseite eines amerikanischen Geldscheins angesehen, und sind Ihnen die spirituellen

Symbole aufgefallen? Zunächst ist da die Pyramide, ein altes Symbol für konzentrierte Macht und Energie. Dann ist da das Dritte Auge oder Gottesauge, das Symbol der Allwissenheit. Und der Spruch »Wir vertrauen auf Gott« zeigt, dass wir uns dem göttlichen Willen fügen und auf spirituelle Gerechtigkeit setzen.

Ich glaube, Gott will einfach, dass wir darauf vertrauen, dass Er für uns sorgt. Er will nicht, dass wir leiden oder zu kurz kommen, so wenig, wie Sie Ihren Kindern Leid wünschen. Lassen Sie die Geldsorgen los; sie sind ein Zeichen für Misstrauen, das nur das Glück und Wohlergehen blockiert, die unser Geburtsrecht sind!

Ich möchte Ihnen drei Bücher zum Thema Reichtum ans Herz legen: *Das Buch der Fülle* von John Randolph Price, *Geld, fließende Energie* von Stuart Wilde und *Die dynamischen Gesetze des Reichtums* von Catherine Ponder. Diese drei Bücher sind ausgezeichnete Hilfsmittel, wenn Sie ein Bewusstsein für Reichtum entwickeln wollen, damit Sie für alle Zeiten von Geldsorgen befreit sind.

Wie Sie von etwas leben können, was Sie wirklich gern tun

Eine der größten Tragödien, die ich mir vorstellen kann, ist, einer sinnlosen Tätigkeit nachzugehen. Wir tauschen unser Leben gegen Geld. Sinnerfüllte Arbeit stellt sich ein, wenn Ihnen das, was Sie tun, Freude bereitet, und Sie das Gefühl haben, dass Ihre Bemühungen im Leben eines anderen Wirkung hinterlassen.

Nun, das bedeutet nicht, dass Sie nur einer sinnvollen Tätigkeit nachgehen, wenn Sie Leben retten. Keineswegs! Es gibt viele Möglichkeiten, wie Sie durch Ihre Arbeit die Welt positiv beeinflussen können, etwa durch:

- Jobs in der Unterhaltungsindustrie, die die Stimmung der Menschen verbessern;
- Jobs im Dienstleistungs- oder Gesundheitsbereich, die den Menschen helfen, ein freieres Leben zu führen;
- Jobs in der Informationsweitergabe, bei der Sie Menschen auf wichtige Begebenheiten, Produkte und Termine hinweisen;
- versorgende Tätigkeiten, bei denen Gelegenheiten oder Produkte geschaffen werden, die die Menschen brauchen.

Die spezielle Art der Tätigkeit, der Sie nachgehen, ist nicht so wichtig wie zwei andere Erwägungen:

Der Austausch zwischen Ihnen und anderen Menschen. Wir sind hauptsächlich hier auf der Erde, um ein Leben der reinen Liebe zu führen, frei von Werturteilen. Immer, wenn Sie sich mit jemandem austauschen, haben Sie durch Handlungen der Liebe die Gelegenheit zum Seelenwachstum und zur Heilung. Jede Person, der wir begegnen, ob Geistlicher, Obdachloser, Vorgesetzter, Mitarbeiter, Kunde oder Berühmtheit, ist ein Bruder oder eine Schwester, von Ihrem Schöpfer erschaffen. Alle Menschen werden von dem Wunsch angetrieben, Liebe zu geben und zu empfangen. Wir erinnern uns an diese Wahrheiten, wenn wir uns und anderen mit Unversöhnlichkeit und Werturteilen begegnen. Wie es in *Ein Kurs in Wundern* heißt: »Wenn Sie jemandem begegnen, denken Sie daran, dass es eine heilige Begegnung ist.«

Freude an Ihrer Arbeit und Wertschätzung dafür. Ihre Leidenschaften sind Ihr Führer, um den Sinn in Ihrem Leben zu finden und zu leben. Alle Tätigkeiten, für die Sie sich in Ihrer Freizeit entscheiden und denen Sie unbezahlt nachgehen, sind göttlich in Ihnen inspiriert, um der Welt zu helfen und für Ihre materiellen Bedürfnisse zu sorgen. Mein Vater Bill Hannan beispielsweise machte sein Kindheitshobby, Flugzeuge aus Balsaholz zu basteln, zu seinem Beruf. Er schreibt nach wie vor Bücher und verkauft Pläne für Modellflugzeuge und hat immer ein erfülltes Leben geführt und ein sehr gutes Einkommen bezogen.

So gut wie jeder tägliche Job kann an Sinn gewinnen - und auf diese Weise mehr Spaß machen -, wenn sie den Tag mit etwas mehr Wärme und menschlicher Verbindlichkeit angehen. Dies könnte so aussehen, dass Sie sich die Zeit nehmen, sich die Sorgen eines Mitarbeiters anzuhören oder sich für einen Kunden fast ein Bein auszureißen. Es könnte bedeuten, dass Sie die Gewinnspanne Ihrer Firma erhöhen oder Verbesserungsvorschläge machen. Sie sollten wissen, dass Sie kreativ sein und dafür sorgen können, dass jeder Tag Ihres Arbeitslebens wirklich zählt!

Professioneller Heiler werden

Ich möchte dieses Kapitel, in dem es darum geht, einer sinnvollen Arbeit nachzugehen, nicht ungenutzt lassen, ein einzigartiges Phänomen zu erörtern, dass mir und vielen meiner Kollegen aufgefallen ist. Zahlreiche Personen aus unserem Bekanntenkreis haben in letzter Zeit die »Berufung« in sich verspürt, Heiler zu werden. Beinahe, als würde geistig eine riesige »Aushilfe gesucht»-Anzeige gesendet, verspürten sie mit einem Mal das Bedürfnis, etwas zu tun, um der Welt zu helfen.

Meine Freunde, Kollegen und Klienten, die von dieser Berufung hörten oder sie verspürten, haben unterschiedlich darauf reagiert. Manche beunruhigte es, weil sie sich nicht für qualifiziert halten, eine Aufgabe als Heiler zu übernehmen. Sie hoffen vielleicht insgeheim, dass dieser Druck sie wieder verlassen wird, aber gewöhnlich stellen sie fest, dass er eher zunimmt. Sie machen sich auch darüber Sorgen, ob sie als Heiler Ihren Lebensunterhalt verdienen können. Wieder andere haben den Ruf vernommen und lassen sich jetzt in traditionellen und nicht traditionellen Heilweisen ausbilden.

Da dieses Phänomen von so vielen Menschen gleichzeitig bemerkt wurde, muss etwas daran sein. Ich glaube, dass es einen massenweisen spirituellen Aufruf gibt, daran mitzuwirken, einige zerstörerische und negative Tendenzen zu heilen, die in der Welt von heute vorherrschen. Menschen, die sensibel und eingestimmt sind, nehmen den Ruf wahr, weil das die erforderlichen Eigenschaften sind, um ein effektiver Heiler zu sein.

Vielleicht haben auch Sie den Ruf vernommen, eine positive Aufgabe in der Welt zu übernehmen. Wenn ja, darf ich Ihnen versichern, wie wundervoll es ist, dass der Ruf Sie ereilte! Bitte seien Sie sich darüber im Klaren, dass Sie nicht gerufen worden wären, wenn Gott (Spirit) nicht wüsste, dass Sie die erforderliche Qualifikation mitbringen. Mit anderen Worten, es ist nicht nötig, dass Sie Gott kritisieren und Ihn mit einem »Wer, ich? Du sprichst mit mir? Ich bin nicht geeignet!« in Zweifel ziehen. Sie haben den Job bereits.

Die Autorin und Predigerin Marianne Williamson vergleicht diese göttlichen Aufträge damit, Soldat in einer Armee zu sein und Befehle zu befolgen. Wir haben vielleicht nicht das große Ganze vor Augen und verstehen vielleicht auch nicht immer, weshalb wir diesen oder jenen Auftrag bekommen. Aber es wird von uns erwartet, dass wir die Befehle unseres Kommandanten ausführen. Ein guter Soldat widerspricht seinem Anführer nicht und sagt, dass er für den Auftrag nicht geeignet sei. So etwas tut er oder sie einfach nicht.

Wie Sie im Alltag als Heiler wirken

Dieser Ruf nach Heilern bedeutet nicht zwangsläufig, dass Sie ihren Job hinschmeißen und sich ganztägig an einer Akupunkturschule oder für eine Ausbildung als Coach anmelden sollen. Er bedeutet nur, dass Sie gebeten werden, Heilmethoden in Ihre täglichen Aktivitäten aufzunehmen. Mit anderen Worten, Sie müssen nicht unbedingt den ganzen Tag als Heiler arbeiten und so Ihr gesamtes Einkommen bestreiten. Es ist lediglich nötig, dass Sie sich ganztägig Ihrer Verantwortung bewusst sind.

Wenn Sie den Weg des Heilers beschreiten, bedeutet das, in allen Situationen gütig zu handeln und nach Gelegenheiten Ausschau zu halten, andere die Macht der Liebe und die Grenzen von Schuldgefühlen und Furcht zu lehren. *Ein Kurs in Wundern* erklärt, dass es keinen besseren Weg gibt, diese Lehre in uns zu festigen, als die Bedeutung der Liebe zu unterrichten.

Warten Sie nicht, bis Sie dieses Thema gemeistert haben, bevor Sie es mit anderen teilen. Lehren Sie vielmehr, was Sie in Wahrheit lernen wollen. Ich schlage nicht vor, dass Sie Ihren Mitarbeitern Vorträge über die Tugend der Spiritualität oder Liebe halten. Am besten wirkt eine solche Lehre durch Beispiel. Es gibt keine überzeugendere Methode, anderen nahezubringen, ein friedvolles Leben zu führen, als ruhiges reden und handeln. Besser können Sie Ihr Wissen über liebevolles Verhalten nicht weitergeben.

Die wichtigste Komponente des massenweisen Rufs nach Heilern ist: *Handeln Sie jetzt!* Wir können alle sofort eine Rolle bei der Heilung der Welt spielen. Wenn Sie einem Autofahrer zulächeln, löst das vielleicht eine Kettenreaktion der Freundlichkeit aus, die auf der Straße jemandem das Leben rettet. Wenn Sie einem anderen vom Bewusstsein der Fülle erzählen, führt das vielleicht dazu, dass jemand seine kriminelle Laufbahn aufgibt.

Seien Sie sich bitte bewusst: Sie sind in höchstem Maß qualifiziert für die Rolle, für die Sie auserwählt wurden. Sie verdienen es, unverzüglich Erfolg zu haben. Jedes Gefühl, ungeeignet oder nicht qualifiziert genug zu sein, könnte sich zu einer selbsterfüllenden Prophezeiung entwickeln, so wie Misstrauen in die heilenden Kräfte der Liebe zu unbefriedigenden oder sogar negativen Ergebnissen führen kann. Sie sollen wissen, dass Sie nur ein Kanal für die heilenden und liebevollen Kräfte Gottes sind. Sie brauchen nur in all Ihrem Denken und Handeln liebevolles Verhalten gegenüber anderen an den Tag zu legen.

Nicht traditionelle Ausbildung in Heilberufen

Wenn Ihr Bauchgefühl Ihnen sagt, Sie sollten die Kunst und Wissenschaft des Heilens zu Ihrem Beruf machen, gibt es viele verschiedene Wege, sich eine bestimmte Profession auszusuchen. Beinahe jeder Esobuchladen verschickt einen Newsletter oder gibt eine Zeitschrift heraus, in der Ausbildungsseminare für spirituelles Heilen und alternative Medizin angeboten werden. Viele dieser Veröffentlichungen enthalten Werbeanzeigen für Heilerkurse.

Ich würde mich jedoch um detaillierte Informationen über Heilerkurse bemühen, bevor ich mich auf einen stürze, besonders wenn ein hoher Geldbetrag im Spiel ist. Vergessen Sie nicht, dass jeder Zertifikate in allem anbieten kann, ohne dass sie rechtsgültig sein müssen. Bitten Sie die Schule oder den Kursleiter, Ihnen Personen zu nennen, die die Ausbildung bereits durchlaufen haben, und dann halten Sie sich an Ihr Bauchgefühl, um zu ermitteln, wie zufriedenstellend (oder nicht) das Ergebnis war.

Zeitsparende Strategien, um Ihr Arbeitsleben zu vereinfachen

Ob Sie nun vorhaben, Ihren Beruf zu wechseln oder nicht, Sie werden dennoch das Meiste aus jedem Moment herausholen wollen. Immerhin fängt Heilung im eigenen Leben an! Eine Möglichkeit, sich während des Tages friedvoller zu fühlen, besteht darin, seinen Terminkalender zu vereinfachen. Sie werden über viel mehr Zeit, Energie und Elan verfügen, wenn Sie sich auf das Wesentliche beschränken. Es folgen einige erprobte und bewährte Möglichkeiten, wie Sie Ihre Zeit optimal einsetzen können, sowie einige neue Sichtweisen alter Ideen:

Nutzen Sie Ihre Energiezyklen. Sind Sie ein Morgenmensch oder eine Nachteule? Planen Sie Ihre wichtigsten Aktivitäten, wenn Sie Ihren energetischen Leistungshöhepunkt haben. Unsere Körper durchlaufen Biorhythmen, ähnlich wogenden Wellen, die sich ständig aufbauen und zusammenbrechen. Die Körpertemperatur steigt und sinkt im Verlauf des Tages, mit entsprechenden energetischen Gipfeln und Tälern. Die meisten Menschen sind zwischen zehn Uhr früh und mittags geistig am wachsten, und dann wieder zwischen drei und vier Uhr nachmittags. Die schlimmsten Stunden für mentale Aufmerksamkeit sind zwischen mittags und halb drei Uhr nachmittags, wobei um ein Uhr nachmittags der absolute Tiefpunkt liegt.

Lassen Sie Störungen nicht zu. Eine größere Studie ergab, dass durchschnittlich die Hälfte des Tages durch unproduktive Gespräche im Kollegenkreis und private Telefonate verschwendet wird. Auch wenn es Spaß macht und sogar entspannt, mit anderen zu plauschen, müssen wir in Form von Überstunden teuer dafür bezahlen. Der Stress unabgeschlossener Projekte zu später Stunde zehrt an uns und beraubt uns der persönlichen Freizeit.

Sie würden doch auch nicht jedem einen 50-Dollar-Schein in die Hand drücken, der Sie darum bittet, oder? Tja nun, Störungen fallen in die gleiche Kategorie.

Kommen Sie Störungen zuvor, indem Sie:

- aufstehen, wenn jemand Ihr Büro betritt
- fragen: »Was kann ich für Sie tun?«, statt: »Wie geht es Ihnen?«
- sagen: »Ich würde ja gern mit Ihnen reden, aber erst muss ich dieses Projekt beenden. Wie wär's, wenn wir uns am Mittwoch gegen vierzehn Uhr etwas Zeit nehmen oder am Donnerstag nach der Arbeit?«
- alle Anrufe durch eine Vorzimmerdame entgegennehmen lassen oder einen Anrufbeantworter dazwischenschalten. Bitten Sie auf dem Anrufbeantworter darum, eine Nachricht zu hinterlassen und um die Nennung der besten Uhrzeit, zu der der Anrufer erreichbar ist, dann brauchen Sie nicht den Telefonisten zu spielen oder überflüssige Gespräche zu führen, um Informationen zu erhalten, die auch auf Band gesprochen werden können.

Versuchen Sie nicht, alles allein zu machen. Ja, Sie sind etwas Besonderes, aber das bedeutet nicht, dass Sie alles allein machen müssen. Immer mit der Ruhe! Vermeiden Sie es, gleichzeitig mehrere Dinge zu tun, wie Auto zu fahren, während Sie Make-up auflegen und einer Selbsthilfe-Kassette lauschen. Es ist besser, sich seinem Ziel stetig zu nähern, statt auszubrennen, weil man es übertreibt. Wenn Ihnen die Aufgaben zu viel werden, bitten Sie um Hilfe und konzentrieren Sie sich auf die Tätigkeiten von oberster Priorität.

Trennen Sie das Dringende vom existenziell Wichtigen. Dringend bedeutet eine plötzliche Krise, aber *existenziell wichtig* bedeutet, dass etwas unaufschiebbar ist. Lassen Sie sich nicht durch eine Krise von etwas existenziell Wichtigem abbringen. Lassen Sie vielmehr das Feuer des Dringenden sich selbst verzehren. Alle Krisen lösen sich schließlich auf die eine oder andere Weise selbst, also erinnern Sie sich: »Auch das wird vorbeigehen.«

Legen Sie für Ihre Zeit einen Preis fest. Ist Ihre Zeit 25, 50 oder 100 Dollar die Stunde wert? Setzen Sie einen Stundentarif fest, und dann entscheiden Sie auf der Grundlage dieses Tarifs, welche Aufgaben Sie erledigen und welche Sie delegieren. Ist Ihre Zeit beispielsweise 50 Dollar die Stunde wert, weshalb sollten Sie dann die Korrespondenz archivieren, wenn Sie für 10 Dollar die Stunde eine Bürohilfe beschäftigen können? Wenn Sie Zuhause arbeiten und Ihre Stunde ist 75 Dollar wert, warum stellen Sie dann nicht für 20 Dollar die Stunde eine Haushälterin ein, die einmal die Woche Ihre häuslichen Putzarbeiten übernimmt?

Nutzen Sie kleine Zeiteinheiten. Es ist erstaunlich, wie viel Arbeit sich in fünf oder zehn Minuten erledigen lässt! Wenn möglich, führen Sie einen Teil Ihres gegenwärtigen Projekts mit sich, während Sie Besorgungen machen, in einer Schlange stehen oder Ihr Wagen gewaschen wird. Halten Sie sich durch Hörbücher, die in allen öffentlichen Bibliotheken und Buchläden erhältlich sind, mit der Lektüre auf dem Laufenden. Benutzen Sie Ihre Mittagspause für Freizeitlektüren, die persönliche Korrespondenz oder um einen Collegekurs zu absolvieren. (Ich habe ausschließlich während der Mittagszeit auf einem Campus unweit meines Büros einen schweren Algebrakurs absolviert.)

Putzen Sie Ihr Leben kräftig aus. Es liegt unglaublich viel Wahrheit in der Maxime: »Die Natur verabscheut das Vakuum und füllt es auf.« Es stimmt! Im Folgenden erfahren Sie, wie Sie diese Weisheit zu Ihrem praktischen, zeitsparenden Vorteil nutzen können:

Spenden Sie unerwünschte Gegenstände. Wollen Sie neue Kleidung, Bücher oder Möbel? Dann schaffen Sie Ihre alten ab, um Platz für das Neue zu machen. Haben Sie Ihre unerwünschten Gegenstände erst weggegeben, werden Sie erstaunt feststellen, wie rasch und »rein zufällig« Ersatz auftaucht.

Schaffen Sie unerwünschte Aufgaben oder Verpflichtungen ab. Ist es für Sie denn eher eine lästige Pflicht als eine Freude, Ihren Stammtisch zu besuchen? Sind Sie zu beschäftigt, um noch Vorstandsmitglied in Ihrer Organisation zu sein? Wenn ja, schaffen Sie Raum für neue Organisationen und Freundschaften, die dazu passen, wer Sie heute sind! Lehnen Sie Bitten um Gefälligkeiten ab, die nicht Ihren Prioritäten oder Werten entsprechen. Indem Sie ein Zeitvakuum schaffen, ziehen Sie Gelegenheiten an, die wirklich aufregend sind.

Stehen Sie der modernen Technik positiv gegenüber. Sie ist ein zweischneidiges Schwert: Einerseits ist es schön, dass Piepser, Faxgeräte und Handys uns die Freiheit geben, uns auch außerhalb des Büros zu bewegen. Aber Sie bringen auch mit sich, dass wir ständig verfügbar sind. Übernehmen Sie die Kontrolle über elektronische Geräte, statt zu ihren Sklaven zu werden. Beispielsweise bieten die meisten Handy- und Piepseranbieter für einen gewissen Betrag auch einen Telefonservice an. Das ist es wert, denn dann müssen Sie nicht jeden Anruf annehmen, der hereinkommt. Nutzen Sie E-Mails und Faxgeräte statt langer Telefonate und ermuntern Sie Ihre Geschäftspartner, auf die gleiche zeitsparende Weise zu antworten.

Setzen Sie auf mobile Dienste. Sie können Termine für die Maniküre, den Friseur und Ihre Psychotherapie wahrnehmen - direkt in Ihrem Büro! Auch viele chemische Reinigungen bieten mittlerweile mobile Dienste an, holen Kleidung an Ihrer Arbeitstelle ab und bringen sie wieder dorthin.

Pendelverkehr ohne Stress

Die Fahrt zur Arbeit und wieder zurück bedeutet für rund 108 Millionen Amerikaner, die täglich pendeln, einen immensen Zeitaufwand und viel verschwendete Energie.

Dr. Raymond Novaco von der University of California stellte einen unmittelbaren Zusammenhang zwischen der zurückgelegten Entfernung und dem Anstieg des Blutdrucks fest. Andere Faktoren, die mit dem Pendelverkehr in Verbindung gebracht werden, dürften den Straßenkämpfer wohl nicht überraschen: schlechteres Gedächtnis und verminderte Konzentrationsfähigkeit, mehr Streit in Beziehungen und Intoleranz gegenüber Frustrationen. Viele Menschen treffen so ausgelaugt vom Pendeln an ihrer Arbeitsstelle ein, dass ihre Leistungen nachlassen und die Bewältigung gewöhnlicher Aufgaben übermäßig viel Zeit erfordert. Bei Dr. Novacos Forschungen stellte sich heraus, dass weibliche Arbeitnehmer besonders unter dem Pendelverkehr zu leiden hatten und länger brauchten, um den Stress einer langen Fahrt abzuschütteln.

Zum Glück gibt es Möglichkeiten, den Stress des täglichen Pendelns gering zu halten. Blättern Sie um!

Zehn Wege um den Stress durch Pendelverkehr zu verringern

1. *Hüllen Sie Ihren Wagen ein.* Eine friedliche, angenehme Umgebung ist wichtig für eine ruhige Fahrt:

- Setzen Sie Düfte ein. Ein Dufttopf im Aschenbecher, Duftkissen über der Lüftung, Luftauffrischer und frische Blumen erhöhen Ihren Fahrgenuss. Wählen Sie entspannende Düfte wie Vanille oder stimulierende Aromen wie Zimt, Pfefferminze oder Eukalyptus.

- Tauschen Sie sich mit Ihrer Radiostation aus. Rufen Sie mit dem Handy Ihren Lieblingssender an und beteiligen Sie sich an einer Talkshow oder bitten Sie darum, dass Ihr Lieblingssong gespielt wird.

- Sitzen Sie bequem. Kaufen Sie sich ein superbequemes Sitzkissen oder eine heizbare Unterlage, die über Ihren Zigarettenanzünder mit Strom versorgt wird.

- Faxgeräte, Minikühlschränke, Voice Mail per Handy und Fernseher bringen Bequemlichkeit in Ihr Auto. Die Campbell Soup Company sagt sogar voraus, dass die meisten Fahrzeuge bald mit Mikrowellenöfen bestückt sein werden! Natürlich können Sie einige der genannten Gegenstände nur bedienen, wenn Sie in dem Auto mitfahren und nicht selbst lenken!

- Tragen Sie beim Fahren bequeme Kleidung. Wechseln Sie erst in Ihren steifen Geschäftsanzug, wenn Sie das Bürogebäude erreicht haben.

2. *Machen Sie sich mit den Straßen vertraut.* Studieren Sie eine Karte und finden Sie alternative Strecken heraus, die zu Ihrer Arbeitsstelle führen. Dann können Sie bei einem drohenden Stau schnell die nächste Ausfahrt nehmen und auf Landstraßen weiterfahren. Monotonie ist stressig, deshalb variieren Sie Ihre Pendelstrecke möglichst regelmäßig und bewusst.

3. *Fahrgemeinschaften.* Obwohl viele Leute auch beim Pendeln lieber allein fahren, ergaben Studien der University of California, dass Fahrgemeinschaften bei Pendlern beträchtlich den Blutdruck senken. Teilnehmer einer Fahrgemeinschaft stören sich auch nicht so sehr an Staus und der zurückzulegenden Entfernung.

4. *Denken Sie voraus.* Tanken Sie, holen Sie Geld und erledigen Sie andere Notwendigkeiten besser am Wochenende oder nach der Arbeit. Es ist zu stressig, sich auf dem Weg ins Büro noch um so etwas zu kümmern. Führen Sie Papiertaschentücher und Glasreiniger im Auto mit, damit Ihre Windschutzscheine auf Augenhöhe immer sauber ist. Wenn Sie sich bei Verabredungen normalerweise um zehn Minuten verspäten, stellen Sie die Uhr vor, damit Sie pünktlich sind.

5. *Strecken Sie sich und steigen Sie aus.* Wenn Sie während einer langen Fahrt die Haltung nicht verändern, führt das unter Garantie zu Rückenschmerzen und Muskelbeschwerden. Es ist wichtig, Ihr Körpergewicht alle zehn bis fünfzehn Minuten zu verlagern und die Position der Beine zu verändern. Besser noch, Sie fahren an den Straßenrand, steigen aus und machen D-e-h-n-ü-b-u-n-g-e-n. Die drei bis fünf Minuten, die das dauert, sind gut angelegt.

6. *Halten Sie sich an das Tempolimit.* Studien zeigen, dass ihr Herzschlag beträchtlich zunimmt und der Blutdruck steigt, wenn Sie auch nur zehn Stundenkilometer über dem Tempolimit fahren. Bleiben Sie auf der rechten, etwas langsameren Spur und lassen Sie die Heißsporne vorbeirasen.

7. *Suchen Sie nach Alternativen.* Sprechen Sie mit Ihrem Arbeitgeber über Gleitzeit oder Heimarbeit. Wenn Sie nahe genug an der Arbeitsstelle wohnen, könnte es gesünder sein, die Strecke hin und zurück mit einem Fahrrad zurückzulegen. Erwägen Sie auch die Benutzung von öffentlichen Verkehrsmitteln wie Zügen, U-Bahnen und Bussen. Außerdem könnten Sie näher an Ihre Arbeitsstelle ziehen oder sich eine Arbeitsstelle suchen, die näher an Ihrem Haus liegt.

8. *Seien Sie sich der Natur bewusst.* Ein sofortiger Weg, Ihren Stresspegel abzubauen, besteht darin, sich der natürlichen Schönheit bewusst zu werden, die Sie umgibt. Machen Sie es sich zur Gewohnheit, beim Fahren immer nach drei Dingen Ausschau zu halten - einer Wolke, Vogelgezwitscher, einem schönen Sonnenauf- oder -untergang oder einem hinreißenden See. Wenn Ihre Fahrt Sie übers Land oder durch die Vorstädte führt, kurbeln Sie das Fenster hinunter oder öffnen Sie das Sonnendach und genießen Sie die frische Luft.

9. *Seien Sie positiv.* Ein Großteil des Stresses in unserem Leben entsteht durch negative Gedanken. Achten Sie auf alles, was in Richtung »schrecklich« oder »Was, wenn« geht und löschen Sie es aus. Stellen Sie sich ein großes rotes »X« über dem negativen Gedanken vor oder schreien Sie sich an: »Streiche diesen Gedanken!« Ersetze ihn durch ein positives Bild der Freude und des Erfolgs bei der Arbeit. Bauen Sie sich auf, damit Sie einen Supertag haben!

10. *Suchen Sie sich einen Babysitter, der gut in Ihren Tagesablauf passt.* Ihr Babysitter kann vielleicht hervorragend mit Kindern umgehen, aber das hilft Ihnen auch nicht, wenn er eisern darauf beharrt: »Holen Sie Ihr Kind um achtzehn Uhr ab und keine Minute später!« Viele Eltern rasen in halsbrecherischem Tempo durch die Gegend, um ihre Kinder termingerecht vom Hort abzuholen. Suchen Sie nach Alternativen, wie einem Babysitter, der näher an Ihrem Büro wohnt, oder einem, der zeitlich mehr Spielraum hat. Diese eine Veränderung kann Sie von einer Unmenge Stress in Bezug auf den Pendelverkehr befreien.

***

Was Sie sich merken sollten

- Ihr Arbeitsleben wird sinnvoller werden, wenn Sie nach Möglichkeiten suchen, ganz selbstverständlich Glück und Liebe zu verbreiten.

- Schuldgefühle wegen Geld sind einer der Hauptgründe für finanzielle Probleme. Es ist nicht »falsch«, Geld zu wollen, aber es ist falsch, sich über sein Fehlen zu ärgern. Haben Sie Vertrauen, dann wird stets für Sie gesorgt sein.

- Mehr und mehr Leute vernehmen »den Ruf« und werden professionelle Heiler. Es gibt Dutzende von Möglichkeiten, wie man sich in traditionellen und alternativen Heilmethoden ausbilden lassen kann.

- Pendelverkehr ist einer der Hauptgründe für kräftezehrenden Stress, der die Produktivität und Konzentration bei der Arbeit herabsetzen kann. Aber wenn Sie bestimmte Möglichkeiten nutzen, etwa vorausschauend handeln, Fahrgemeinschaften bilden oder Ihren Wagen wie mit einem Kokoon einhüllen, können Sie den Stress des Pendelverkehrs verringern.

TEIL FÜNF

Spirituelle Unterstützung

13. Intuition und Ihre innere Führung

»Wenn du wüsstest, wer auf deinem
auserwählten Weg an deiner Seite geht,
wäre Furcht unmöglich.«

Ein Kurs in Wundern

Was täten Sie, wenn Sie plötzlich eine kostenlose Bezugsquelle entdecken würden, an die Sie sich wenden könnten für

- großartige Ideen, wie man jedes Problem löst, mehr Geld verdient und seinen Beitrag zum Wohl der Welt leisten kann?
- umfassende emotionale Unterstützung, Trost und bedingungslose Liebe?
- hundertprozentig genaue Vorhersagen über die Zukunft?
- Ratschläge zu jedem erdenklichen Thema?

Wenn Sie mir auch nur im Geringsten ähneln, würden sie wie Leim an dieser Bezugsquelle kleben. Nun, eine solche Bezugsquelle gibt es gerade jetzt in Ihnen, und sie steht Ihnen Tag und Nacht zur Verfügung. Jeder hat Zugang zu dieser Bezugsquelle, ungeachtet seiner oder ihrer Lebensgeschichte. Bitten Sie sie einfach um Hilfe, und Sie wird sich Ihnen nie verschließen.

Diese Bezugsquelle ist Ihre innere spirituelle Führung. Wie ich das ganze Buch hindurch erklärte, wird Ihre innere Führung Sie über jede Hürde hinwegbringen, damit Sie Ihre Ziele erreichen und Ihren göttlichen Auftrag erfüllen können. Sie ist ihr direkter Draht zu Gott, Ihre Art und Weise, zu Hause anzurufen und Rat einzuholen, Trost und Ermutigung. Um ihre Führung, Liebe und Unterstützung zu erfahren, brauchen Sie sich mit dieser unschätzbaren Resource lediglich besser vertraut zu machen. Ihre innere Führung möchte Ihnen helfen, erfolgreich, glücklich und wohlhabend zu sein. Sie brauchen nur zu fragen und zuzuhören.

Die denkbar beste Hilfe

Jeder von uns hat innere Führer und Engel, die mit uns Verbindung aufnehmen wollen. Früher fürchtete ich mich davor, öffentlich über dieses Thema zu reden. Ich war überzeugt, verlacht und verhöhnt zu werden. Als Metaphysikerin der vierten Generation wuchs ich in einem Haushalt auf, in dem Gott, Jesus und Engel regelmäßige Gesprächsthemen waren. Mein ganzes Leben lang wurde ich Zeuge von Wunderheilungen und machte ich spirituelle Erfahrungen. So erschien plötzlich mein Großvater eine Stunde, nachdem ein betrunkener Autofahrer ihn getötet hatte, am Fußende meines Bettes und berichtete mir, dass er im Frieden mit sich sei und wir nicht um ihn trauern sollten.

Doch als wir heranwuchsen, wurden mein Bruder und ich ermahnt, mit niemandem über diese Erlebnisse zu reden. Man sagte uns, dass spirituelles Heilen als »verrückt« galt, so dass wir mit unseren Erfahrungen hinter dem Berg hielten. Auch als Erwachsene behielt ich mein spirituelles Wissen für mich, in erster Linie aus Gewohnheit und restlichen Ängsten. Aber heute ist Spiritualität ein öffentliches Thema! Dank der Pionierarbeit von Louise Hay, Wayne Dyer, Marianne Williamson, Betty Eadie, Dr. Brian Weiss, Deepak Chopra und anderen können wir über spirituelle Auffassungen endlich frei reden.

Seit ich begonnen habe, offener über meine spirituellen Praktiken zu reden, haben sich keine meiner Befürchtungen, mich lächerlich zu machen, materialisiert. Vielmehr ist das genaue Gegenteil eingetreten. Nun, da das Wort von meiner spirituellen, psychologischen Arbeit die Runde macht, sind die Anfragen von Menschen, die Sitzungen bei mir haben wollen, um zweihundert Prozent gestiegen.

Deshalb habe ich meine Ängste überwunden, über die geistigen Kräfte, die uns allen zur Verfügung stehen, zu sprechen. Es gibt noch so viel mehr, worüber ich mit Ihnen in den folgenden Büchern reden möchte, so viele Lektionen, die ich von meiner inneren Führung lernte - wundervolle Lektionen über den Himmel, das ewige Leben, Jesus und Gott. Da sie den Rahmen dieses Buchs leider sprengen, werde ich sie in meinen künftigen Büchern und Vorträgen mit Ihnen teilen.

Die Verbindung mit Ihrer inneren Führung

Wir alle haben innere Führer, die uns in jeder nur erdenklichen Hinsicht helfen können. Diese Führer sind wie Fluglotsen: Sie sehen aus einer Vogelsperspektive, was vor, hinter und neben uns ist. Wenn Sie jemals eine »Stimme« gehört haben, die Ihnen einen Rat zuraunte, oder eine unbekannte Kraft einen Beinahe-Unfall verhinderte, haben Sie bereits Beispiele ihrer Hilfe erfahren. Unsere Führer würden uns bei unseren alltäglichen Aktivitäten wie auch bei unseren langfristigen Plänen gern noch mehr helfen. Wir müssen für ihre Hilfe nur offen sein.

Mein innerer Führer hat mir schon großartige Ratschläge hinsichtlich meiner Karriere und Finanzen erteilt, mir die Richtung gewiesen, als ich mich verirrt hatte, mich bei einem versuchten Autodiebstahl vorgewarnt und beschützt, mich wegen der neuen geschäftlichen Unternehmen meines Bruders beruhigt und mir Tipps in Fragen der Erziehung, Gesundheit und Schönheit gegeben.

Wie es scheint, ist unserem innerer Führer kein Thema zu gering. Eines Tages musste ich mich z. B. für ein wichtiges Treffen entsprechend kleiden. Ich übergab die Angelegenheit meiner Führung und wurde zu einem bestimmten Bekleidungsladen gelotst. Wie ein privater Einkäufer steuerte mein innerer Führer mich zu einem perfekten Kostüm zu einem großartigen Preis, und mein Einkauf dauerte nicht länger als eine halbe Stunde.

So viele Klienten und Leser haben mich schon um Rat gebeten, wie sie es fertigbringen könnten, die Antworten in ihrem Inneren zu hören. Viele spirituelle und Selbsthilfebücher raten einem, »in die Stille zu gehen und der leisen, ruhigen Stimme in einem selbst zu lauschen«. Doch immer wieder bringen meine Klienten ihre Frustration darüber zum Ausdruck, dass sie angeblich nichts hören. Sie haben den Eindruck, dass sie etwas falsch machen, oder fragen sich, ob ihre »Verbindung« unterbrochen ist (oder nie hergestellt wurde). Manche meiner Klienten, die durch Kindesmissbrauch unter Schamgefühlen leiden, fragen sich, ob sie keinen inneren Führer »zugeteilt« bekommen hätten oder vielleicht keinen verdienten.

Sie haben, wie jeder andere auch, auf liebevolle Weise einen Führer zugeteilt bekommen. In unserem wohlgeordneten Universum sind keine Unfälle oder Irrtümer möglich, und Sie haben ständig einen oder mehr liebevolle Führer um sich. Garantiert!

Wenn ich meinen Klienten die Informationen gebe, die ich Ihnen gleich mitteilen werde, sind Sie in der Lage, zu dieser spirituellen Weisheit Zugang zu finden. Oft stellen sie dann erstaunt fest, dass die Stimme ihres inneren Führers ihrer eigenen ähnelt. Manche Personen vernehmen jedoch nie eine Stimme, weil ihre spirituelle Verbindung nicht über den Hörsinn läuft.

Wir haben vier Möglichkeiten der Kommunikation: visuell (Augen), auditiv (Ohren), kinästhetisch (Berührung, Geruch, Geschmack) und intuitiv (Ahnungen, Bauchgefühle oder spontanes Wissen). Bei den meisten Menschen ist ein Kommunikationsweg am stärksten ausgeprägt, gefolgt von einem zweistärksten und so weiter.

Erhalten Sie eine Nachricht von Ihrem inneren Führer (und das geschieht ständig), kommt sie vielleicht nicht als Stimme oder Klang zu Ihnen. Seien Sie also nicht frustriert und haben Sie nicht den Eindruck, bei der Meditation »durchgefallen« zu sein, wenn Sie keine leise, stille Stimme in sich hören. Dann sind Sie eben eher visuell, kinästhetisch oder intuitiv als auditiv ausgerichtet. Manchmal gibt Ihnen Gott (Spirit) auch ein bedeutungsvolles Symbol, zeigt Ihnen vielleicht ein mentales Bild oder eine Trophäe, die den nahenden Sieg anzeigt, oder Er übermittelt Ihnen den Parfümduft einer Freundin, um Ihnen zu bedeuten, dass diese Person Sie demnächst besuchen wird.

Sich verbinden

Ich helfe meinen Klienten, sich mit ihren inneren Führern vertraut zu machen, und gebe ihnen Ratschläge, wie sie mit ihnen kommunizieren können. Dies sind die Schritte für die direkte Verbindung mit Gott (Spirit):

1. Üben Sie sich täglich in Meditation und der Reinigung und dem Ausgleich der Chakren, wie im nächsten Kapitel erklärt. Eine gesunde Ernährung, das Vermeiden von Negativität und ständiges Üben halten die »Kommunikationskanäle«, die Sie mit Gott verbinden, offen.

2. Gehen Sie in sich hinein und bitten Sie darum, mit Ihrem inneren Führer sprechen zu dürfen.

3. Ihr Nachrichtenweg kann visuell, auditiv, intuitiv, kinästhetisch oder alles vier sein. Manche Menschen sehen ihre in neren Führer auch (vor ihrem geistigen Auge oder mit offenen Augen); andere hören die Stimme der geistigen Führung (als Stimme in ihrem Kopf oder außerhalb und von sich getrennt); noch andere Menschen bekommen Ahnungen oder Intuitionen; und wieder andere erfahren ihre Führung durch Geruch, Geschmack und Berührung.

Stellen Sie sich geistig eine Frage, und dann bereiten Sie sich auf eine Antwort vor (entweder durch Sicht, Klang, Intuition oder die Sinne). Sie *werden* eine Antwort bekommen, so viel steht fest. Ungewiss ist, ob Sie der Antwort vertrauen werden. Viele Menschen neigen am Anfang dazu, der geistigen Verbindung zu misstrauen und zu glauben, sie hätten es sich nur eingebildet.

Verstehen Sie die Antworten Ihres inneren Führers nicht oder können Sie sie nicht genau hören, bitten Sie um Klarstellung. Keine Sorge, Ihr innerer Führer wird nicht gekränkt sein und davonlaufen! Sagen Sie einfach zu Ihrem inneren Führer »etwas lauter bitte« oder »könntest du mir das Bild noch einmal zeigen und mich wissen lassen, was es bedeutet?« Natürlich sollten Sie sich nach dem Empfang einer Botschaft immer bedanken.

Wie bei allem wird es Ihnen auch hierbei leichter fallen, mit Ihren inneren Führer zu kommunizieren, je mehr Sie üben. Mit

Geduld und Vertrauen werden Sie eine Fülle wundervoller und wichtiger Informationen empfangen. Für mich ist es mit der inneren Führung wie mit der Kreditkarte in den Werbespots: Ohne verlasse ich nicht das Haus!

Eine Frage der Hingabe

Jeder, der einmal etwas über Spiritualität, Gesundung oder Religion gelesen hat, ist schon auf den Begriff *Hingabe* gestoßen. Er bedeutet, sich von Vorstellungen und Urteilen darüber zu trennen, wie das Leben aussehen oder sein »sollte« und stattdessen die Bedingungen des Lebens so anzunehmen, wie sie sind. Hingabe bedeutet auch, eine höhere spirituelle Macht um Hilfe zu bitten und keine Entscheidung zu treffen, ohne zuvor diese Quelle um Rat gefragt zu haben.

Die Praxis, sich voll und ganz Gott (Spirit) hinzugeben, bringt gleich aus mehreren Gründen positive Resultate:

- Es gibt sehr reale und mächtige spirituelle Kräfte, die sich einmischen können, wenn wir um Hilfe bitten. Das Gesetz des freien Willens bedeutet, dass unsere inneren Führer uns nur dann helfen können, wenn wir sie ausdrücklich um Hilfe bitten (außer im Fall lebensbedrohlicher Situationen, bei denen sie auch ungefragt eingreifen dürfen).

- Geben wir uns hin, so entspannen wir uns, was uns erlaubt, unsere Intuition besser wahrzunehmen. Wir stellen dann fest, dass wir ehrlich mit uns darüber sein können, was wir wirklich glauben und wollen, und dieser innerer Weisheit folgen können. Ein entspannter Zustand ermöglicht es außerdem, dass schöpferische Lösungen aus dem Unterbewusstsein aufsteigen und in das bewusste Gewahrsein eintreten.

- Geben wir uns hin, so löst das einen emotionalen Zustand aus, der ideal für die Erschaffung gemeinschaftlicher Beziehungen ist, die zum Ziel führen. Der Glaube und die Hoffnung, mit der Sie auf das Eingreifen Gottes (Spirit) vertrauen, führt zu einer liebevollen und ansprechenden Persönlichkeit, die andere Menschen anzieht. Studien zeigen, dass der attraktivste Persönlichkeitstyp, für Männer und Frauen gleichermaßen, ein herzlicher, entspannter und selbstbewusster Mensch ist.

Bedienen Sie sich der Koinzidenzen

Dr. Wayne Dyer erfand die Redewendung, sich »der Koinzidenzen bedienen«, und mit dieser Redewendung meinte er, dass man das auffällige Zusammentreffen von Ereignissen bewusst herbeiführen sollte, damit sie einem helfen, seine endgültigen Ziele zu erreichen.

Ihre Absichten setzen ein Räderwerk in Bewegung. Sie brauchen sich nur auf eine Frage oder einen Wunsch zu konzentrieren, und schon ziehen Sie Antworten an, die Ihr Leben verändern können. Sie müssen jedoch wachsam und sich dieser Lösungsangebote auch bewusst sein, sonst übersehen Sie sie. Viele verpasste Gelegenheiten verdanken sich einem Mangel an Aufmerksamkeit.

Entscheiden Sie sich morgens vor Ihrer Meditation für eine Frage, die Sie im Laufe des Tages beantwortet haben, oder einen Wunsch, den Sie erfüllt sehen wollen. Dann verweilen Sie bei dem Gedanken, bis sich das Gefühl eines warmen, glücklichen Friedens in ihnen einstellt. Dieses Gefühl ist das Gefühl des Glaubens; es ist der Zauberleim, der für das schöpferische Zusammentreffen sorgt. Sie müssen wissen, dass Sie bei diesem Unternehmen auf keinen Fall scheitern können und dass es immer hundertprozentig funktioniert, sofern Sie sich der Hilfe bewusst sind und es auch wahrnehmen, wenn sie an Ihre Tür klopft.

Sagen wir einmal, Sie gehen im Laufe des Tages einer geschäftigen, zeitraubenden Tätigkeit nach. Können Sie sich dann immer noch eines Zusammentreffens bedienen und Wunder erschaffen, die Ihnen helfen, Ihre endgültigen Ziele zu erreichen? Ja, und ob Sie das können!

Als ich für dieses Buch recherchierte, erlebte ich ein wundervolles Beispiel dafür, wie diese Zusammentreffen funktionieren. Ich stellte die Frage in den Raum: Warum sind auf der Rückseite einer Dollarnote eine Pyramide und das Dritte Auge oder Gottesauge zu sehen? Ich behielt diese Frage in meinem Bewusstsein und wusste, dass mir Hilfe und Führung zuteil werden würden (wenngleich ich zugeben muss, dass ich glaubte, meine Antwort eher aus einem Buch in der Bibliothek beziehen zu können).

Eines Samstags dachte ich wieder über diese Frage nach und versprach mir, in der folgenden Woche die Bibliothek aufzusuchen, um die Antwort zu finden. Anderntags flog ich nach Las Vegas, um auf einem Kongress Bücher zu signieren. Ich bestieg am Flugplatz ein Taxi, und ohne dass ich etwas dazu beigetragen hätte, zeigte der Taxifahrer mir ein Buch über Freimaurerei, das er gerade las. Da mich Spiritualität und Religion immer interessieren, traten wir in eine lebhafte Diskussion über Kirche und Staat ein.

Plötzlich zog er einen Dollarschein aus seiner Brieftasche. »Seltsam«, dachte ich, sagte aber nichts. Stellen Sie sich mein Entzücken und Erstaunen vor, als der Taxifahrer auf die Pyramide und das Gottesauge auf der Rückseite der Banknote deutete und mir die Sichtweise der Freimaurer auf diese Symbole erklärte!

Ihre gottgegebenen Sehnsüchte

Unsere tiefsten Sehnsüchte sind kein Zufall. Sie sind tief in unseren Herzen und Gedanken verankert, vielleicht auf die gleiche Weise biologisch in uns einprogrammiert wie der genetische Kode. Manche spirituellen Theoretiker, mich eingeschlossen, glauben, dass wir unseren Lebenssinn selbst wählen, bevor wir bei der Geburt in den Körper eintreten. Bevor wir in einen Körper eintreten, haben wir schon einen Lebensplan ausgearbeitet, der gleich mehreren Zwecken dienen soll: der Gelegenheit, Karma aus früheren Leben abzubauen, selbstlosen Dienst an der Menschheit zu leisten, unseren spirituellen Eifer auf die Probe zu stellen, indem wir materiellen Ängsten, Versuchungen und Besessenheiten widerstehen, vollständig loszulassen und Gottes Führung zu vertrauen, so wie unsere Intuition sie uns eingibt, und der Gelegenheit herauszufinden, dass wir ganz und gar vollkommen, heil und makellos sind.

So schufen wir schon vor unserer Geburt unsere göttlichen Aufträge, und wir erinnern uns an sie und erfüllen sie, indem wir auf unsere Sehnsüchte und Intuitionen achten und ihnen folgen. Es ist beinahe so, als hätten wir hier auf Erden zwei Missionen: eine ist die körperliche Gestalt, in der wir unsere Aufgabe erfüllen (etwa als Heiler, Lehrer, Künstler oder was auch immer). Die andere Mission ist der zu Grunde liegenden Auftrag, der jeder Seele mitgegeben wird: Liebe zu lehren, zu geben und zu empfangen.

Solange wir hier auf Erden sind, ist es leicht, vom göttlichen Auftrag abzukommen, weil wir ihn vergessen oder unserer Intuition nicht vertrauen. Vergessen oder ignorieren Sie aber Ihren göttlichen Auftrag, so wird Ihre Intuition unaufhörlich an Ihnen nagen. Sie werden sich ängstlich oder deprimiert fühlen. Sie werden sich fühlen, als hätten Sie vergessen, etwas Wichtiges zu tun (was ja auch stimmt). Manche Menschen versuchen das Nagen der Intuition abzuschalten, indem sie Medikamente nehmen, zu viel essen, Alkohol trinken, maßlos Geld ausgeben oder anderen zwanghaften Tätigkeiten nachgehen. Wie Sie vielleicht schon aus erster Hand erfahren haben, kann nichts Ihr Bauchgefühl auslöschen. Nichts. Die einzige vernünftige Entscheidung besteht darin, Ihrer Intuition zu folgen und herauszufinden, wie viel Freude und Wohlstand sich aus dieser Entscheidung ergibt.

Wenn wir unseren göttlichen Auftrag hier auf Erden nicht erfüllen, haben wir reichlich Gelegenheit, unsere Ängste und Fehler während unseres Lebens nach dem Tod noch einmal Revue passieren zu lassen. Sie können sich entschließen, für eine weitere Lebensspanne zurückzukommen, um es ein weiteres Mal zu versuchen. Ein gutes Buch zu diesem Thema ist *Ich sehe die Zukunft* von Ruth Montgomery.

Jeder hat andere göttliche Aufträge, Träume und Hoffnungen. Ihr Sehnen ist immer einzigartig (auch wenn sie manche gemeinsame Elemente mit anderen Menschen aufweisen). Ich möchte Ihnen vorschlagen, einmal über folgende Frage nachzudenken:

Woher kommen Ihre Sehnsüchte? Ich spreche hier nicht von unlängst erworbenen Wünschen, die vielleicht durch Fernsehspots oder die Lebensweise einer anderen Person ausgelöst wurden. Ich spreche von lang anhaltenden Wünschen, wie die Sehnsüchte, die sie als kleines Kind empfanden. Ich wollte z.B. schon immer Schriftstellerin werden. Schon als kleines Kind schrieb ich zum Vergnügen Kurzgeschichten, und mit vierzehn Jahren reichte ich meinen ersten Zeitschriftenartikel ein. Ich glaube, dass ich bereits vor meiner Geburt beschloss, Autorin von Selbsthilfebüchern zu werden.

Sind wir auf dem richtigen Weg, stellt sich unwillkürlich ein Fluss positiver Aktivität ein. Gehen Sie Tätigkeiten nach, die Ihnen viel Vergnügen bereiten und etwas Nützliches in der Welt bewirken, werden zwangsläufig positive Ereignisse folgen, und sie erhalten Unterstützung durch andere. Sie finden dann *wirklich* leichter einen Parkplatz. Sie *werden* Menschen begegnen, die Ihnen helfen. Sie *werden* wie durch Zauberhand Hilfe, Geld und Beistand angeboten bekommen. Und ich glaube, dieser positive Fluss ist die Kraft, die wir Gott nennen; folglich ist es Gottes Wille, wenn Sie Ihre Sehnsüchte erfüllen.

Sie haben es verdient, ein Leben ohne Widerstände zu führen. Umarmen Sie Ihr Leben. Es gehört Ihnen.

Was Sie sich merken sollten

- Wir alle bekommen unermesslich viel Hilfe aus der geistigen Welt, wenn wir nur beschließen, darum zu bitten.

- Wir alle haben innere Führer, die uns helfen, jedes Problem in sämtlichen Lebensbereichen zu lösen.

- Unsere geistige Einstellung positiver Erwartung und Hingabe erhöht die Anzahl der Wunder in unserem Leben.

14. Sehen Sie jetzt in Ihre Zukunft!

»Niemand, der keine Visionen hat, wird jemals hohe Erwartungen verwirklichen oder ein großes Vorhaben durchführen können.«

Woodrow Wilson (1856–1924)
28. Präsident der USA und Schriftsteller

Nun, da Sie sich Ziele gesetzt, Ihren Ängsten gestellt und Ihren Tagesablauf angepasst haben, wird es Zeit, Ihre Träume wahr werden zu lassen. Der beste Weg, einen Wunsch in ein lebendiges, atmendes Wesen zu verwandeln, ist Visualisierung. Vielleicht haben Sie schon von Visualisierung gehört, und vielleicht haben Sie es auch schon versucht. Meine Mutter brachte mir das Visualisieren bei, als ich noch klein war, so dass es mir zur zweiten Natur geworden ist. Ich habe mich der Visualisierung bedient, um veröffentlicht zu werden, Häuser und Autos zu kaufen, Gewicht zu verlieren, mehr Geld zu bekommen, großartige Urlaube zu machen, wundervolle Freunde anzuziehen und Michael zu finden, meine große Liebe und mein Seelengefährte.

Anhaltender Erfolg

Immer wieder bitten mich Menschen, die von meinen Erfolgen mit der Visualisierung gelesen oder gehört haben, um Rat, wie sie diese Methode mit anhaltenden Erfolg einsetzen können. Ich verweise sie regelmäßig auf die beste Antwort, die ich jemals gelesen habe und die Emmet Fox in seiner wundervollen Schrift *Das mentale Äquivalent* gab:

»Viele Menschen können sich nicht erfolgreich konzentrieren, weil sie glauben, dass Konzentration Willenskraft bedeutet. Sie versuchen sich doch wirklich mit ihren Muskeln und Blutgefäßen zu konzentrieren. Sie runzeln die Stirn. Sie ballen die Hände. Unabsichtlich denken sie an den Drillbohrer eines Ingenieurs oder die Bohrkurbel eines Zimmermanns. Sie nehmen an, dass sie schneller durchkommen, je mehr sie sich anstrengen. Aber all dies ist ganz und gar falsch.

Vergessen Sie den Bohrer und denken Sie an eine Kamera. In einer Kamera spielt Zwang bestimmt keine Rolle. Dort liegt das Geheimnis in der Fokussierung. Wollen Sie etwas fotografieren, stellen Sie die Kameralinse ruhig, stetig und dauerhaft für die erforderliche Zeitspanne auf den Gegenstand ein. Angenommen, ich will eine Vase mit Blumen fotografieren. Was mache ich? Nun, ich presse sie nicht brutal gegen die Linsen der Kamera. Das wäre töricht. Ich stelle die Vase vor die Kamera und lasse sie dort. Aber angenommen, ich nehme die Vase nach wenigen Augenblicken wieder weg und halte ein Buch vor die Kamera und nehme dann das wieder weg und halte einen Stuhl hoch und stelle dann für ein paar Augenblicke die Blumen wieder hin, und so weiter. Sie wissen, was dann aus meinem Foto wird. Es wird völlig verschwimmen. Machen die Menschen nicht genau das mit ihren Gedanken, wenn sie sich nicht für eine gewisse Zeitspanne auf etwas konzentrieren können? Einige Minuten lang denken sie an Gesundheit, und dann denken sie an Krankheit oder Angst. Sie denken an Wohlstand, und dann denken sie an Depression. Sie denken an körperliche Vollkommenheit, und dann denken sie an das Alter und ihre Schmerzen und

Wehwechen. Ist es da ein Wunder, dass wir so leicht ein ›verschwommenes Bild‹ zeigen?

Beachten Sie, dass ich nicht etwa dafür eintrete, einen Gedanken zu nehmen und ihn durch Willenskraft aufrechtzuerhalten. Sie müssen schon zulassen, dass sich bedeutungsvolle Gedanken abwechseln, sich frei in Ihrem Bewusstsein bewegen, wobei einer auf natürliche Weise zum nächsten führt, aber alle müssen positiv, konstruktiv und harmonisch sein und zu Ihrem Wunsch beitragen; und Sie müssen ruhig und mühelos denken.«

Eine kurze Geschichte der Visualisierung

Wir neigen dazu, »Visualisierung« - die Beherrschung von Gedanken und geistigen Bildern, um positive Veränderungen im Leben herbeizuführen - als ein Ergebnis moderner Zeiten zu betrachten. Doch erstaunlicherweise hat diese Praxis eine sehr traditionsreiche und heilige Geschichte. Die Verwendung von Visualisierung und geistigen Bildern scheint so alt wie die Menschheit und Bestandteil zahlreicher früherer und moderner Religionen gewesen zu sein.

Beschreibungen der Verwendung von Visualisierung durch den Menschen reichen bis 60.000 Jahre vor Christus zurück! Während der Eiszeit malten Jäger Bilder ihrer Beutetiere an die Höhlenwände. Die Archäologen glauben, dass die Jäger mit Speeren nach diesen Tierbildern warfen, um eine erfolgreiche Jagd zu visualisieren. Das unterscheidet sich nicht sehr von der Verwendung von Visualisierung durch olympische Athleten vor den Wettkämpfen der Moderne.

Beinahe jede alte Kultur zeigt Hinweise darauf, dass sie Visualisierung als Werkzeug bei Heilungen und Anbetungen verwendete. Die alte ägyptische Philosophie behauptete, dass alles im Universum auf Geist beruht, nicht auf Materie. Darüber hinaus glaubten die Ägypter, dass Gedanken mächtige Energieschwingungen seien, die Materie verändern und beherrschen. Die Ägypter lehrten, dass sich durch »Transmutation« (die sie später »Alchemie« nannten) - den Vorgang des Fokussierens und Kontrollierens von Gedanken - Angstgefühle in Gefühle der Liebe umwandeln lassen. Sie glaubten außerdem, dass, wenn wir geistig an einem heiligen Gedanken festhielten, wir uns und jeden anderen auf der Welt durch die Macht unserer gebündelten Gedankenenergie heilen können. Außerdem verwendeten die Ägypter Visualisierung für körperliche Heilungen. Sie glaubten, dass Krankheiten dadurch geheilt werden können, dass man vollkommene Gesundheit visualisiert und dieses Bild in seinem Geist aufrechterhält.

Griechische Kulturphilosophien über Heilung durch Visualisierung scheinen von den Ägyptern beeinflusst zu sein. Griechische Heiler verschrieben ihren Patienten oft eine Art »Traumtherapie« und baten sie, davon zu träumen, dass die Götter sie geheilt hatten.

Visualisierung in Form von zielgerichteten Gedanken und Konzentration war 200v.Chr. der wesentlichste Bestandteil des Yoga Sutra. Die Yogasutren lehrten, dass man sich, wenn man ein einziges Bild im Geist bewahrte, segensreich mit der Wahrheit dieses Bildes verbinden kann. Das tantrische Yoga, im sechsten Jahrhundert nach Christus entwickelt, lehrte, dass die Benennungen und Urteile der Menschen diese daran hindere, die Wahrheit über sich und das Leben zu erfahren. Um dieser negativen Tendenz zu begegnen, entwickelten die Tantristen eine Methode, bewusst ein göttliches Bild zu visualisieren. Das Ziel bestand darin, die Einheit mit dem göttlichen Bild zu erfahren und einen Energiefluss durch den Körper freizusetzen. Zur tantrischen Visualisierung gehörte auch, eine geometrische Figur anzusehen, die »Mandala« genannt wird, bis man sich mit dem Bild eins fühlt. Dies diente dazu, sich zu zentrieren.

Die Bibel enthält zahlreiche Verweise auf Glauben und Vertrauen als Schlüssel, um Veränderungen im Leben herbeizuführen. Eines der profunderen Versprechungen, die Jesus gab, steht in Matthäus 21,22: »Wenn ihr nur Vertrauen habt, werdet ihr alles bekommen, worum ihr Gott bittet.« In Markus 9,23 wird das noch einmal unterstrichen: »Wer Gott vertraut, dem ist alles möglich.«

Indianische Heiler, Medizinmänner und Medizinfrauen, aber auch Schamanen, bedienten sich der Visualisierung als Heilmethode. Schamanen glauben, dass Krankheiten durch Abspaltung der Seele entstehen. Deshalb visualisieren sie das Auffinden und Zurückholen der Seele einer kranken Person und ihre Wiedervereinigung zu einem vollständigen Wesen. Navajo-Indianer setzen Gruppenvisualisierungen ein, um Krankheiten zu heilen. Bei diesen organisierten Bemühungen sehen einzelne Teilnehmer der Gruppe die kranke Person als vollkommen geheilt und gesund.

Paracelsus, ein berühmter Arzt aus dem sechzehnten Jahrhundert, behauptete: »Die Kraft der Vorstellung ist ein großer Faktor in der Medizin. Sie kann Krankheiten im Menschen hervorrufen, und sie kann sie heilen.« Im Jahre 1604 schrieb Thomas Wright, dass Visualisierung durch den Prozess von »Geistern« heile, die »durch bestimmte geheime Kanäle vom Gehirn zum Herzen strömen«.

Visualisierung ist schon seit vielen Jahren bekannt. Ende des neunzehnten und Anfang des zwanzigsten Jahrhunderts erlebte sie eine Wiedergeburt durch Schriftsteller, Geistheiler und religiöse Führer wie Napoleon Hill, Claude M. Bristol, Ralph Waldo Emerson, Ernest Holmes (Religiöse Wissenschaft) und Mary Baker Eddy (Christliche Wissenschaft).

Anfang der Achtzigerjahre des zwanzigsten Jahrhunderts kam Visualisierung durch Louise K. Hays selbstverlegtes Buch *Gesundheit für Körper und Seele,* das ursprünglich in vervielfältigter Form kursierte, auf die Bestsellerliste der *New York Times*. In Norman Cousins bahnbrechendem Buch *Der Arzt in uns allen* schrieb der Autor, dass er die Anzahl seiner weißen Blutzellen erhöhte, indem er sie sich als weiße Cowboys vorstellte, die mit Lassos krankes Gewebe einfingen. Die Achtzigerjahre des vorigen Jahrhunderts sahen Visualisierung als ein populäres Mittel zur Förderung der Karriere und zum finanziellen und materiellen Erfolg. Heute rät das amerikanische olympische Komitee, sich zur Leistungssteigerung in allen athletischen Belangen der Visualisierung zu bedienen. An der Harvard University untersuchen Forscher die Zusammenhänge zwischen Visualisierung und dem Immunsystem.

Meiner Meinung nach werden in absehbarer Zeit Maschinen, die virtuelle Realitäten erzeugen, zu einer explosiven Zunahme des Interesses an Visualisierung führen. Mehr und mehr Menschen werden sehen, wie zuverlässig diese Methode zur Manifestierung führt. Diese Maschinen werden für »Probefahrten« durch unterschiedliche Zukünfte des eigenen Selbst eingesetzt werden. Sobald man eine Zukunft findet, die einem behagt, wird man sie visualisieren, bis sie sich in der Realität manifestiert. Dann wird die Praxis der Visualisierung wieder so breite Anerkennung finden, wie es in vorgeschichtlicher Zeit der Fall war.

Spezifieren Sie alles

Visualisierung funktioniert immer, und sie funktioniert so gut, dass man sehr vorsichtig sein und genau angeben muss, was man will. Da ich mich schon mein Leben lang der Visualisierung bediene, bin ich in der Lage, beinahe sofort alles zu manifestieren. Manchmal bitte ich um etwas und erschrecke dann, wie rasch ich es bekomme.

So beschloss ich beispielsweise, dass das Haus, in dem ich wohnte, zu klein sei, besonders jetzt, da meine Söhne zu ein Meter achtzig großen Hünen herangewachsen sind. Deshalb visualisierte ich (in größtmöglichem Detail) den Umzug in ein anderes Haus. Noch am selben Nachmittag rief ein Immobilienmakler an, weil sich jemand erkundigt hatte, ob mein Haus zum Verkauf stünde. *»Moment mal«,* dachte ich, *»das geht mir zu schnell! Ich bin mir nicht sicher, ob ich wirklich aus diesem Haus ausziehen will.«* Also löschte ich das Bild geistig wieder, und das Ergebnis war, dass das Grundstücksgeschäft nicht zustande kam.

Dann rief mich jedesmal, wenn ich mein »neues« Haus visualisierte, ein Immobilienmakler an. Schließlich wurde ich ehrlich mit mir selbst und gab zu, dass ich aus meinen gegenwärtigen vier Wänden nicht ausziehen wollte. *»Die Jungs werden sowieso bald aufs College gehen und das Haus verlassen,«* beschloss ich.

Eine andere Erfahrung, durch die ich erkannte, wie wichtig es ist, bei der Visualisierung sehr präzise zu sein, machte ich in meinem Liebesleben. Sie erinnern sich vielleicht an meine Schilderung der halbgaren Resultate, nachdem ich John manifestiert hatte, den rosentragenden Buchhalter. Ich hatte meine Sehnsucht nach einem Freund affirmiert, der mir Rosen schenkt, ohne andere, wichtigere Details auf meine Wunschliste zu setzen. Tja, ein kleines, aber wichtiges Detail hatte ich vergessen. Ich vergaß anzugeben, dass er ein Mann sein sollte, zu dem ich mich auch hingezogen fühle. Meine Gefühle für John waren ungefähr so seicht, wie sie sie gegenüber meinem jüngeren Bruder gewesen wären. Selten hat mir etwas so Leid getan, das können Sie mir glauben!

Also ergänzte ich beim nächsten Mal meinen »Liebeswunsch« um einige Details. Ich bat um einen romantischen Mann, der heiraten wollte und zu dem ich mich heftig hingezogen fühlte.

Rumms! Erneut lieferte das Universum nach meinen genauen Angaben. Diesmal bekam ich einen Frankokanadier, der mir Liebeslieder vorsang, Geschenke machte und einen Monat, nachdem wir uns begegnet waren, um meine Hand anhielt. Ich fühlte mich sehr stark zu ihm hingezogen, aber wieder stellte ich fest, dass ich bei meiner Visualisierung ein paar wichtige Details ausgelassen hatte - Details, die verhinderten, dass ich ihn heiratete.

Nun, aller guten Dinge sind drei. Diesmal beschloss ich, auf Nummer Sicher zu gehen und jedes einzelne Detail aufzulisten, von dem ich mir vorstellen konnte, dass es mir an einem Ehemann wichtig war. Ich schrieb alles nieder: sein Temperament, Fitnessmethoden, Arbeitsverhältnis, wo er lebte, politische Ausrichtung, Haarfarbe, Augenfarbe - einfach alles. Manche Menschen haben mich gefragt, ob eine so vollständige und detailierte Liste nicht einschränkend sei. Ich darf Ihnen versichern, dass genau das Gegenteil der Fall ist: Sie brauchen sich nie mehr nach dem Mann oder der Frau Ihrer Träume zu sehnen!

Nachdem ich diese Liste geschrieben hatte, beendete ich mit dem wichtigsten Schritt die Visualisierung. Ich übergab die Angelegenheit in vollkommenem Vertrauen Gott. Ich wusste genau, dass dieser Mann meiner Träume so ernsthaft nach mir suchte wie ich nach ihm. Und jedesmal, wenn ich im Bewusstsein dieser Wahrheit meine Augen schloss, kam mir das Bild einer weißen Küchenanrichte über einer Wasserfläche in den Sinn.

Eine Woche, nachdem ich meine Liste angefertigt hatte, veranlasste mein innerer Führer mich nachdrücklich, einige Dinge zu tun, die schließlich dazu führten, dass ich ein kleines französisches Restaurant in der Nähe meines Hauses betrat. Im Eingang stieß ich gegen einen hochgewachsenen Mann mit lächelnden blauen Augen. Es war unglaublich; ich erkannte ihn sofort als den Mann, den ich mir vorgestellt hatte. Wir setzten und unterhielten uns, und jede Kleinigkeit, die ich niedergeschrieben hatte, war ein Teil des Lebens und Charakters dieses

Mannes. Seit diesem Tag sind Michael und ich zusammen, und mein Liebesleben ist ein wahr gewordener Traum. (Übrigens, als ich zum ersten Mal sein Haus betrat, überraschte es mich nicht, die weiße Küchenanrichte zu erblicken, die auf den Hafen von Newport Beach hinausführte, so wie ich sie vor meinem inneren Auge gesehen hatte. Es gibt keine Zufälle!)

Sie können mit Hilfe von Visualisierung alles anziehen, was Sie wollen, und dadurch jede Situation in Ihrem Leben heilen. In Kapitel elf erörterte ich beispielsweise, wie meine Klienten und ich uns der Visualisierung bedienten, um kaputte Ehen, Elternprobleme und andere familiäre Zerwürfnisse zu heilen.

Visualisierung fällt leichter, wenn Sie Bilder benutzen, die für Ihre Sehnsüchte stehen, und sie häufig ansehen. Als ich mir etwa einen Urlaub auf Hawaii wünschte, hängte ich Fotos mit Palmen und weißen Sandstränden auf und malte mir aus, wie ich mich im tropischen Sonnenschein räkele. Diese Visualisierung veranlasste meine Familie, für einen zweiwöchigen Sommerurlaub auf der großen Insel Hawaii zu sparen. Ich habe schon Bilder ausgeschnitten, die mir halfen, ein neues Auto zu bekommen, Gewicht zu verlieren und bei bestimmten Verlagen veröffentlicht zu werden.

Was auch immer Sie wollen gehört Ihnen, wenn Sie nur zulassen, es vor sich zu sehen und darum zu wissen.

Selbstverbesserung ist etwas Natürliches

Der Wunsch, ein besseres Leben zu führen, ist etwas ganz Natürliches, das allen innewohnt. Wir treten in einen Körper ein und leben auf diesem Planeten ausdrücklich für unser Seelenwachstum. Im Leben und nach dem Tod entwickeln wir uns fortwährend zu liebevollen, ehrlichen und offenen Seelen weiter. Es ist unmöglich, den Wunsch nach positiver Entwicklung und Selbstverbesserung aus unserem Wesen zu beseitigen. Er ist in uns eingebaut!

Ihnen steht in diesem Moment mächtige spirituelle Hilfe zur Verfügung. Vielleicht sind Sie sich dessen bewusst, weil Sie während einer Meditation oder eines Beinahe-Unfalls eine Präsenz oder Macht gespürt haben. Vielleicht halten Sie eine solche Vorstellung auch für sinnlos und töricht. Egal, wie Sie zu spiritueller Hilfe von Gott, den Engeln und innerer Führung stehen, würden Sie göttliches Eingreifen oder ein Wunder, wenn es Ihnen angeboten würde, vermutlich nicht ausschlagen.

Sie sind nicht allein und sind nie allein gewesen. Gott hat immer für all Ihre menschlichen Bedürfnisse gesorgt und wird auch weiter dafür sorgen. Wenn Sie die Jahre zurückdenken, werden Sie sehen, dass Er immer für sie da war und Sie nie darben mussten oder vollends verarmten. Er wird Sie auch jetzt nicht im Stich lassen, wird sie nie im Stich lassen, und wenn Sie sich voller Vertrauen auf Seine Hilfe verlassen, wird diese Hilfe immer größer ausfallen. Lassen Sie Ihre Ängste und Sorgen hinsichtlich Ihres Körpers los und konzentrieren Sie sich statt dessen darauf, Ihren göttlichen Auftrag zu erfüllen.

Gott, der allumfassende Schöpfer, schuf uns nach Seinem Bild und Ebenbild. Folglich sind auch wir natürliche Schöpfer. Wir baben unaufhörlich den Wunsch zu erschaffen, und wir besitzen die Macht, diese Schöpfungen auch zu manifestieren. Ein Schöpfer erschuf uns.

Die größten spirituellen Werke bestätigen, dass Gott will, dass wir uns eines Lebens in Wohlstand und Fülle erfreuen und dass Reichtum das natürliche Ergebnis von rechtem Denken und rechtem Handeln ist:

- Aus der *Bibel*: »Mein Lieber! Ich wünsche dir, dass es dir in jeder Hinsicht gut geht und du gesund bist, so wie ich das von deinem inneren Leben weiß.«

- Aus der *Anguttara-Nikaya* (Buddhismus): »Bei dem Gedanken: ›Was den erworbenen Reichtum angeht…, so erfreue ich mich meines Reichtums und übe mich in verdienstvollen Taten‹, ereilt ihn Glückseligkeit, erfüllt ihn Seelenfrieden. Dies wird ›der Segen des Reichtums‹ genannt.«

- Aus *Ein Kurs in Wundern:* »Gott will nicht, dass Sein Sohn sich mit weniger als allem zufrieden gibt.«

- Aus den *Sprichwörtern der Yoruba* (einer traditionellen afrikanischen Religion): »Es gibt keinen Ort, an dem man nicht zu Größe gelangen kann; einzig der Faule hat nirgends Erfolg.«

- Aus dem *Avesta* (Zoroastrismus, Indien): »Möge man hier ein gutes Gewerbe ausüben; möge man hier dafür sorgen, dass die Bedürftigen erfolgreich sind.«

- Aus dem *Koran* (Islam): »Wenn das Gebet vorbei ist, verteilt euch im Land und sucht nach Gottes Lohn und denkt oft an Gott, auf dass ihr erfolgreich seid.«

- Aus der *Großen Lehre* (Konfuzianismus): »Tugend ist die Wurzel, Reichtum das Ergebnis.«

Beinahe ausnahmslos betonen die Weltreligionen, dass materieller Reichtum dem Seelenwachstum nur zum Schaden gereicht, wenn man sich auf ihn konzentriert statt auf Gott. Arbeiten und handeln wir jedoch untereinander liebevoll, erfüllt das spirituelle Gesetz unwillkürlich unsere materiellen Bedürfnisse. Wir müssen uns nur an die Liebe erinnern und Vertrauen in unseren Ursprung haben, dann erfolgt Seine Wirkung (Reichtum) naturgegeben. Nur, wenn wir uns auf die Wirkung konzentrieren und unseren Ursprung vergessen, erfahren wir Angst, Schuldgefühle, Zorn, Unsicherheit und finanzielle Fehlschläge.

Gottes Wille

»Was ist, wenn das, was ich will, nicht Gottes Wille für mich ist?« Viele meiner Klienten fühlen sich von dieser Frage verwirrt und geraten ins Stocken.

Meine Antwort darauf beruht auf meinem lebenslangen Studium und meinen Erfahrungen während der Beschäftigung mit dieser Frage. Im Folgenden fasse ich kurz meinen spirituellen Hintergrund für Sie zusammen, damit Sie die Grundlage meiner Überzeugungen verstehen.

Ich wurde in einem sehr spirituellen Haushalt gezeugt, geboren und aufgezogen. Meine Mutter, Metaphysikerin in dritter Generation und spirituelle Heilerin, und mein Vater, Verfasser spiritueller Bücher, hatten viele Jahre lang erfolgslos versucht, ein Baby zu zeugen. Meine Mutter reichte bei einem Gebetsamt der Religiösen Wissenschaft den Antrag um eine Fürbitte ein, und weniger als einen Monat später war sie mit mir schwanger.

Meine Familie studierte mit Hingabe spirituelle Wahrheiten in metaphysischen Kirchen, bei den Unitariern, der Religiösen und Christlichen Wissenschaft. Da meine Mutter spirituelle Heilerin war, waren Wunder für mich, als ich heranwuchs, ganz natürliche Begebenheiten. Deshalb habe ich auch nie etwas anderes gekannt als metaphysische Grundregeln wie das Affirmieren, Visualisieren, Heilen und Manifestieren des höchsten Wohls eines Menschen.

Dennoch hatte mich nichts auf das vorbereitet, was mir widerfuhr, als ich mit acht Jahren an einem Sonntagnachmittag aus der Kirche der Unitarier spazierte. Etwas ließ mich jäh innehalten. Die Landschaft ringsum veränderte sich, und ich empfand gleichzeitig einen mächtigen Druck außerhalb und innerhalb von mir. Plötzlich sah ich mich von einem zentralen Punkt etwas dreißig Zentimeter rechts der Stelle, an der mein Körper sich befand, als hielte sich mein Geist außerhalb meines Körpers auf. Es geschah alles so schnell!

Dann teilte sich eine männliche Stimme durch mich mit, in einer Mischung aus hörbaren Wörtern, spürbaren Vibrationen und intuitivem Wissen. Die Stimme erklärte mir, dass ich gerade ein Beispiel für die Spaltung von Geist und Körper erlebe. Sie erklärte, dass der Geist das einzig Wahre sei und der Körper dem Geist unterstehe. Dann teilte sie mir mit: »Du bist hier, um die Menschen zu lehren, dass der Geist den Körper beherrscht.«

Im nächsten Moment war die Stimme wieder verschwunden, und mein normales Sehvermögen kehrte zurück. Obwohl es sich eindeutig um einen Vorfall handelte, der den Rahmen der Normalität sprengte, fühlte ich mich sicher und akzeptierte ihn. Ich hatte gerade etwas Hilfe darin bekommen, mich an meine göttliche Bestimmung zu erinnern.

Nach diesem Tag wurde die Macht des göttlichen Auftrags immer offensichtlicher. Sobald ich meine Bestimmung vernachlässigte, nagte es an mir und ließ mich nicht ruhen. Mit Anfang zwanzig versuchte ich die Mission zu ignorieren und wurde unglücklich, rastlos und übergewichtig. Mir blieb nichts anderes übrig, als meine Bestimmung anzunehmen und zu erfüllen, und so wurde ich spirituell ausgerichtete Psychotherapeutin und Verfasserin von Selbsthilfebüchern. In dem Moment, als ich die Verpflichtung übernahm, öffneten sich mir sämtliche Türen.

Heute merke ich es sofort, wenn ich von meiner göttlichen Bestimmung abweiche. Beispielsweise habe ich einige Male versucht, Bücher über Themen zu schreiben, die nicht »meinem Weg« entsprachen, und bin damit immer kläglich gescheitert. Ich konnte damit nicht einen Cent verdienen! Jedes Mal, wenn ich versuchte, von meinem Weg abzuweichen, fühlte ich mich gestresst, war unglaublich gefräßig oder einfach nur kreuzunglücklich.

Mir ist klar, dass die meisten Menschen keine himmlische Stimme hören, die sie auf den Weg ihrer Karriere führt. Ich weiß nicht, warum Gott mir den Auftrag so deutlich erteilte, aber Er tat es. Ich habe jedoch festgestellt, dass es mir leicht fällt, anderen zu helfen, *ihre* göttliche Bestimmung zu finden. Innerhalb weniger Minuten nach der Begegnung spüre ich schon, welcher Karriereweg dieser Person liegen und ihr Erfüllung bringen könnte.

Ihre göttliche Bestimmung

Meine Überzeugungen und Meinungen über göttliche Aufträge, Bestimmung, Ziele und Missionen entstammen einem eifrigen Studium, das beinahe vierzig Jahre dauerte. Ich glaube fest an das Folgende:

Zunächst einmal, denke ich, verleiht Gott uns unsere lang anhaltenden Sehnsüchte. Mit anderen Worten, unsere Geschmäcker und Vorlieben für bestimmte Aktivitäten und Lebensweisen sind so gottgegeben wie die Farbe unserer Haare und Augen. Er wünscht sich kein Leid, und Er will unsere materiellen Bedürfnisse erfüllen, damit wir unserer Aufgabe nachkommen können, Glück zu empfinden und Seelenwachstum zu erreichen. Die Sorge um Nahrung, Unterkunft und Geld lenkt uns von unseren spirituellen Wegen ab. Die Erfüllung der materiellen Bedürfnisse bietet Geist und Seele deshalb die Möglichkeit, sich auf Höheres zu konzentrieren.

Die Bibel und andere große spirituelle Werke der Welt leiten uns an, Vertrauen zu haben, dass Gott unsere materiellen Bedürfnisse erfüllt, solange wir unserem göttlichen Weg folgen. Wir bitten darum, dass unsere Wünsche wahr werden, glauben, dass Gott sie uns zuteil werden lässt, und empfangen das Gute. Sorge verlangsamt den Empfang des Guten, das wir verdient haben und benötigen, weil sie uns das Gefühl gibt, von unserem Ursprung getrennt zu sein statt Seiner liebevollen Fürsorge zu unterstehen. Die Sorge, wie wir morgen unsere Rechnungen bezahlen, erschafft eine obsessive Ausrichtung auf materiellen Gewinn, die unseren Fokus von dem Vertrauen ablenkt, dass Gott für alle unsere Bedürfnisse sorgt.

Wir dürfen uns nicht fragen oder überlegen, *wie* für unsere Bedürfnisse gesorgt wird. Das *Wie* ist Gottes Angelegenheit, nicht unsere. Wenn wir zu steuern versuchen, wie wir unsere Ziele erreichen werden, machen wir uns ein Bild, und das ist ein Verstoß gegen spirituelle Gesetze und bietet die Gewähr, seine Wünsche nicht erfüllt zu bekommen. Unsere Aufmerksamkeit muss darauf gerichtet bleiben, was wir wollen, und darauf, dass wir dankbar für Gottes Macht sind und auf sie vertrauen.

Ihr Erfolg ist »spirituell korrekt«, wenn er andere dazu anregt, ihre höchste Aufgabe zu leben. Denken Sie an die Schriftsteller, Autoren und Redner, die Sie am meisten bewundern, und fragen Sie sich, ob Sie noch Ihren Philosophien folgen würden, wenn sie von der Wohlfahrt oder in einem Obdachlosenasyl lebten. Wir übernehmen lieber die Ideologien von Menschen, die gut für sich sorgen. Schon in der Bibel heißt es: »Wenn einer arm ist, hält man ihn nicht für klug; darum hört keiner auf seine Worte.«

Wie kann man nun erfahren, welcher persönliche Werdegang unserer göttlichen Bestimmung entspricht? Ich glaube, dass wir alle eine gottgegebene Bestimmung auf dieser Erde haben. Unser höchstes Ziel ist es, uns selbst und anderen Liebe entgegenzubringen und zu vergeben. Wir haben auch einen persönlichen Werdegang, der göttlich geführt ist. Unser Werdegang oder unsere Berufswahl hat zwei Seiten. Die eine ist, Seelenfrieden zu bewahren und liebevoll zu handeln, egal, welcher Tätigkeit man nachgeht.

Die andere ist, dass man eine Berufswahl treffen sollte, die zu der Bestimmung passt, die man hier auf Erden hat. Ihr Beruf oder Ihre Berufung hat immer etwas mit Aufgaben zu tun, die der Welt dienen und helfen. Das schließt Unterrichten, Unterhalten, Erleuchten und Beraten ebenso ein, wie anderen zu helfen, ihre Geschäfte gut zu führen oder das häusliche Umfeld zu pflegen.

Der Ihnen göttlich bestimmte Beruf nutzt Ihre natürlichen Fähigkeiten und Interessen. Manche Menschen bezweifeln, dass Arbeit Spaß machen kann. Sie kann! Den richtigen Beruf zu haben ist der Hammer! Wenn die Arbeit Spaß macht, investieren wir mehr Zeit und Mühe, und das trägt zu unserem und dem Wohl der Welt bei.

Die Welt lässt Sie wissen, wenn Sie auf dem richtigen Weg sind. Türen öffnen sich weit und Gelegenheiten ergeben sich in Hülle und Fülle. Geld strömt Ihnen zu, und Menschen bieten ihre Hilfe an. Ja, Sie müssen sich Mühe geben und Leistungen erbringen, aber es fließt ganz natürlich!

Was Sie denken, tritt immer ein

Ein Ergebnis meines metaphysischen Aufwachsens, das mir schon als Kind sagte, dass es keine Grenzen gibt, bestand darin, dass ich immer in der Lage war, so etwas wie Energiefelder und innere Führer zu sehen. Wenn ich mit jemandem rede, ob in Person oder am Telefon, sehe ich mentale Bilder ihrer Familienangehörigen, ihrer Hobbies oder ihrer Ziele. Manche Menschen bezeichnen das als »mediale« Fähigkeit. Ich halte es eher für eine normale Gabe, die wir alle besitzen, die aber viele von uns bewusst ausschalten oder ignorieren.

Das, woran Sie denken, besonders wenn Gedanken mit starken Emotionen verbunden sind, nimmt in ihrem Energiefeld (der Essenz um sie herum, die manchmal auch Ihre *Aura* genannt wird) Gestalt an. Denken Sie an einen Gegenstand, können Menschen wie ich, die empfänglich für Energiefelder sind, diesen Gegenstand tatsächlich sehen, als schwebte er neben ihnen. Es ist ein wenig so, als schaute man auf leuchtend weißen Keksteig, der mit einer Keksform herausgestanzt wurde, in vollem 3-D.

Ein Medium sagt nicht so sehr die Zukunft voraus, sondern sieht meistens Bilder in Ihrer Aura, die Sie durch Ihre Gedankenmuster dorthin projiziert haben. Wenn Sie oft daran denken, sich einen Sportwagen zuzulegen, wird es in Ihrem Feld eine energetische Entsprechung zu einem Sportwagen geben. Erhalten Sie diesen Gedanken lange genug aufrecht, wird diese energetische Entsprechung sich schließlich zu der echten Sache manifestieren, und Sie werden am Steuer eines Sportwagens sitzen. Nun, ein Medium kann dieses Energiebild spüren und wird Ihnen so etwas sagen wie: »Ich sehe Sie einen Sportwagen fahren.«

O Mann!, werden Sie denken. *Das ist die Zukunft, die ich will!* Sie werden das Medium gern bezahlen, sollten aber wissen, dass die Voraussage sich nur dann bewahrheitet, wenn Sie weiter an diesen Sportwagen denken. Setzen Sie an die Stelle Ihres geistigen Bildes beispielsweise den Gedanken: *Ich kann mir einen neuen Wagen nicht leisten,* haben Sie die Zukunft sofort verändert.

Ihre Gedanken sind kraftvolle Magneten und Boten. Achten Sie auf Ihre Gedanken und wählen Sie nur Bilder, die zu dem passen, was Sie sich im Leben wünschen. Auf diese Weise werden sie einzig Erfahrungen, Menschen und Dinge anziehen, die Sie auch wirklich wollen.

Plan kontra Absicht

Visualisieren Sie das Endergebnis, das Sie sich wünschen - die finanzielle, gesundheitliche, berufliche oder Liebessituation, die mit Ihren Idealen übereinstimmt. Aber gehen Sie nicht, ich wiederhole, gehen Sie nicht ins Detail, was den Weg anbelangt, der zu dem ersehnten Resultat führt. Das *Was* Ihrer Wünsche bleibt Ihnen überlassen; das *Wie,* auf welche Weise Sie es erlangen, ist einzig und allein Gottes Angelegenheit.

Wenn Sie versuchen, bei Ihrer Visualisierung einen Plan für die Manifestation festzulegen, werden Sie die einfallsreichen Wege, auf die Ihre inneren Führer Sie schicken, blockieren. Sagen wir, Sie visualisieren für sich einen wundervollen Job auf dem von Ihnen auserwählten Gebiet, in dem Sie ein Jahreseinkommen von 100.000 Dollar verdienen. Das ist Ihr *Was* bei der Visualisierung, und indem Sie entscheiden, was Sie wollen, haben Sie Ihren Teil des Abkommens bereits erfüllt.

Das *Wie* muss jedoch losgelassen werden.

Sagen wir, Sie führen ein Vorstellungsgespräch, und es scheint genau der Job zu sein, auf den sie gehofft hatten. Sie gehen also nach Hause und visualisieren, wie die Person, mit der Sie gesprochen haben, Sie anruft und Ihnen den Job anbietet. Sie haben gerade das *Wie* festgelegt, und das ist ein Verstoß gegen das geistige Gesetz. Wahrscheinlich bewahrheitet sich Ihre Visualisierung, und die Person wird Ihnen den Job anbieten, wie Sie es sich vorgestellt hatten.

Aber was, wenn das gar nicht der beste Job für Sie war? Was, wenn das nächste Vorstellungsgespräch Ihnen einen besseren Job mit mehr Möglichkeiten, Vorteilen und einem höheren Gehalt eingebracht hätte? Sie haben diese göttliche Gelegenheit verpasst, weil Sie darauf bestanden, dass das Universum Ihnen den erstbesten Job gibt. Deshalb ist es so wichtig, dass Sie genau beschließen, was Sie wollen, aber die Wege, auf denen Sie es bekommen, offenlassen.

Ein weiteres Beispiel: Jemand visualisiert, dass er einen materiellen Gegenstand bekommt, wie etwa ein neues Haus. Es ist eine großartige Idee zu visualisieren, was für eine Art Haus Sie wollen und seine allgemeine geographische Lage. Stellen Sie sich auch vor, was für Nachbarn Sie wollen, und jedes andere Detail, das ihnen vorschwebt. Nur sagen Sie dem Universum nicht, welches Haus Sie genau wollen, sonst könnte es damit enden, dass Sie nicht wissen, wie sie es bezahlen sollen.

Wenn Sie das *Wie* offenlassen, stellen Sie es Ihren inneren Führern und Engeln frei, den gewünschten Gegenstand auf kreative Weise zu finanzieren. Viele Menschen, die sich ein neues Haus oder Auto, einen Urlaub oder Kleidung wünschten, wurden angenehm überrascht, als das Geld aus unerwarteter Quelle einfach so »auftauchte«. Ich und einige andere aus meinem Bekanntenkreis haben sogar schon kostenlos Häuser angeboten bekommen, einfach durch die Verwendung von Visualisierung.

Denken Sie daran, es gibt keine Grenzen dafür, was Sie sein oder tun können... es sei denn, Sie beschließen, dass es Grenzen gibt. Hoffentlich haben Sie beschlossen, zu einer grenzenlosen Person zu werden, frei, um alle Köstlichkeiten, die das Leben zu bieten hat, zu erleben und sich daran zu erfreuen!

Die Macht der Affirmation

Wir nennen positive Gedanken, die in der Gegenwartsform ausgedrückt werden, »Affirmationen«. Höchstwahrscheinlich haben Sie Affirmationen schon benutzt - vielleicht, ohne dass es Ihnen bewusst war! Wenn Sie sich etwa sagen: »Ich bin ein Siegertyp!«, ist das eine Affirmation.

Ich habe Affirmationen für dramatische und schnelle Veränderungen in meinem privaten und beruflichen Leben benutzt. Wie ich an früherer Stelle schrieb, halfen mir Affirmationen, meine Wünsche zu erfüllen. Vielleicht erinnern Sie sich, dass ich Ihnen erzählte, ich sei einmal ein fettes, unglückliches und ungebildetes Hausmütterchen gewesen. Mein innerer Führer trieb mich an, einen Abschluss in Psychologie zu machen und Bücher zu schreiben, aber innerlich fragte ich mich, ob ich nicht scheitern würde. Affirmationen halfen mir zu wissen, dass ich es schaffen konnte und dass ich den Erfolg verdiente.

Hier sind einige Affirmationen, die eigens dafür gedacht sind, Ängste und Bangnis zu verringern oder zu beseitigen. Wenn Sie sich von einer dieser Formulierungen angesprochen fühlen, schreiben Sie sie auf und kleben Sie sie irgendwo deutlich sichtbar hin, an Ihren Badezimmerspiegel oder das Armaturenbrett ihres Autos, oder Sie legen sie sich in Ihr Portemonnaie. Ich empfehle Ihnen auch, einer CD mit Affirmationen zu lauschen, entweder selbst angefertigt oder professionell hergestellt (wie denen, die über den Verlag erhältlich sind).

Affirmationen für Selbstvertrauen

- Ich bin sicher und beschützt.
- Ich vertraue darauf, dass meine Intuition mich führt.
- Ich habe hinreichend Zeit und Geld und bin intelligent genug, um meine Ziele zu erreichen.
- Ich weiß, dass ich heute zum Guten geführt werde.
- Ich verdiene alles, was gut ist.
- Wenn ich gewinne, gewinnen auch andere.
- Ich finde immer Zeit, meine Träume zu erfüllen.

- Ich bin in vieler Hinsicht gesegnet.
- Andere Menschen mögen und respektieren mich.
- Meine Bemühungen werden stets unterstützt und ermutigt.
- Gott sorgt immer für meine menschlichen Bedürfnisse.
- Ich habe mich der Aufgabe verschrieben, der Welt die Liebe zu lehren.
- Ich nutze jedes bisschen Zeit, das ich übrig habe, und meine kleinen Bemühungen führen zu großen Errungenschaften.
- Mein Körper gehorcht jedem meiner Befehle.
- Reichtum ist ein sicherer und angenehmer Zustand.
- Heute richte ich mein Denken auf Liebe und Erfolg.
- Ich erwarte in jeder Situation einen glücklichen Ausgang, den ich auch erlebe.
- Ich bin entspannt, ausgeglichen und selbstbewusst.
- Meine Friedfertigkeit dient anderen als Vorbild und Inspiration.
- Ich bin in jeder Hinsicht frei von Schuld.
- Ich ziehe auf ganz natürliche Weise positive Menschen und Zustände an.
- Alles, was ich erreiche, erhöht noch mein Selbstvertrauen.
- Ich nehme das Gute wohlwollend an.
- Meine Stimme beruhigt, sowohl mich als auch andere.
- Ich habe grenzenlose Energie.
- Gottes Wille für mich ist vollkommenes Glück.
- Andere Menschen sind froh über meine Ziele und Errungenschaften.
- Ich erlaube mir, mein Leben zu ändern.
- Ich erwarte von anderen, dass sie friedlich mit mir zusammenarbeiten, und so geschieht es auch.
- Mein Glaube und meine Überzeugungen sind unerschütterlich.
- Ich ergreife die Initiative, um meine göttliche Bestimmung zu erfüllen.

- Ich bin inspiriert, und ich bin kreativ.
- Die Zeit, die ich in Meditationen investiere, macht sich tausendfach bezahlt.
- Meine Weisheit führt mich dahin, Zeit aufzuwenden für das Beste und höchste Wohl aller.
- Andere Menschen respektieren meine Bedürfnisse und Wünsche.
- Ich ziehe liebevolle, erfolgreiche Menschen in mein Leben.
- Es bereitet mir Freude, Maßnahmen zur Erreichung meiner Ziele zu ergreifen.
- Mutig vertraue und gehorche ich den Anweisungen meiner inneren Weisheit.
- Heute gehe ich einen oder mehrere Schritte, die mich meinem Traumleben näherbringen.

Was Sie sich merken sollten

- Sie können Visualisierungen verwenden, um ihr Liebesleben, ihre Arbeit und Gesundheit positiv zu verändern.

- Die Menschen bedienen sich schon seit Urzeiten der Visualisierung. Heute verwenden Berufsportler Visualisierungen zur Leistungssteigerung, und Medizingelehrte verwenden sie für rasche und wundersame Heilungen.

- Entscheiden Sie, was Sie wollen, affirmieren Sie es, und dann überlassen sie das *Wie* dem Universum.

15. Wo alle Probleme gelöst und alle Fragen beantwortet werden

»Bevor du eine wichtige Unternehmung angehst,
setze dich still hin, beruhige deine Sinne und
Gedanken und meditiere tief. Dann wird dich
die große Schöpferkraft des Geistes leiten.«

Paramahansa Yogananda

Ich habe in diesem Buch aus einem ganz bestimmten Grund so viel über Meditation gesprochen: *Es funktioniert in so vieler Hinsicht so gut.* Es gibt keine »richtige« Art zu meditieren und keine festgelegte Zeitspanne, die erforderlich wäre (außer, dass es eine gute Idee ist, in aller Frühe als Erstes zu meditieren und unmittelbar vor dem Schlafengehen).

Manche Menschen mit hektischem Tagesablauf sagen, sie haben keine Zeit zum Meditieren. Doch *Ein Kurs in Wundern* betont, dass beim Meditieren die Qualität und nicht die Quantität zählt. Ich stimme zu und glaube, dass eine Minute konzentrierter Meditation erstaunlichen Nutzen bringt. Ich würde es lieber sehen, wenn jemand eine Minute lang Verbindung mit der Quelle hat, statt eine Stunde lang dazusitzen und seine Gedanken sinnlos schweifen zu lassen.

Die Zeit, die Sie in tiefer Meditation verbringen, wird Ihren Tagesablauf sogar beschleunigen! Sie werden nach der Meditation wacher sein und sich gestärkt fühlen, und Sie werden sich nicht mehr so leicht aufregen. Im Ergebnis werden Sie weniger zeitraubende Auseinandersetzungen mit anderen haben. Studien zeigen, dass Meditation den Blutdruck senkt und dass Personen, die meditieren, seltener den Arzt aufsuchen. Alle Facetten des Lebens - zusätzlich zum Tagesablauf - verbessern sich durch Meditation.

Der Segen der Meditation

So viele spirituelle Lehrer haben begeistert auf die Meditation verwiesen, wenn es darum ging, Antworten, Trost oder Erleuchtung zu bekommen!

- Bei Paramahansa Yogananda: »Die größte Liebe, die du erfahren kannst, findest du bei der Meditation in der Verbindung mit Gott. Die Liebe zwischen der Seele und dem Geist ist die vollkommene Liebe, die Liebe, nach der ihr alle sucht. Beim Meditieren wächst die Liebe. Millionen Gefühle durchziehen dein Herz... wenn du tief meditierst, wirst du Seine göttliche Liebe erfahren, und du wirst diese reine Liebe an andere weitergeben können.«

- In der Bibel: »Vernachlässige nicht die Gabe, die in dir ist und die dir geschenkt wurde, als die Ältesten dir auf prophetische Weisung die Hände auflegten. Meditiere über diese Dinge, gib dich ihnen ganz und gar hin, damit deine Fortschritte allen sichtbar werden.«

- In *Ein Kurs in Wundern:* »Versuch dich an eine Zeit zu erinnern - vielleicht eine Minute lang, vielleicht sogar weniger -, als nichts deinen Frieden störte; als du überzeugt warst, geliebt und sicher zu sein. Dann versuch dir vorzustellen, wie es wohl wäre, wenn dieser Moment für immer anhielte und sich in alle Ewigkeit erstreckte. Dann lass den Eindruck der Stille sich verhundertfachen und noch einmal verhundertfachen. Und nun hast du eine Ahnung, nicht mehr als eine leichte Andeutung des Zustandes, in dem dein Geist ruhen wird, wenn die Wahrheit sich einstellt. Ohne Illusionen könnte es keine Furcht geben, keinen Zweifel und keinen Angriff.«

Eine Methode der Meditation

Weil mich so viele Menschen danach gefragt haben, werde ich einige kurze Richtlinien zur Meditation geben. Denken Sie daran, dass die Meditation keine Ziele kennt; man kann sie nicht richtig oder falsch machen. Es spielt eigentlich keine große Rolle, wie lange Sie meditieren; am Wichtigsten ist die Qualität. Mit Qualität meine ich, dass Sie während der Meditation eine emotionale und körperliche Reaktion zeigen, die wir als Frieden bezeichnen könnten, als ein warmes Gefühl von Liebe, als fielen Sie in die Arme Ihres spirituellen und göttlichen Ursprungs.

Als Reaktion auf fortwährende Meditationen könnte Ihr Leben sich dramatisch verändern. Während Sie sich anfangs vielleicht noch Sorgen machen, wie viel Zeit Sie dafür aufbringen müssen, werden Sie das Meditieren bald zu einem ständigen Teil Ihres Lebens machen wollen. Meditation ist ein ausgezeichnetes Mittel für den Stressabbau. Es ist auch ein Geheimnis bleibender Schönheit; es glättet Sorgenfalten und solche der Anspannung und verleiht Ihrem Teint ein rosiges inneres Leuchten. Es bringt die Augen vor Jugendlichkeit und Freude zum Strahlen und hilft dem Geist, sich lebendig und energiegeladen zu fühlen.

Viele Menschen, mich eingeschlossen, würden es sich im Traum nicht einfallen lassen, auf das Meditieren zu verzichten.

Ich empfehle, dass Sie jeden Morgen und Abend meditieren. Es muss nicht lange sein; zehn Minuten reichen schon. Doch an den Tagen, an denen Sie mehr Zeit erübrigen können, werden Sie aus längeren Meditationen sicher Ihren Vorteil ziehen.

Einer dieser Vorteile ist, dass Sie Antworten auf Ihre wichtigsten Fragen finden - Fragen finanzieller Art oder darüber, welcher berufliche Weg Ihnen die meiste Freude bereiten und den größten Erfolg bringen wird, Fragen über Ihr Liebesleben, über Ihre Gesundheit und sogar über andere Personen. Die Antworten treten einem während der Meditation fast wie durch Zauberhand ins Bewusstsein. Ich habe auch schon Führungen erlebt, Warnungen vor etwas, was sich an diesem Tag zutragen wird (und wirklich zutrug). Da ich meditiert und diese Warnungen gehört hatte, war ich vorbereitet. Ich habe also festgestellt, dass ich mit Meditationen meine Zeit hervorragend investiere.

Meditieren bedeutet, dass Sie sich auf die Gedanken Ihres höheren Selbst ausrichten oder an gar nichts denken. Dazu bedarf es einiger Übung und Konzentration, denn wie es in *Ein Kurs in Wundern* heißt, beruhen so viele unserer Probleme darauf, dass unser Denken so undiszipliniert ist. Wir erlauben es unserem Ego - dem Ort in uns, der Furcht und Schuldgedanken enthält -, aufs Geratewohl mit unserem Leben, unserem Denken und Fühlen umzuspringen. Wir sind häufig Opfer unseres Selbst und unserer Gedanken.

Wir können uns von diesen auf dem Ego beruhenden Gedanken der Furcht und Schuld befreien, die uns zu kontrollieren scheinen, und zwar durch das Wissen, dass wir Kontrolle über die Gedanken haben, die wir wählen. Herausforderungen im Leben lösen Sie am besten, indem Sie alle Ihre Geisteskräfte einsetzen, die auf ruhigem, klarem Denken beruhen und keinen Platz für Ängste lassen.

Es folgen einige Methoden, die Meditation besonders wirkungsvoll und erfreulich zu machen:

- Richten Sie sich einen ruhigen, privaten Platz ein, an den Sie sich morgens bald nach dem Aufwachen zurückziehen können und abends vor dem Schlafengehen. Dieser Platz muss nicht sehr groß sein. Es könnte die Bettkante oder auch das Bad sein. Wichtig ist nur, dass Sie bei der Meditation nicht gestört werden.

- Bitten Sie die Personen, mit denen Sie zusammenleben, um Unterstützung. Bitten Sie Ihre Familienangehörigen oder Zimmergenossen, Ihre Zeit allein zu respektieren. Sie müssen wissen, dass Sie ihnen das Geschenk Ihrer vermehrten Energie und positiven Gestimmtheit geben, die das nützliche Ergebnis der Meditation sind.

- Stellen Sie einen Zeitplan auf und halten Sie sich an ihn. Als Erstes möchten Sie den Zeitpunkt Ihrer Meditation vielleicht rot in Ihrem Kalender ankreuzen, damit Sie sich selbst gegenüber ein deutliches Versprechen abgeben. Gehen Sie die Verpflichtung ein, dass Sie mindestens sieben Tage hintereinander, egal was geschieht, meditieren werden.

- Finden Sie eine bequeme Sitzhaltung, in der Ihr Rücken aufgerichtet ist, vielleicht von einer Wand oder einem Kissen gestützt. Bringen Sie Ihre Beine in eine angenehme Position, aber kreuzen Sie sie nicht (das würde Ihren Energiefluss blockieren). Es ist in Ordnung, im Lotussitz oder mit nach vorne ausgestreckten Beinen zu sitzen, je nachdem, was sich für Sie am besten anfühlt.

- Schließen Sie die Augen, um alle Ablenkungen von außen zu vermeiden, damit Ihre innere Vision übernehmen kann.

Nun folgt eine wundervolle Morgenmeditation, um mit einer herrlichen Note den Tag zu beginnen:

MORGENMEDITAION

Als Erstes holen Sie tief Luft. Ziehen Sie so viel Luft wie möglich durch die Nase ein. Atmen Sie ein und halten Sie die Luft an, dann atmen Sie langsam durch Ihren Mund aus, pressen alle Luft aus Ihren Lungen. Holen Sie ein weiteres Mal durch Ihre Nase tief Luft, halten Sie die ganze Luft an, die ganze Energie in dieser Luft, dann atmen Sie all die Luft durch Ihren Mund wieder aus, und damit auch alle Sorgen, Befürchtungen und Ängste, die Sie vielleicht blockieren. Atmen Sie Mut, Liebe, Dankbarkeit und Erregung ein und halten Sie all diese positiven Energien in sich. Atmen Sie alles aus, was nach Furcht oder Schuld schmeckt, in dem Wissen, dass dies nur der Ausführung Ihrer Mission und Bestimmung im Weg steht.

Während Sie weiter tief ein- und ausatmen, fällt Ihnen vielleicht auf, dass Sie sich immer lebendiger und energiegeladener fühlen. Sie sind bereit, den Tag anzugehen und Ihre tiefsten Erwartungen und Sehnsüchte zu erfüllen. Sie sollen wissen, dass Sie ein Geschenk an die Welt sind, an sich selbst und an andere, wenn Sie Ihrem göttlichen Weg folgen. Um auf diesen Weg zu gelangen und auf diesem Weg zu bleiben, ist es so wichtig für Sie, sich zu zentrieren und vollkommen ruhig zu sein, und diese Meditation wird Ihnen helfen, sich wieder in die Mitte zu bringen, an diesen Ort, von dem alle Intelligenz und alle Energie herrührt.

Sie sollen wissen, dass Sie ein göttliches Wesen sind und dass Sie all die Reichtümer und all das Gute des Universums auch verdienen. Sie verdienen es, dass Ihre Träume wahr werden. Sie sind vollkommen! Sie sind gesund! Sie sind vollständig! Sie werden geliebt und lieben, und Sie haben so viel zu geben. Sie geben es frei von allen Blockaden, indem sie alle Furcht loslassen, weil Furcht nicht zu Ihnen gehört - es ist eine Illusion, und nun lassen wir jegliche Ängste und alle Sorgen los und schreiten weiter, um die Stärke und Kraft zu spüren, die in uns liegt.

Die folgende Meditation ist nützlich, um Antworten und Führung zu erhalten:

Meditation zur Kontaktaufnahme mit Ihrem inneren Führer

Wenden Sie Ihre Aufmerksamkeit nach innen und atmen Sie tief ein. Sehen oder fühlen Sie eine gerade Linie blitzweißer Energie, die durch das Schädeldach einfällt, durch die Mitte Ihres Körpers nach unten verläuft und in den Boden austritt. Während Sie sich auf diese Energie konzentrieren, stellen Sie fest, dass Ihre Emotionen und Energieniveaus friedlich und harmonisch werden.

Diesmal möchten Sie vielleicht Informationen von Ihrem inneren Führer haben. Wenn Sie nach innen an den Ort gehen, an dem Ihnen alle Informationen zur Verfügung stehen, vertrauen Sie der Information, die Ihnen gegeben wird und schmälern Sie nicht ihren Wert. Manche Menschen erhalten Antworten auf Ihre Fragen in Form von Symbolen oder Bildern. Andere Menschen hören eine Stimme - manchmal klingt die Stimme wie ihre eigene. Dann klingt die Stimme wieder wie die eines anderen. Manche Menschen erhalten ihre Antworten auch in Form von Ahnungen oder intuitiven Gefühlen – sie kennen einfach die Antwort.

Ob Sie Ihre Antwort nun in auditiver, visueller oder kinästhetischer Form erhalten, ist nicht wichtig. Wichtig ist, dass Sie um Hilfe bitten, denn das Gesetz des Freien Willens besagt, dass unsere Führer uns erst helfen dürfen, wenn wir um Hilfe bitten. Außerdem ist es wichtig, dass Sie vertrauen und die Information, die man Ihnen geben wird, auch wirklich beachten wollen. Ihr innerer Führer kann Ihnen Informationen über alles geben, klein und groß. Ihr innerer Führer kann Sie warnen, wenn Gefahr im Verzug ist, oder Ihnen einen Tipp geben, wenn etwas Ihrer Karriere förderlich ist. Übergeben Sie alles diesem Führer, dann sind Sie immer mit allem einen Schritt voraus.

Wenden wir uns also nach innen, dem Ort zu, an dem alle Intelligenz wohnt. Richten Sie Ihre Gedanken aus und lassen Sie nicht zu, dass Sie zu weltlichen oder belanglosen Dingen abschweifen, es sei denn, Sie beziehen sich ausdrücklich auf Ihre Frage. Es ist wichtig, eine deutliche Frage zu stellen oder eine reine Absicht im Herzen zu tragen, denn es sind die Worte Ihres Herzens, denen Ihre Führer und das Universum Beachtung schenken. Sorgen Sie also dafür, dass Ihre Frage von Herzen kommt und aufrichtig ist, dann fahren Sie fort und stellen die Frage, sobald Sie bereit sind, und gehen tiefer und tiefer hinein und lassen sich in die Arme Ihres Führers sinken. Lassen Sie sich fallen. Erlauben Sie sich, loszulassen.

Gehen Sie hinein, gehen Sie hinein. Lassen Sie sich fallen. Gehen Sie hinein. Konzentrieren Sie sich und lauschen Sie. Lauschen Sie Ihrem inneren Führer. Konzentrieren Sie sich, konzentrieren Sie sich. Und lauschen Sie in dem Wissen, dass Sie immer eine Antwort erhalten werden. Sie brauchen nur zu lauschen und zu vertrauen. Gehen Sie hinein. Fühlen Sie sich lebendig und erfrischt und wissen Sie, dass Sie es können! Sie sind kompetent! Sie sind erfolgreich! Sie sind frei, und Sie können Veränderungen herbeiführen und werden sicher sein, während Sie diese Veränderungen herbeiführen.

Sie haben die vollständige Fülle in Ihrem Leben verdient, und während Sie Ihrem Herzen folgen und der Führung Ihrer inneren Weisheit, wissen Sie, dass immer für Sie gesorgt sein wird. Sie brauchen sich keine Sorgen zu machen über Zeit, Geld oder Intelligenz, denn eben diese Sorgen verursachen in Ihrem Leben Probleme und führen Blockaden herbei. Deshalb ist es wichtig, dass Sie nicht zulassen, sich zu sorgen, zu ärgern oder beunruhigt zu sein. Sie brauchen nur den richtigen Weg zu ehren und die Bestimmung, die Ihnen zugewiesen wurde, und sie nun zu akzeptieren. Sie verdienen es, einen Beruf zu haben, der Sie glücklich macht, und ein Liebesleben, das harmonisch ist und voller Segnungen. Sie verdienen es, von strahlender, vollkommener Gesundheit zu sein und Beziehungen zu unterhalten, die ausgeglichen und harmonisch sind.

Gehen Sie hinein, hinunter. Hinunter ins Innere. Und lauschen Sie.

Es folgt eine kraftvolle Meditation zur Erhöhung Ihrer Energie und Intuition:

Reingung und Ausgleich Ihrer Chakren

Ihre Kräfte werden durch sieben Energiezentren im Körper beeinflusst, die »Chakren« genannt werden. Jedes Chakra hat eine einzigartige Aufgabe. Ich habe herausgefunden, dass das Reinigen und Ausgleichen dieser Chakren unglaublich kraftvoll ist und zu einem erhöhten Bewusstsein, gesteigerter Energie und größerem Selbstvertrauen führt. Beginnen wir also damit, dass Sie sich Ihre Chakren vorstellen und jedes einzelne reinigen und ausgleichen, damit Sie heute zu allem Zugang haben, was in Ihnen ist - all Ihren Gaben, Informationen und Kräften.

Beginnen Sie damit, dass Sie sich das »Wurzelchakra« am unteren Ende der Wirbelsäule vorstellen. Es ist ein rubinroter Ball, in jeder Hinsicht vollkommen. Stellen Sie sich ein blendend weißes Licht wie von einem Halogenscheinwerfer vor, das diesen roten Ball umgibt und ihn von innen heraus erleuchtet. Dieses Chakra erlaubt Ihnen, wenn es durch das weiße Licht ins Gleichgewicht gebracht und gereinigt wird, wie Sie es gerade tun, Ihre Individualität zum Ausdruck zu bringen, Ihre einzigartige Schöpferkraft und Intelligenz. Außerdem hilft es Ihnen, mit allen, denen Sie im Laufe des Tages begegnen, harmonische Beziehungen zu unterhalten.

So wie Sie eine vollkommene Schöpfung des göttlichen Schöpfers sind, sind es alle Menschen, denen Sie heute begegnen. Selbst wenn der äußere Anschein möglicherweise nahelegt, dass die Menschen liebloses Verhalten zeigen, konzentrieren Sie sich einfach auf die tiefe Wahrheit in diesen anderen. Sie sollten wissen, dass Sie vollkommene Liebe und Harmonie zum Ausdruck bringen. Durch Ihre entschlossene Absicht und Ihre Konzentration auf die Wahrheit werden diese anderen Individuen Ihnen wie durch ein Wunder mit Rücksichtnahme und der Bereitschaft zur Zusammenarbeit begegnen. Andere reagieren immer auf unsere Erwartungen, deshalb lassen Sie, sobald Ihr Wurzelchakra ausgeglichen ist, alle Ängste und Urteile über andere los. Bleiben Sie einzig im Augenblick und erwarten Sie nur gutes Verhalten und gute Behandlung von anderen – auch durch sich selbst. So sei es!

Nun bewegen Sie sich zum zweiten Chakra hinauf, dem »Sakralchakra«, das etwa sieben Zentimeter unter Ihrem Bauchnabel liegt. Sehen Sie in diesem Sakralchakra ein vollkommenes oranges Licht von rundlicher Form. Stellen Sie sich das gleiche weiße Licht um diese orange Kugel herum vor, bis es in vollkommener oranger Schönheit aus dem Zentrum heraus erstrahlt. Das Sakralchakra ist das Zentrum Ihrer Wünsche, und wenn Sie dieses Chakra mit dem weißen Licht reinigen und ausgleichen, kommen auch Ihre Wünsche ins Gleichgewicht und werden harmonisiert.

Sie haben es verdient, dass alle Ihre Wünsche wahr werden und Sie nun Ihre göttlichen Träume umarmen und annehmen können. Sie haben das Gute in Ihrem Leben verdient und die vollkommene Fülle in sämtlichen Bereichen der Liebe, Arbeit, Gesundheit, des Geldes und von allem anderen, das im Laufe des Tages zu Ihnen kommt. Wir alle haben das Gute verdient, und es bereitet Gott Freude, uns hier auf Erden das Himmelreich zu bereiten. Deshalb bringen wir nun unsere Wünsche ins Gleichgewicht, indem wir nicht länger fürchten und keine Schuld mehr vor dem empfinden, was wir uns wahrhaft wünschen. Wir nehmen nun die Hilfe anderer an und heißen dankbar das Gute in unserem Leben willkommen.

An diesem Punkt bewegen Sie sich zum »Solarplexus« hinauf, der sich hinter dem Nabel befindet. Hier erblicken Sie ein vollkommenes gelbes Licht, eine kleine Sonne, rund und strahlend. Richten Sie den blendend weißen Scheinwerfer auf dieses gelbe Juwel und bringen Sie es noch stärker zum Leuchten. Das Solarplexus-Chakra ist das Zentrum der Macht und Kontrolle.

Während Sie diesen Bereich ins Gleichgewicht bringen und reinigen, sehen Sie, wie Ihr Wunsch nach Macht und Kontrolle vollkommen in Harmonie kommt. Sie fürchten nicht mehr, Macht oder Kontrolle zu verlieren. Sie kämpfen nicht mehr mit anderen darum, das, was Sie ohnehin nicht verlieren können, zurückzuerlangen. Dass Sie nicht mehr kämpfen, inspiriert andere zur Hilfe und Zusammenarbeit. Spüren Sie die Wärme im gesamten Bauchbereich. Spüren Sie die Wärme, die Ihrer wahren Macht entstammt, der Macht, die Ihr Schöpfer Ihnen verlieh –, die Sie nie verlieren können und zu der Sie jederzeit Zugang haben.

Seien Sie dankbar für diese Macht, und wenn Sie sie anzapfen, sollten Sie wissen, dass Sie sie den ganzen Tag lang nutzen werden. Diese Macht und diese Kontrolle werden nun zu Ihrem und dem größten und höchsten Wohl anderer genutzt. So sei es!

Nun richten Sie Ihre Aufmerksamkeit auf die Herzgegend, wo Sie einen wunderschönen smaragdgrünen Ball erblicken, ein bezauberndes Juwel – das »Herzchakra«. Richten Sie den blendend weißen Scheinwerfer auf diesen grünen Ball und schwelgen Sie in wunderschönen Gefühlen der Liebe für die gesamte Menschheit. Erlauben Sie der Liebe, Ihren gesamten Körper zu durchdringen, bis Ihre Finger zu kitzeln beginnen, Ihr Atem flach wird und Sie das köstliche Gefühl der Liebe empfinden. Liebe. Liebe für alle, für Ihr Leben und für andere.

Bewegen Sie sich zum Hals hinauf, zum »Halschakra«, das sich an Ihrem Adamsapfel befindet, wo ein hellblauer Ball schwebt, eine herrliche Kugel aus hellblauem Licht. Während Sie den blendend weißen Scheinwerfer auf das Halschakra richten, sehen Sie, wie es in hellblauem Licht leuchtet. Das ist Ihr Kommunikationszentrum, und Sie sind froh, denn nun, da Ihr Halschakra vollkommen gereinigt und ins Gleichgewicht gebracht wird, wissen Sie, dass Sie sich im Laufe des Tages in Wort und Schrift werden ausdrücken können. Wir haben nun alle Blockaden der Kommunikation beseitigt, so dass Sie sich heute in allen Situationen mühelos gegenüber anderen ausdrücken können.

Bewegen Sie sich nun zu einem Bereich zwischen Ihren beiden Augen, zum Chakra des »Dritten Auges«. Sie erblicken einen dunkelblauen Ball, der mit kleinen weißen Lichtblitzen und manchmal auch mit violettem Licht durchsetzt ist. Bei näherem Hinsehen können Sie erkennen, dass ein drittes Auge zurückschaut. Dieses dritte Auge ist das Zentrum Ihrer Intuition und inneren Vision. In diesem Zentrum erhalten Sie Informationen, die Sie beschützen und zum Erfolg führen. Wir können nun den blendend weißen Scheinwerfer auf das Chakra des dritten Auges richten, so dass Ihre innere Vision vollkommen gereinigt und ins Gleichgewicht gebracht wird. Sie haben nun vollständigen Zugang zu jeglicher Weisheit im Universum. Lassen Sie alles los, was Ihre innere Vision blockieren könnte. Lassen Sie alle Ängste los, alle Urteile, jeglichen Groll, alle Sorgen und jegliches Schuldgefühl und allen lastenden Druck. Wenn Sie diese Illusionen aus Ihrem Bewusstsein löschen, werden Sie feststellen, dass das Fenster Ihrer inneren Vision vollkommen gewaschen, gereinigt und absolut durchsichtig wird, wie eine neue Brille.

Nun bewegen Sie sich zum »Kronenchakra« hinauf, das sich innen am Scheitelpunkt Ihres Kopfes befindet. Es ist ein wunderschöner purpurner Ball. Das Kronenchakra ist der Ort, an dem die spirituelle Weisheit des Universums in Ihr Bewusstsein eintritt. Richten Sie das weiße Licht auf dieses purpurne Juwel, reinigen Sie Ihr Kronenchakra und bringen Sie es ins Gleichgewicht, damit Sie mühelos Zugang zu allen Informationen bekommen, die Sie sich wünschen oder benötigen. Wenn Sie dieses Kronenchakra öffnen, können Sie sich einen Trichter vorstellen, der von der Oberseite Ihres Kopfes in Ihr Kronenchakra und unmittelbar in Ihr Bewusstsein hinunterführt. Sie sollten wissen, dass dieses Kronenchakra im Laufe des Tages mühelos die liebevollen Informationen Gottes und des Universums in Ihr Bewusstsein eintreten lässt, so dass Sie nie allein sind und immer einen Führer bei sich haben.

Nun nehmen Sie das weiße Licht, lassen es durch das Kronenchakra wieder austreten und hüllen Ihren Körper zur Gänze in weißes Licht, damit Sie im Laufe des Tages vollkommen geschützt sind. Danach umgeben Sie Ihren gesamten Körper mit grünem Licht, für vollkommene Gesundheit. Schließlich umgeben Sie sich mit dem purpurvioletten Licht der Spiritualität, so dass Ihnen nun den ganzen Tag lang nur noch Gutes widerfahren kann. Sie sind vollkommen gereinigt, ausgeglichen und geschützt.

Ich empfehle noch die folgende Meditation, um Ihre Seele von allen Sorgen oder Aufregungen zu reinigen, damit Sie einen ruhigen Nachtschlaf haben:

Es wird Zeit, alle Sorgen, Bedenken, Ängste und jegliches Negative, das sich heute in Ihrem Bewusstsein oder Körper angesammelt hat, loszulassen. So wie Sie sich jeden Abend vor dem Schlafengehen das Gesicht waschen, ist es wichtig, sich auch spirituell zu reinigen, bevor Sie in den Schlaf sinken. Diese Meditation soll Ihrem Schlaf höchste Qualität verleihen und Ihnen helfen, sich an Ihre Träume zu erinnern, damit Sie Ihre Führung und schöpferische Inspiration leben können.

Wenn Sie in Ihrer bequemen, aufrechten Meditationshaltung sitzen, holen Sie tief Luft und nehmen Sie erfrischende Gedanken und Gefühle in sich auf. Danach atmen Sie tief aus und schicken alle Sorgen, Bedenken und Befürchtungen, die sie im Laufe des Tages vielleicht angesammelt haben, nach draußen. Atmen Sie auch weiterhin tief ein und aus und beginnen Sie, in sich hineinzugehen.

Während Sie Ihre Aufmerksamkeit nach innen richten, bemerken Sie vielleicht ein schwaches Licht tief innen. Schauen Sie hinein, bis das Licht ein wenig deutlicher wird, als leuchte es durch dunkle Wolken hindurch. Bitten Sie diese Wolken, zur Seite zu weichen, wie bei einem Flugzeug, das durch Wolken stößt, bis Sie das Licht in sich erreichen. Konzentrieren Sie sich auf Ihr Inneres und umgeben Sie sich mit dem weißen Licht reiner Energie, das Sie den ganzen Abend genießen können.

Nehmen Sie sich einen Augenblick Zeit, um sich an der Sicherheit und Behaglichkeit des Gefühls zu erfreuen und in dieses weiße Licht hineinzufallen, und lassen Sie sich davon sanft wie eine weiße Wolke umfangen. So angenehm, so sicher und gelassen. Sie wissen, dass Sie vollkommen geliebt werden, vollkommen für Sie gesorgt ist, und Sie genießen dieses Gefühl des Loslassens.

Wenn Sie über den heutigen Tag nachdenken, seien Sie bereit, jedem zu vergeben, der Zorn, Furcht, Angst oder andere negative Reaktionen in ihnen ausgelöst haben könnte. Sagen Sie dieser Person mental: »Ich vergebe dir. Ich lasse dich los. Ich vergebe dir vollständig. Ich lasse dich los. Ich bin frei, und du bist frei.«

Überlegen Sie, ob es noch jemanden gibt, der vielleicht negative Reaktionen in Ihnen auslöste, vergeben Sie jeder Person einer nach der anderen und lassen Sie sie los. Sie machen sich das Geschenk vollständiger Freiheit von aller Negativität, weil Sie wissen, dass der Preis des Grolls zu hoch ist. Sie entscheiden sich einfach, alle negativen Gefühle loszulassen, ohne sich auch nur im Geringsten dafür zu verurteilen, dass Sie diese Gefühle hegten. Stattdessen lassen Sie sie so einfach los, als würden Sie sich Schmutz vom Gesicht oder Körper streifen.

Lassen Sie allen Zorn los, der vielleicht in Ihnen ist. Lassen Sie alle Angst los und stellen Sie sie für den Abend auf ein Regal, in dem Wissen, dass Liebe die wahre Macht in Ihnen und dass Liebe das Gegenteil von Angst ist. Lassen Sie jede Sorge und allen Kummer los, einfach so, als wären sie ein Stück Papier, das Sie auf die Tischplatte legen. Machen Sie sich klar, dass Sorge und Unruhe von Ihnen weichen, wenn Sie Ihr Bewusstsein klären. Sie lassen alle Neigungen los, Pläne zu schmieden, denn für den Abend befreien Sie das Bewusstsein von seinen Fesseln. Erfreuen Sie sich an dieser Freiheit, vollkommen ungebunden und vollkommen geläutert zu sein.

Durchforschen Sie Herz, Bewusstsein und Körper nach Resten von Negativität, und wenn Sie welche finden, lassen

Sie sie einfach los. Entlassen Sie sie aus Ihrem Körper, aus Ihrem Geist und aus Ihrem Herzen. Erfüllen Sie ihr Herz mit warmen Gefühlen der Liebe, der Liebe für die gesamte Menschheit und für jede Situation, die Sie durchlaufen. Machen Sie sich klar, dass jedes Erlebnis für Ihre Seele Wachstum bedeutet und Ihrem Lernen und Lehren dient. Seien Sie dankbar für alle Lektionen, die Sie während des Tages erfahren. Lassen Sie alle Neigungen los, Menschen oder Situationen zu beurteilen, denn Sie wissen, dass Urteile die Schwingungen von der Ebene der Liebe hinunterziehen und sie in einen Mantel aus Angst hüllen. Da Sie beschlossen haben, in der hohen Schwingung und Frequenz der Liebe zu bleiben, fällt Ihnen die Entscheidung leicht, nun einfach alle negativen Gefühle loszulassen.

Bedanken Sie sich für den Tag und machen Sie sich klar, dass Sie das Leben Ihrer Träume erschaffen. Ganz gleich, wie wenig Fortschritte Sie auch zu machen glauben, alles läuft in dieselbe positive Richtung. Bedanken Sie sich, wenn Sie sich an die Fremden und Nächsten erinnern, die heute in Ihr Leben getreten sind und sie gefragt haben: »Darf ich dir helfen?«

Bedanken Sie sich für die Situationen, die den Anschein von Zufällen erwecken, in dem Wissen, dass Sie diese Situationen selbst in Ihr bewusstes Erleben gezogen haben. Bedanken Sie sich für Zufälle, in dem Wissen, dass sie morgen sogar noch mehr anziehen werden. Sie ziehen Wunder in Ihr Leben! Es ist so großartig, sich des Wunders bewusst zu sein, das Sie sind! Sie haben so viel zu geben, können so viel tun, um der Welt zu helfen. Sie erlauben sich, Ihren wahren Zustand der Glückseligkeit, des vollkommenen Friedens und der Gesegnetheit zu erkennen.

Wenn Sie weiter alles Negative in sich loslassen, entspannen sich Ihr Körper und Ihr Bewusstsein und Ihnen steht ein wundervoller Nachtschlaf bevor. Ein Schlaf wie der eines Babys, so friedlich, so süß. Ein Schlaf voll wundersamer, herrlicher Träume, an die Sie sich leicht erinnern können. Wenn Sie eine Frage an Ihren inneren Führer oder eine Bitte haben, stellen Sie sie gleich jetzt. Machen sie sich klar, dass Sie in der Nacht Antworten, Führung und Lösungen erhalten. Wenn Sie am Morgen erwachen, erinnern Sie sich an diese Antworten. Schreiben Sie sie auf, damit Sie Ihnen den ganzen Tag bewusst sind und Sie Zugang zu diesen Informationen haben.

Während Sie am Abend langsam in den Schlaf sinken, empfinden Sie so viel Dankbarkeit für so viele Menschen in Ihrem Leben. Seine Segnungen zu zählen ist ein uraltes Mittel, um einzuschlafen, und heute nehmen Sie die Weisheit dieser uralten Tradition in Anspruch, indem Sie die Segnungen der Menschen zählen, denen Sie dankbar sind. Machen Sie sich klar, dass auch diese Dankbarkeit all Ihre Beziehungen heilt und stärkt.

Und nun, da Ihr Herz und Geist geläutert und erfüllt sind von den Geschenken der Liebe, wünsche ich Ihnen eine gute Nacht und süße Träume.

Was Sie sich merken sollten

- Der Wert einer Meditation hängt eher von der Qualität als von der Quantität der verbrachten Zeit ab.

- Wir bekommen durch Meditation Zugang zu Ratschlägen und Informationen.

- Beim Meditieren gibt es weder richtig noch falsch; es hilft jedoch, wenn man unterschiedliche Methoden ausprobiert und sieht, welche am besten in die eigene Lebensweise passen.

Zum Abschluss - süße Träume

»Wenn ich ein wichtiges Vorhaben anging,
hatte ich nie das Gefühl, angemessen
vorbereitet zu sein.«

Dr. Sheldon Kopp
Verfasser von Raise your right hand against fear

Wollen Sie die Zeit in den Griff bekommen, so ist das, als griffen Sie nach einer Handvoll Wolken - sie lösen sich auf, sobald Sie glauben, sie erwischt zu haben. Dennoch gibt es viele Möglichkeiten, Ängste in Bezug auf Zeit zu überwinden und die Kontrolle über Störungen zu erlangen, die Ihre Pläne durchkreuzen und Sie energetisch ausbluten. Wir haben über viele bodenständige und überirdische Methoden gesprochen, den Tag zu managen. Doch die letzte Entscheidung, wie Sie die Augenblicke Ihres Tages, Jahres und Lebens verbringen wollen, liegt bei Ihnen.

Wenn Sie es überdrüssig sind, immer das Gefühl zu haben, ihre Zeit sei knapp bemessen, dann leisten Sie sich selbst gegenüber die folgenden heilsamen Schwüre:

Meine Schwüre: Es wird Zeit, dass ich gut zu mir bin

1. »Ich schwöre, unter allen Umständen friedlich zu bleiben und mehrmals tief durchzuatmen.«
2. »Ich erlaube meinen Gedanken, was Zeit angeht, immer Ruhe und Vernunft an den Tag zu legen.«
3. »Ich bejahe, dass ich jede Menge Zeit habe und mein Leben nun völlig geordnet abläuft.«
4. »Ich weiß, dass ich das Recht habe, an meinen Prioritäten festzuhalten. Ich lasse keine Unterbrechungen und Störungen zu, die mich von meinem Kurs abbringen.«
5. »Ich bejahe, dass mein Arbeitsplan mir genügend Raum zum Atmen und reichlich Zeit lässt, allein und mit meiner Familie Spaß zu haben.«
6. »Ich plane nun voraus und lasse mir genügend Zeit, so dass ich mich nicht beeilen oder Sorgen machen muss, dass ich zu spät komme.«
7. »Will etwas oder jemand unangemessen viel meiner Zeit in Anspruch nehmen, sage ich einfach nein.«
8. »Ich frage stets meine Intuition um Rat und folge ihr.«
9. »Ich lasse meine Sorgen und Ängste bezüglich Geld los, in dem Wissen, dass mein einziges Bestreben dahin geht, meinen göttlichen Auftrag zu erfüllen. Ich weiß, dass für alle meine materiellen Bedürfnisse auf wundersame Weise gesorgt wird, solange ich nicht von meinem Pfad abweiche.«
10. »Ich lache und habe Spaß und erfreue mich an den Träumen, die ich in diesem Leben aufgebaut habe.«

Sie schaffen es!

Wenn Sie Ihren Lebensplan ändern und sich an Ihre Prioritäten halten, fühlen Sie sich anfangs vielleicht wie ein neugeborenes Fohlen - wacklig auf den Beinen, zerbrechlich und nicht im Gleichgewicht. Es kann dreißig bis vierzig Tage dauern, eine alte Gewohnheit durch eine neue zu ersetzen. Doch mit jedem kleinen Erfolg und Triumph wird Ihr neuer Lebensplan sich zu einer soliden und stabilen Lebensweise festigen.

Belohnen Sie sich unterwegs und genießen Sie Ihre wiedergefundene Freizeit mit Ihren Freunden und der Familie. Wenn in Ihrem Leben etwas nicht klappt oder Sie unglücklich macht, handeln Sie sofort! Niemand außer Ihnen weiß, wie Sie sich fühlen, und Sie haben das Recht, Ihr Leben zu ändern - in diesem Moment!

Es wird nie einen besseren Zeitpunkt geben als jetzt, um das Leben zu beginnen, dass Sie und Ihre Nächsten glücklich macht. Es ist ein Fehler, auf einen Tag in ferner Zukunft zu warten, an dem Ihnen mehr Zeit und Geld zur Verfügung stehen, Sie nicht mehr so übergewichtig sind und die Umstände geeigneter erscheinen. Es ist ein noch größerer Fehler, die Kontrolle über Ihre Zeit abzugeben, während Sie auf die Erlaubnis warten, sich zu entspannen oder etwas zu ändern. Wenn Sie das Gefühl haben, sich andauernd im immer gleichen Trott zu bewegen, stellen Sie sich die Frage: *»Worauf warte ich eigentlich noch?«*

Sie *können* Ihr Leben verändern,
und Sie *finden* die Zeit dafür!

**Ich wünsche Ihnen für alle künftigen Jahre
viele frohe, entspannende und heilsame Stunden!**

Anhang

Danksagungen

Ich möchte den Frauen und Männern danken, die mir im Laufe der Jahre ihre geheimsten Träume anvertraut haben - meinen Klienten, Workshop-Teilnehmern und Lesern, die ihren Ängsten und Zweifeln mutig begegneten, um auf erstaunliche Weise ihr Leben zu verändern. Sie haben bewiesen, dass Entschlossenheit und Glaube durch nichts aufzuhalten ist!

Ich danke zutiefst Louise L. Hay, Reid Tracy, Jill Kramer, Kristina Queen, Jeannie Liberati, Christy Allison, Ron Tillinghast, Eddie Sandoval, Jenny Richards und Polly Tracy.

Ein herzliches Dankeschön geht an meine Familie, Freunde und Kollegen, besonders an Michael Tienhaara, Charles Schenk, Grant Schenk, Ada Montgomery, Pearl Reynolds, Ted Hannan, Ben Reynolds, Grandma und Grandpa Crane, Lloyd Montgomery, Bonnie Krueger, Martha Carlson und Allison Bell.

Meine Dankbarkeit gilt auch den unglaublichen spirituellen Führern, die ich interviewen und mit denen ich Zeit verbringen durfte, wie Dr. Wayne Dyer, Marianne Williamson, Deepak Chopra, Betty Eadie, Dannion Brinkley, Dr. Brian Weiss, Dr. Robert Schuller und Rosemary Altea. Was für eine Ehre und Lernerfahrung, sich mit diesen genialen Geistern und liebevollen Seelen auszutauschen. Ich danke Euch!

Schließlich noch ein Wort des tief empfundenen Danks an die Lehrer, die mich inspirierten, etwa Jesus Christus, John Randolph Price, Dr. Kenneth Wapnick, Catherine Ponder, Emmet Fox, Ernest Holmes, Mary Baker Eddy, Dr. Norman Vincent Peale, Dr. Napoleon Hill, Ruth Montgomery und Forrest Holly.

Bibliografie

Association for Research and Enlightenment (1989) *Edgar Cayce on Channeling Your Higher Self,* by Henry Reed, Charles Thomas Cayce (Ed.). New York: Warner Books. - Dt. Ausgabe: Edgar Cayce, *Über das Höhere Selbst. Die verborgene Kraft der menschlichen Seele,* Goldmann-Taschenbuch, München 2002.

Die Bibel, New King James Version und Revised Standard Version.

Barash, Marc Ian (Juli 1994) »The Amazing Power of Visualization.« *Natural Health Magazine.*

Benner, Joseph S. (1991) *The Impersonal Life* (erstmals erschienen 1941). Marina del Rey, CA: DeVorss & Co. - Dt. Ausgabe: Joseph S. Benner, *Das unpersönliche Leben,* Verlag Lorber & Turm (1999).

Blavatsky, Helena Petrowna (1992) *The Voice of the Silence* (erstmals erschienen 1889). Wheaton, IL: The Theosophical Publishing House. - Dt. Ausgabe: Helena Petrowna Blavatsky, *Die Stimme der Stille,* Verlag Esoterische Philosophie (1996).

Bristol, Claude M. (1948) *The Magic of Believing.* New York: Cornerstone Library. - Dt. Ausgabe: Claude M. Bristol, *Die Macht des Glaubens. Wirksame Techniken, um seine Ziele zu erreichen,* Verlag Peter Erd (1989).

Dobrzynski, J. H. »Should I have left an hour earlier?« *The New York Times,* 18. Juni 1995, p. 27 (4).

Ehrenreich, B. »In search of a simpler life.« *Working Woman,* Dezember 1995, p. 27 (4)

Eddy, Mary Baker. (1971) *Science and Health with Key to the Scriptures* (erstmals erschienen 1875). Boston: The First Church of Christ, Scientist. - Dt. Ausgabe: Mary Baker Eddy, *Wissenschaft und Gesundheit mit Schlüssel zur Heiligen Schrift,* Verlag Trustees under the will of Mary Baker G. Eddy (1965).

Emerson, Ralph Waldo (Ziff, L., Ed., 1982) *Selected Essays.* New York: Viking Penguin. - Dt. Ausgabe: Ralph Waldo Emerson, *Ausgewählte Texte,* Goldmann-Taschenbuch, München 1987.

Foundation for Inner Peace (1975) *A Course in Miracles.* Glen Ellen, CA. - Dt. Ausgabe: *Ein Kurs in Wundern, Textbuch, Übungsbuch, Handbuch für Lehrer,* Greuthof Verlag, Freiburg im Breisgau 1994.

Foundation for Inner Peace (1976) *Psychotherapy: Purpose, Process and Practice.* Glen Ellen, CA. - Dt. Ausgabe: *Psychotherapie, Zweck, Prozess und Praxis,* in: *Die Ergänzungen zu Ein Kurs in Wundern,* Greuthof Verlag, Freiburg im Breisgau 1995.

Fox, Emmet. *The Mental Equivalent: The Secret of Demonstration.* Unity Village, MO: Unity School of Christianity. - Dt. Ausgabe: Emmet Fox, *Das mentale Äquivalent,* Frick Verlag (1996).

Fox, Emmet (1934) *The Sermon on the Mount.* New York: Grosset & Dunlap. - Dt. Ausgabe: Emmet Fox, *Die Bergpredigt,* Frick Verlag (2002).

Goldberg, C. »Choosing the joys of a simplified life.« *The New York Times,* 21. September 1995, C1 (2).

Hay, Louise L. (1995) *Life! Reflections on Your Journey.* Carlsbad, CA: Hay House. - Dt. Ausgabe: Hay, Louise L., *Das Leben lieben.* Ullstein, Berlin 2004.

Holmes, Ernest (1984) *Living the Science of Mind.* Marina del Rey, CA: DeVorss & Co.

Holmes, Ernest (1988) *The Science of Mind: Fiftieth Anniversary Edition.* New York: G. P. Putnam's Sons. – Dt. Ausgabe: Holmes, Ernest *Die Vollkommenheitslehre,* Verlag CSA, Gründau 1998.

Leisure Intelligence. »Trends in leisure time.« Sommer 1995, v. 2, p. 1 (7).

Marks, J. »Time out.« *U. S. News & World Report,* 11. Dezember 1995, *v.* 119, p. 4 (8).

Merrill, S. D. »Wanna do my weekend shopping?« *U. S. News & World Report,* 24. April 1989, *v.* 113, p. 80 (1).

Murphy, Joseph (1965) *The Amazing Laws of Cosmic Mind Power.* West Nyack, NY: Parker Publisher Co. – Dt. Ausgabe: Murphy, Joseph, *Das Gesetz des Denken und Glaubens.* Ariston, Genf 1968.

Murphy, Joseph (1966) *Your Infinite Power to Be Rich.* West Nyack, NY: Parker Publishing Co. – Dt. Ausgabe: Murphy, Joseph *Werde reich und glücklich. Entdecke Deine unendlichen Kräfte,* Ullstein-Taschenbuch, Berlin 2004.

Owen, K. »Who's watching the kids?« *The Los Angeles Times,* 20. Februar 1995, A, 5:2.

Ponder, Catherine (1987) *The Millionaires of Genesis.* Marina del Rey, CA: DeVorss & Co.

Ponder, Catherine (1985) *The Dynamic Laws of Prosperity.* Marina del Rey, CA: DeVorss & Co. – *Die dynamischen Gesetze des Reichtums,* Verlag Peter Erd (2002).

Price, John Randolph (1987, 1996) *The Abundance Book.* Carlsbad, CA: Hay House.

Price, John Randolph (1981) *The Superbeings.* New York: Ballantine Books.

Robinson, J. P. »Your money, your life.« *American Demographics,* November 1991, v. 13, p. 22 (3).

Russell, C. »Overworked? Overwhelmed?« *American Demographics,* März 1995, v. 17, p. 8 (2).

Samuels, Mike und Nancy (1975) *Seeing With the Mind's Eye: The History, Techniques and Uses of Visualization.* New York: Random House.

Spring, J. »Exercising the brain.« *American Demographics,* Oktober 1993, v. 15, p. 5 (4).

Spring, J. »Seven days of play.« *American Demographics,* März 1993, v. 15, p. 50 (4).

Wilde, Stuart (1989) *The Trick to Money Is Having Some.* Carlsbad, CA: Hay House. – Dt. Ausgabe: Stuart Wilde, *Geld, fließende Energie. Der Schlüssel zu Geld und Reichtum,* Heyne-Taschenbuch, München 2000.

Williams, Andrew, Ed. (1991) *World Scripture: A Comparative Anthology of Sacred Texts, a Project of the International Religious Foundation.* New York: Paragon House.

Yogananda, Paramahansa (1944) *The Law of Success.* Los Angeles: International Publications Council of Self-Realization Fellowship. – Dt. Ausgabe: Yogananda, Paramahansa, *Das Gesetz des Erfolges,* Verlag Self-Realization Fellowship (1994).

Yogananda, Paramahansa (1988) *Where There Is Light.* Los Angeles: International Publications Council of Self-Realization Fellowship. – Dt. Ausgabe: Yogananda, Paramahansa, *Wo Licht ist. Den Herausforderungen des Lebens begegnen,* O. W. Barth bei Scherz (1996).

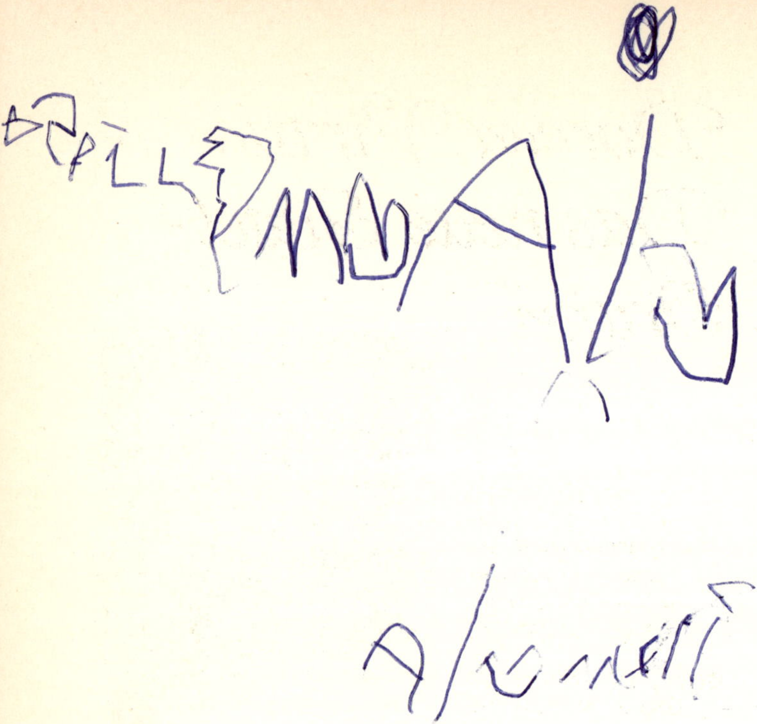